Necronomicon

As Peregrinações de Alhazred

Donald Tyson

Necronomicon

As Peregrinações de Alhazred

Tradução:
Ana Death Duarte

MADRAS®

Publicado originalmente em inglês sob o título *Necronomicon: The Wanderings of Alhazred* por Llwellyn Publications.
© 2004, Donald Tyson.
Direitos de edição e tradução para o Brasil.
Tradução autorizada do inglês.
© 2017, Madras Editora Ltda.

Editor:
Wagner Veneziani Costa

Produção e Capa:
Equipe Técnica Madras

Tradução:
Ana Death Duarte

Revisão:
Maria Cristina Scomparini
Valéria Oliveira de Morais
Daniela Piantola
Denise R. Camargo

**CIP-BRASIL. CATALOGAÇÃO-NA-FONTE
SINDICATO NACIONAL DOS EDITORES DE LIVRO, RJ**

T988n
Tyson, Donald, 1954-
Necronomicon / Donald Tyson ; tradução Ana Death Duarte.
São Paulo: Madras, 2007.
Tradução de: Necronomicon: the wanderings of Alhazred
ISBN 978-85-370-0188-2
1. Oriente Médio - Ficção. 2. Mágicos - Ficção. 3. Ciências ocultas - Ficção. 4. Ficção inglesa. I. Título.

07-0239.
CDD: 823
CDU: 821.111-3

22.01.07
000298
22.01.07

Proibida a reprodução total ou parcial desta obra, de qualquer forma ou por qualquer meio eletrônico, mecânico, inclusive por meio de processos xerográficos, incluindo ainda o uso da internet, sem a permissão expressa da Madras Editora, na pessoa de seu editor (Lei nº 9.610, de 19.2.98).

Todos os direitos desta edição, em língua portuguesa, reservados pela

MADRAS EDITORA LTDA.
Rua Paulo Gonçalves, 88 — Santana
CEP: 02403-020 — São Paulo/SP
Caixa Postal: 12299 — CEP: 02013-970 — SP
Tel.: (11) 6281-5555/6959-1127 — Fax: (11) 6959-3090
www.madras.com.br

As Peregrinações de Alhazred

Índice

Nota Preliminar 9
Referente à Vida de Abdul Alhazred 15
Uivos no Deserto 19
Arrebatamento do Espaço Vazio 23
Demônios Luxuriosos e Demônios Ameaçadores 29
Aqueles que se Alimentam dos Mortos 33
Irem com Muitas Torres, suas Maravilhas e
   Perigos Imprevistos 39
O Habitante das Cavernas 43
A Cidade Perdida sob Irem 49
A Câmara Iluminada pelas Estrelas dos Sete Portais 53
O Primeiro Portal, Conduzindo ao Planalto de Leng 57
O Segundo Portal, Conduzindo à Cidade das Alturas 63
O Terceiro Portal, Conduzindo à Submersa R'lyeh 69
O Quarto Portal, Conduzindo à Yuggoth 75
O Quinto Portal, Conduzindo à Atlantis 81
O Sexto Portal, Conduzindo à Kadath 87
O Sétimo Portal, Conduzindo ao Templo de Albion 93
O que Pode Ser Escrito de Forma Segura a Respeito
   dos Antigos 99
Yig, Correspondente à Esfera de Saturno 103
Yog-Sothoth, Correspondente à Esfera de Júpiter 109
Cthulhu, Correspondente à Esfera de Marte 115
Azathoth, Correspondente à Esfera do Sol 121
Shub-Niggurath, Correspondente à Esfera de Vênus 125
Nyarlathotep, Correspondente à Esfera de Mercúrio 131

Dagon, Correspondente à Esfera da Lua 137
O Grande Selo dos Antigos, Conhecido como o Selo Supremo ... 143
O Rio Subterrâneo A'zani 147
Mênfis, Cidade das Múmias 153
Referente às Tumbas dos Feiticeiros 157
O Fantástico Modo dos Gatos e Seu Culto 163
O Enigma da Esfinge Interpretado 167
Os Ressurrecionistas nas Minas dos Tesouros dos Reis 171
Os Sais Essenciais e Seu Uso 175
O Vale dos Mortos 179
Cadáveres Errantes sobre a Segunda Catarata 185
Os Mercados de Livros de Alexandria 191
Os Zigurates e os Observadores do Tempo 197
A Torre de Babel e a Queda dos Observadores 203
As Ruínas da Babilônia 207
Raiz de U'mal e a Maneira de Colhê-la 213
O Vale do Éden 217
O Trono da Sabedoria 221
O Monastério dos Magos 225
Jardins Interiores dos Filhos de Sírio 229
O Objetivo Secreto dos Magos 233
Por que as Estrelas não Estão Certas 237
A Criatura sob a Biblioteca 241
Por que os Antigos não Morrem 247
Com Relação aos Shoggoths 251
A Fórmula de Yug 255
O Poço da Vida 259
A Relíquia dos Hebreus 263
As Divagações na Estrada para Damasco 267
O Rito da Companhia 273
Termos do Pacto com Shub-Niggurath 279
Receptáculos de Almas 285
A Travessa dos Eruditos 289
O Segredo do Aço de Damasco 293
Os Cemitérios em Damasco 297
A Conclusão para a Jornada 301

Nota Preliminar

por Olaus Wormius

ANO 1228

Com referência ao trabalho conhecido como Νεκρονομικον* para os gregos ou transcrito em cartas em latim, *Necronomicon*, tendo se tornado extraordinariamente raro, difícil de ser achado, além de somente ser adquirido a um preço alto, pareceu uma tarefa não imerecida a tradução desta obra para o latim; não que seu texto ofereça algo que edifique a mente ou proporcione instruções morais, pois seu conteúdo é algo que excede em perversidade dentre todos os livros na Cristandade, mas pelo fato de ser este detentor de uma sabedoria secreta que certamente desapareceria com o decorrer do tempo, caso este livro virasse presa dos vermes ou fosse lançado ao fogo pelos censores, como provavelmente ocorrerá com aqueles poucos textos gregos que ainda subsistem e isso, dentro do período daqueles que atualmente habitam esta terra, com o clérigo dos últimos tempos proferindo injúrias contra esta obra execrável como sendo escrito pelo próprio Satã.

O verdadeiro autor do texto, deixarei com que o escriba Theodorus Philetas, conhecido na História como o Sábio, o reporte no decorrer de suas palavras de abertura do manuscrito grego, que é a fonte da minha versão. Aqui meu propósito é explanar a respeito da natureza do livro e de relatar as circunstâncias desafortunadas envolvendo a morte do valoroso Theodorus, mencionado acima,

---

* N.T.: Etimologia do título: *Necronomicon*: Lovecraft escreveu este título, conforme traduzido do grego, com o significado de "Uma imagem das leis dos mortos": *nekros* ("cadáver"), *nomos* ("lei"), *eikon* ("imagem"). Uma tradução mais prosaica (no entanto, provavelmente mais correta) pode ser derivada por meio da conjugação de *nemo* ("considerar"): "Concernente aos mortos". Outra etimologia possível é "Conhecimento dos Mortos", do grego *nekrós* ("cadáver", "morto") e *gnomein* ("saber"), presumindo-se que o "g" possa ser eliminado. Edições em grego das obras de Lovecraft comentaram que a palavra pode ter, na verdade, diversos significados em grego, quando separada em suas raízes: *Necro-Nomicon*, O Livro da Lei dos Mortos, derivado de Nomicon (Livro da Lei); *Necro-Nomo-icon*, O Livro das Leis dos Mortos; *Necro-Nemo-ikon*, Um Estudo ou uma Classificação dos Mortos; *Necro-Nomo-eikon*, Imagem da Lei dos Mortos; *Necro-Nemein-Ikon*, Livro Concernente aos Mortos; *Necrü-Nomo-eikon*, Lei das Imagens dos Mortos; *Necr(o)-Onom-icon*, O Livro dos Nomes dos Mortos, derivado de *onoma* (nome).

cuja morte em si é um alerta suficiente para o curioso indolente, pois seu trabalho é adequado somente aos mais profundos intelectos devotados a Cristo no Espírito Santo e corromperá todos aqueles que voltarem seu saber arcano para ter este como base para suas finalidades (meios para um fim). É uma espada envenenada com a sombra da noite que abre feridas na mão de quem busca se apoderar dela. No entanto, alguém com propósito divino e um toque sutil pode embalar como em um berço este tomo como se fora uma serpente dormente sem que receba de seu veneno. Somente aquele que não tem amor por este livro pode dele se servir.

O genuíno sentido do título desta obra é comumente mal compreendido e mal pronunciado por aqueles que ignoram suas raízes gregas. Este advém de νεκροσ, significando cadáver, e de νομοσ, que tem o sentido de lei ou costume. Portanto, *Necronomicon* tem o significado de "exposição das maneiras dos mortos", o que é pretendido é o controle e o trabalho com os mortos por meio de feitiçaria com "uso" de cadáveres, que leva comumente o nome de Necromancia.* Os modos dos mortos, além de matérias secretas com as quais eles estão relacionados, estabelecem-se aqui em tal abundância que não existe em nenhum outro livro.

Nestas folhas hão de se encontrar relatos de criaturas vivendo além das esferas mais altas, de cidades perdidas e outros espaços olvidados pela memória da humanidade; mais perniciosa ainda

---

* N.T.: *Necromancia* – (Latim: *necromantía*, grego: νεκρομστια – "nekromantía") é uma forma de divinação em que o praticante conjura os espíritos dos mortos de modo a obter conhecimento de eventos no futuro a partir destes. A palavra deriva do grego νεκρσς 'nekrós', "morto(s)", e de μαντεια, 'manteía' (sufixo usado até hoje, -mancia), "divinação, adivinhação", tendo um significado subsidiário (que acabou por terminar na acepção usada pelos leigos nos dias de hoje) de uma forma arcaica da palavra, nigromancia (uma etimologia popular utilizando o latim niger, "negro"), no qual a divinação é feita por meio de obtenção de visões em água negra. Quando os antigos gregos conjuravam os mortos, faziam-no com mais frequência para adquirir informações, além de ter o costume de confiar em uns poucos indivíduos especializados em tornar o outro lado acessível. Um profetizador ou uma profetisa (Seer) que prestava este serviço era denominado nekuomanteia, ou "oráculo dos mortos." A Necromancia visa a atingir os objetivos do invocador com auxílio dos que já morreram (que, nessa perspectiva, partiram deste plano para outro, seja ele superior – suposto "reino dos céus" – ou inferior – suposto "inferno"). Pode ser interpretada como a prática de despertar alguém da morte para obter informações do futuro, tendo a sua origem na crença de uma viagem para outro mundo após a morte, supondo que os recém-mortos, cujos corpos ainda estejam intactos, mantêm ainda relações com a vida, estando mais sensíveis à prática de contatá-los e questioná-los.

a forma para conjurar as almas dos mortos de volta a seu corpo humano mortal e de obter elicitações por meio deles por meio de torturas secretas que jazem ocultas nas raízes do mundo, em cavernas negras e sob a profundeza dos oceanos. No presente livro, há também instruções para "fabricar" criaturas de forma rápida com aparência de formas vivas, as quais seria melhor se não fossem feitas, no entanto, elas não podem ser desfeitas, tendo sido criadas. Tudo isso seria razão para consignar este livro às profundezas do inferno, não estivessem aqueles seres de potência caídos habitando entre as estrelas, oferecendo ameaças à própria continuidade de nossa raça, devendo, de alguma forma, ser controlados por meio dos ensinamentos desta obra nociva.* Desta forma, nas maquinações do Diabo, jazem as ferramentas práticas de nossa salvação daquele dia temido, o qual, por graça de nosso Senhor, jamais chegará, quando as estrelas estiverem posicionadas e os portais se abrirem.

Para voltar ao mais diligente e culto Theodorus, ele completou a versão em grego deste livro na cidade de Constantinopla, pois saiba você que as cópias estavam todas na língua de Maomé,** mas o título não era *Necronomicon*, e sim *Al Azif*,*** supostamente significando naquela língua o som de insetos ouvidos na noite; no entanto, vulgarmente expresso como o uivo de demônios, considerando que os sons noturnos do deserto eram erroneamente tidos como vozes de demônios pelos nômades hereges daquelas terras. Todavia, Theodorus oferece uma nova versão do árabe, tarefa que deixarei para que seus olhos descubram.

---

* N.T.: Na versão em inglês, "evil work". Lembrando ainda que *evil*, em nórdico antigo, queria dizer "espírito".

** N.T.: Muhammad (ܡܚܡܕ, também Mohammed e outras variantes, em português: Maomé, turco: Muhammed) é uma figura importante no Islã. Os muçulmanos acreditam que ele era o Profeta Final de Deus, ao qual o Qur'an (Corão ou Alcorão) foi revelado. Os não muçulmanos consideram-no o fundador do Islã. De acordo com os biógrafos tradicionais, Maomé nasceu em Meca, em 570 e morreu em Medina em 8 de junho de 632, na região de Hejaz, a atual Arábia Saudita. O nome Muhammad significa "o Glorificado", em árabe. No Islã, Maomé é conhecido como "O Profeta" e "O Mensageiro". O Qur'an também se refere a ele como o "Selo dos Profetas (árabe: khatam an-nabiyyîn).

*** N.T.: *Al Azif*, do árabe, significando o som de cigarras e outros insetos noturnos, que o folclore afirma ser conversações entre demônios.

Theodorus, que era chamado de O Sábio por sua devoção ao aprendizado arcano, conta-nos que fez a tradução da obra a partir de uma cópia única do manuscrito árabe que sobrevivera aos vermes; a mim vieram mais ricas fontes, pois tive a boa sorte durante meu tempo de vida de ter em minhas mãos três manuscritos do texto em grego, e paguei para ter uma cópia fiel do mais verdadeiro dentre eles, a qual eu comparei em todos os detalhes com o original. A partir dessa cópia em grego, as atuais palavras latinas foram derivadas com o devido cuidado e é promessa minha a você que está a ler estas palavras que nada do texto original foi extirpado, nem teve nada adicionado a este por meio de tradução interlinear. Pois, com frequência, acontece de os que copiam, não ficarem contentes com sua tarefa, mas têm também de comentar a respeito da obra e, por esse motivo, muitos dos manuscritos deste livro são corrompidos pelas palavras de outros homens desconhecidos ao escritor.*

Tendo relatos sido disseminados por toda a Constantinopla, a respeito da natureza deste livro, o qual nunca havia sido visto na Cristandade antes de sua versão em grego, emergiu tal clamor por justiça contra o valoroso Theodorus por parte do clérigo e da população da cidade que este fora forçado a ficar em pé, parado, nos degraus da grande Igreja e denunciar o trabalho de suas próprias mãos como infernal e implorar publicamente pelo perdão de Cristo por seus pecados e, então, forçosamente, queimar o pergaminho que continha sua tradução. Por esse ato de contrição, o povo de Constantinopla foi tranquilizado e cessou de clamar por sua morte. Ainda assim, este livro não morreu, pois outras cópias haviam sido feitas, as quais se espalharam e se multiplicaram sob diversas penas, visto que o desejo ardente de possuir tão rara e estranha obra era grande, nunca sendo tão condenatório à alma, e assim ela continua até os dias de hoje.

O fado de Theodorus é bem conhecido: perdeu sua riqueza, suas terras e todas as honras que detinha na corte do imperador

---

* N.T.: Eis por que as notas são feitas assim – a intenção é elucidar não o texto original, mas referências feitas, sejam elas históricas ou entrecruzadas com fatos/temas analisados, descobertos e estudados desde então e até os dias de hoje – o que não cessou de ocorrer desde o mero pronunciamento a respeito da verdadeira existência do *Necronomicon*. Cabe ao leitor fazer suas próprias inferências, visto que as notas têm o puro propósito de oferecer uma luz para tal, não chegando a conclusões individuais nem por parte da editora nem da tradutora.

e viu sua esposa e seus três filhos serem assolados pela praga no espaço de tempo de uma única estação, além de sucumbir à mais horrenda das aflições: a doença dos piolhos. É escrito pelos piedosos escribas da Igreja que, como punição pela versão do *Necronomicon* para a língua grega, ele fora abandonado por Deus e pelos anjos, além de não conhecer um dia que não trouxesse infortúnio, tão grande é o poder deste livro sobre as almas dos pecadores, visto que somente os religiosos podem lê-lo e permanecer unos tanto em corpo como em espírito.

Um século perfeito antes que a obra de Theodorus Philetas fosse trazida para o mundo, Michael Cerularius, patriarca de Constantinopla, ordenou que todas as cópias conhecidas do livro fossem coletadas em um único lugar e queimadas pela glória maior de Jesus Cristo. Isso aconteceu no ano 1050 de nosso Senhor. Nenhum texto árabe foi encontrado, no entanto, as cópias em grego (103) foram encontradas, empilhadas e queimadas nos mesmos degraus em que Theodorus realizou seu ato de arrependimento público.

Neste ponto não levanto nenhum debate a respeito da sabedoria de acabar tornando um livro mais prolífico do que um honrado padre da Santa Igreja buscou expungir da terra. Minha consciência está em harmonia com o amor de nosso Senhor. Somente este tanto direi: que o conhecimento uma vez perdido, perdido para sempre está e quem pode julgar se um ensinamento será útil em tempos de necessidade, além de que outro não terá valor algum para a humanidade para todo o sempre? Não pode haver um momento em que o conhecimento secreto seja aflitivamente necessário para lutar contra os exércitos das trevas? Ainda assim, se todos os livros que contivessem tal ensinamento fossem queimados, deixe que os homens busquem em vão pelo instrumento de sua salvação.

Mantenha todas as cópias deste texto em latim presas com correntes e trancadas à chave. Não permita que nenhum homem que vier a ler seu conteúdo fale a respeito deles e não deixe que nenhum homem que saiba de sua existência revele esse fato aos ignorantes, que não são capazes de carregar tão grave fardo. Perante Deus e seus anjos, possa a alma daquele que busca praticar o que está escrito nestas folhas ser condenada, pois este condenou a si mesmo pela mera tentação de tal ato tão horrendo de aviltamento e corrupção. Melhor seria que seus olhos fossem arrancados com pedaços de carvão em brasa e seus lábios costurados firmemente com fio de linho do que ele poder ler em voz alta as palavras contidas nesta obra escrito em língua esquecida que nunca teve como intenção ser falada pelos filhos de Adão,* mas somente pelos outros, que não têm bocas e habitam as sombras entre as estrelas.

---

* N.T.: De acordo com o Livro do Gênesis da Bíblia, *Adão* foi o primeiro ser humano, uma nova espécie criada diretamente por Deus. *Adão*, em hebraico, sem o artigo definido, *Adam* (אדם), significa "feito do pó do solo", "ser terreno" ou "terrestre". Solo, em hebraico é *adamah*. Esta palavra aparece relacionada com *adom*, que significa "vermelho", sugerindo o sentido "de argila (barro)" ou, ainda, por extensão, "de terra avermelhada". Obs.: Na versão em inglês deste *Necronomicon*, o termo usado para o corpo humano é "mortal clay", o qual se traduziria literalmente por barro/argila mortal. A narrativa diz que Deus "passou a formar o homem do pó do solo e a soprar nas suas narinas o fôlego de vida (em hebraico, *nishmat chayim*) e ... veio a ser uma alma vivente" (em hebraico, *lenefésh chayah*; em grego, é vertido por *psykhén zósan*; em latim, *ánimam vivéntem*), (Gênesis 2:7); afirmava ainda que Adão não tinha uma alma, mas que se tornou uma alma vivente. Ainda segundo a própria Bíblia, Adão comeu o fruto proibido, da árvore do conhecimento do Bem e do Mal e, após o ocorrido, toda a Humanidade ficou privada da perfeição e da perspectiva de vida infindável. Surge a noção de pecado herdado - tendência inata de pecar e a necessidade de um resgate da Humanidade condenada à morte.

Referente à Vida de Abdul Alhazred

por Theodorus Philetas

ANO 950

O criador deste livro, ao qual dei o título em grego de Νεκρουομκικου, como mais descritivo de seu conteúdo do que de seu antigo nome oficial, nascera em uma casa humilde de Sana'a, na terra de Iêmen. Seu nome de família perdeu-se, no entanto ele é universalmente conhecido pelo título de Abdul Alhazred, que significa, na língua árabe, o Servo do Devorador. Nem se sabe qual foi sua data de nascimento, porém, diz-se que sua morte ocorreu no ano 738 de nosso Senhor, quando ele se encontrava no limite da velhice.

Nos primórdios de sua juventude, ele encontrou reconhecimento tanto por sua piedade, como seguidor fiel dos ensinamentos do profeta Maomé, quanto por sua poética faculdade inventiva. Há relatos sobre ter tido um belo rosto, com pele de um branco incomum e olhos verdes que causaram surpresa e espanto quando de seu nascimento, visto que seu pai era quase negro de pele e com olhos do mesmo matiz. Rumores foram originados de que sua mãe havia se deitado com um *jinn** durante a travessia no deserto por caravana a caminho de seu casamento, no entanto, sua extrema religiosidade tornara tais rumores abomináveis. Alhazred possuía um corpo alto e ereto, com a graça do movimento semelhante à de um cavalo perfeito. O mais singular era sua voz. Quando ele recitava as palavras do Profeta, os pássaros paravam de cantar para ouvi-lo e as raposas do deserto saíam de seus covis e sentavam-se nas colinas para ouvir os ensinamentos de Deus.

Ao saber da existência dessa criança prodígio nas fronteiras de seu reino, o soberano de Iêmen intimou que Alhazred fosse

---

* N.T.: Os muçulmanos creem que os *jinns* sejam seres reais. Eles eram considerados como seres de livre vontade, feitos de fogo sem fumaça por Deus (sendo a tradução literal "fogo sutil", ou seja, um fogo que não se esvai com a fumaça), muitos, como os seres humanos, eram feitos de barro metafórico. No *Qur'an*, os *jinns* são frequentemente mencionados. De fato, dizia-se que Maomé havia sido enviado como um profeta tanto para a "humanidade como para os *jinns*".

até sua corte quando o garoto tinha 12 anos. Ele estava tão arrebatado com a beleza do jovem que se ofereceu ao pai de Alhazred para criar o garoto e fazer com que fosse educado pelos mesmos tutores do palácio que instruíam seus próprios filhos. Desta forma, Alhazred foi criado como um príncipe da corte real e tinha o amor do rei como um segundo pai. Esperava-se somente do príncipe a composição de versos poéticos, os quais ele cantava para o deleite do rei e de seus conselheiros.

Aos 18 anos de idade, Alhazred começou a amar uma das filhas do rei. Caso ele tivesse controlado sua paixão, provavelmente o rei poderia ter sido persuadido a dar sua filha ao jovem em casamento. No entanto, o amor desconhece fronteiras e limites em seu curso imprudente e Alhazred teve seus prazeres com a garota, que deu à luz uma criança. A descoberta do caso de amor provocou a fúria do rei que fez com que a criança fosse estrangulada ao nascer. Por este ato de traição, o poeta foi punido por meio de mutilação. Seu membro viril, seu nariz e orelhas foram decepados, além de que suas maçãs do rosto foram maculadas com cicatrizes. Alhazred foi compelido a ver o profano fruto de sua união com a princesa assado em brasas em um espeto e forçado a comer partes da carne do cadáver da criança. O rei contratou nômades do deserto para levá-lo a caminho do Leste, nas profundezas de *Roba el Khalieh, o Espaço Vazio,* como era conhecido pelos antigos, onde foi deixado sem água para que morresse.

A provação custou a Alhazred sua razão. O rei ordenara que todos aqueles que fizessem a travessia daquele local desolado se afastassem dele e lhe recusassem ajuda, na expectativa de que fosse perecer logo. Ainda assim, ele se apegava à desgraçada vida. Durante um tempo não registrado, vagou pelo deserto, tendo como companhia durante o dia escorpiões e falcões que se alimentavam de cadáveres em decomposição e, à noite, os demônios que habitavam somente tais terras odiosas e infrutíferas. Esses espíritos das trevas o ensinaram Necromancia e levaram-no a descobrir cavernas esquecidas, assim como poços que correm profundamente sob a superfície da terra. Ele renunciou à sua fé e começou a cultuar os titãs antediluvianos adorados pelos espíritos dos desertos que foram seus guias e professores.

Ele embarcou em uma busca minuciosa e insana para restaurar os membros mutilados e extirpados de seu corpo, de modo que pudesse retornar ao Iêmen em triunfo e reivindicar a princesa como sua noiva. Com mágica, mascarou seu rosto de forma que parecesse o de um homem normal e abandonou o ermo para percorrer e explorar o mundo à procura da sabedoria arcana. Em Gizé, na terra do Egito, ele tomou conhecimento, por intermédio de um culto de padres pagãos com as cabeças raspadas, dos modos de restaurar a vida em cadáveres e comandá-los para que servissem a suas ordens; na Caldeia, obteve a perfeição nas artes da Astrologia; dos hebreus em Alexandria, adquiriu o conhecimento das línguas esquecidas e o uso da voz para a emissão de palavras bárbaras de evocação, pois, embora todas suas outras graças houvessem sido roubadas pela malignidade do rei, a beleza e o poder de sua voz permaneceram.

Depois de vagar pelo amplo mundo em busca de alguma magia que pudesse lhe restaurar a virilidade, com amargura no coração teve de aceitar sua condição repelente, visto que isso não poderia ser corrigido por nenhuma poção nem feitiço nem objeto de poder descobertos no decorrer de suas peregrinações. Desde sua maturidade até o fim de sua vida, Alhazred viveu entre as muralhas de Damasco em grande luxo, livremente exercendo seus experimentos necromânticos. No entanto, evitado e visto com aversão e terror pelos habitantes da cidade, os quais o consideravam um feiticeiro maléfico.

Foi durante sua morada em Damasco que ele compôs a obra à qual nomeara, em um acesso de humor demente, *Al Azif*, o chilrear de insetos ou, sob outra interpretação, o zumbido dos besouros. Ainda em razão de seu conteúdo, o livro era familiarmente conhecido como *O Uivar de Demônios*, visto que os sons noturnos do deserto são tomados como gritos de espíritos pelas pessoas comuns daquele lugar. A obra foi redigida durante sua década final em Damasco, por volta do ano 730 de nosso Senhor.

A forma de sua morte é estranha e incomum para que nela se acredite, exceto que sua morte não é mais improvável do que a história de sua vida. Há relatos de que, um dia, ao comprar vinho na praça dos mercados, Alhazred foi apanhado no ar por alguma criatura invisível de grande tamanho e força, e sua cabeça, seus braços e suas pernas foram destacados de seu torso e devorados, de modo que seu corpo desapareceu da visão de todos em pedaços, deixando somente sangue esparramado sobre a areia. Desse modo, sua própria carne tornou-se o tributo final aos deuses negros que ele cultuava.

Ao fazer a versão desta obra para o grego, permaneci fiel às palavras de Alhazred. A tarefa foi difícil, visto que em alguns momentos o significado é obscuro até mesmo quando as palavras em si são simples. No entanto, seja isso em razão da prolongada loucura do escritor ou por causa da estranheza da matéria que ele expõe, sou incapaz de resolver. Basta que o suficiente desta obra possa ser compreendido depois de um estudo cuidadoso para fomentar naquele em busca de sabedoria oculta a ruminação e a reflexão pelo decorrer de toda uma vida.

Em determinadas páginas no manuscrito árabe, símbolos feitos com destreza, invisíveis sob a luz do Sol, estão lá para serem observados. Esses traçados pálidos argênteos, que são claramente vistos quando iluminados pelos raios da Lua, são sobrescritos por letras de cor negra, com o intuito de disfarçar, como eu o creio, a existência desses desenhos do olhar descuidado dos curiosos. Por qual preparação de tinta são esses símbolos pintados no pergaminho, não o sei e, portanto, não pude reproduzi-los em meu livro como existem no mais antigo. Ainda assim, fiz uma cópia cuidadosa de cada um dos desenhos e inscrevi-os com sangue-de-dragão* comum, para que todos pudessem vê-los, seja pela luz do Sol ou sob a luz lunar.

Meu trabalho está feito. Não me importo com a censura, pois meus pensamentos são unos com a vontade de meu Mestre, o regente deste reino na Terra, o qual comanda os altos e baixos lugares, assim como se move tanto no interior das estrelas como nos ermos que se encontram entre elas. Como um tributo a meu Senhor, ofereço este livro aos verdadeiros buscadores de sabedoria que permanecem firmes, constantes e imperturbáveis em suas mentes e corajosos de coração. Aqui se encontram chaves para o poder além da conta e conhecimentos ainda não pronunciados por lábios humanos. O sábio utilizará de sua circunspecção, e os tolos serão consumidos. É suficiente que este livro continue a existir nos espaços ocupados pelos homens, de modo que, quando as estrelas coincidirem, este livro se fará conhecido pelo uso de um predestinado para exercer domínio sobre sua potência. Adeus.

---

* N.T.: *Dragon's blood* – Sangue-de-dragão, resina de cor avermelhada, vinda de uma planta, cujo nome popular é Sangue de Dragão (Nome Científico: *Daemonorops draco* ou *Dracaena draco*); em Magia – Astro Regente: Marte. Elemento: Fogo. Usada em feitiços de amor e proteção. Um pedaço colocado debaixo da cama ajuda a curar a impotência. Carregue um pedaço com você para sempre ter sorte. Pode ser dissolvido e usado no banho para uma poderosa purificação. O sangue de dragão também é utilizado para fazer tinta mágica. Atualmente, o sangue de dragão é usado como remédio, sendo uma espécie de elixir.

Necronomicon

Uivos no Deserto

V ocê que tem conhecimento de assuntos ocultos e atravessa as aleias de sombras sob as estrelas, ouça com atenção esta canção de dor que foi entoada por alguém que se foi sem ser visto antes que você pudesse seguir o cantar de sua voz através das areias levadas pelos ventos que obscurecem as marcas de seus pés. Cada um que adentra o Espaço Vazio caminha sozinho, no entanto onde um tiver ido, outro pode seguir.

Não feche os olhos da sua mente para os medos noturnos, mas abrace-os como um amante. Deixe o terror possuir seu corpo e fazer um percurso através de suas veias com sua intoxicação inebriante para que roube seu raciocínio, sua própria razão. Na loucura da noite, todos os sons se tornam articulados. Um homem seguro de si mesmo, confiante em sua força, ciente de sua posição correta no firmamento, permanece para sempre um ignorante. Sua mente é fechada. Ele não consegue aprender em vida e, depois da morte, não há aquisição de conhecimento, somente certeza infindável. Sua mais alta realização é a de ser alimento para as criaturas que se escondem, escavam, cavam e contorcem-se, de forma sinuosa e entrelaçando-se, pois em sua fome acéfala são elas puras, imaculadas pela razão e sua pureza eleva-se acima do orgulho putrificante de nossa raça.

Por intermédio de convulsões em sua barriga com terror abjeto, você se erguerá ciente da verdade; por meio dos gritos que preenchem a garganta de forma não solicitada, fica a mente purgada da corrupção da fé. Não acredite em nada. Não há propósito algum no nascimento, nenhuma salvação da alma em vida, sem recompensa após a morte. Abandone a esperança e ficará livre, e, com a liberdade, adquira a nulidade.

As criaturas da noite que saltam e escorregam em superfícies, assim como voam rapidamente às margens da incandescência da fogueira de acampamento, existem somente para ensinar. No entanto, nenhum homem pode compreender suas palavras, a menos que ele tenha perdido, aterrorizado, a memória de seu nome. Duas donzelas serviçais virão até você quando estiver deitado solitário e lhe conduzirão ao local dentro de si mesmo que não pode ser conhecido, mas meramente sentido. Essas criadas serão Terror e Desespero. Deixe-as guiá-lo até o interior de seus pesadelos que se seguem uns aos outros, como grãos de areia levados pelo vento, até que formem um envoltório sobre os marcadores de sua mente. Quando tiver se perdido em solo improdutivo do infinito nada, as criaturas da noite virão.

Com a esperança terminantemente abandonada, todo o resto abandonará você, exceto o medo. Seu nome esquecido, privado de suas lembranças, sem desejo nem propósito e não tendo nenhum arrependimento, você cessaria totalmente de existir e tornar-se-ia uno com a grandeza da noite caso não houvesse medo. Deixe que seu terror fique parado em meio ao oceano das trevas. Disso você não pode fugir, pois isso é tudo que se tornou. Puro medo é indiferenciado, uma lisura sem linha nem cor. Por essa razão, um homem no limite do terror encontra-se unido a todos os homens terrificados; mais do que isso, na pureza do terror, torna-se uno com todas as criaturas temíveis neste ou em outros mundos, tanto neste momento como em distantes eras no tempo e, naquela unidade em que reside a sabedoria de todos, sua mente está aberta e as criaturas da noite se comunicam.

A dor é o terror do corpo e, visto ser este somente um pálido reflexo da mente, assim é a dor da carne não mais que um distante eco do terror dos sonhos. Ainda assim, não despreze sua dor, pois ela tem sua função. A dor ancora a mente à carne. Na ausência de dor, a mente viajaria nas alturas e ficaria perdida nos espaços entre as estrelas e a escuridão a consumiria. Assim como a mente pode perder todos os aspectos de si mesma, entretanto, nunca para de temer, o corpo pode perder toda a força e as sensações ou anseios, mas sempre sentirá dor. Onde houver uma vida, há dor e o medo continua até mesmo quando a vida cessa de existir.

O desespero não está separado do terror, todavia, é consequência da redução, seja voluntária ou involuntária, do medo. Quando o terror preenche a mente, não há espaço para mais nada, no entanto, quando ele se retrai em parte, como deve ser feito, pois suas marés se alternam entre baixas e fluxo contínuo até mesmo como as correntes do oceano, então a mente é purificada e esvaziada e essa condição é denominada desespero. No desespero, há um vácuo que anseia por ser preenchido. Permita que as criaturas noturnas o ocupem com seus sussurros e, dessa forma, aumentem em sabedoria quanto aos modos secretos deste mundo, assim como de outros mundos desconhecidos para os homens.

De todas as dores, a fome é a mais útil, visto que ela corrói e inquieta incessantemente, como o verme na tumba. Ela é o portal mediante um vazio vasto e sem fim, não importa a quantidade ou o tipo de alimento, nunca enche por completo. Todas as criaturas vivas não são mais que incorporações da fome. O homem é um tubo oco, ingerindo comida em uma extremidade e excretando os dejetos na outra. Como é possível para o homem ser outra coisa senão vazio? Tal como o é para o corpo, também assim ocorre com a mente. A condição natural da mente é o vazio. Todos os esforços para preenchê-la são diversões temporárias que falham na negação desta verdade.

Aprender a sabedoria arcana é das tarefas a mais simples. Expurgue a mente com a dor e a fome. Leve a si mesmo para o interior dos espaços vazios do mundo que expressa, em seus modos ilimitados, as mesmas qualidades que esses espaços vácuos possuem entre as estrelas. As criaturas habitantes destes estão sempre observando com atenção. Eles existem somente para ensinar. Em seguida ao terror vem o desespero e, no desespero, a linguagem das sombras é inteligível. Conforme você esvazia a mente do Eu, as criaturas da noite completam-na com sua sabedoria.

A mais sábia dessas criaturas é o "besouro negro"* que vive de excrementos alheios. Comida morta é melhor do que o alimento que está em vida, visto que sua essência se encontra mais próxima do supremo estado de decadência ao qual todos nós tendemos. A partir da corrupção, ergue-se uma nova vida. Abasteça-se suficientemente de corrupção e, a partir daí, você deverá renascer, até mesmo conforme surgirem os fungos e estes brilharem em incandescência e fulgor nas faces dos mortos que jaziam em suas tumbas por um curto período de anos. Faça como os besouros e os vermes e tire lições de seus ensinamentos. Alimente-se dos mortos, a fim de que não seja consumido pelo vazio. Os vivos não conseguem ensinar os mortos, mas os mortos podem instruir os vivos.

Nos lugares ermos, habitam aquelas coisas que não podem subsistir à luz da razão. Até mesmo sendo o homem uma criatura do dia, que cessa de conhecer a si mesmo durante a escuridão, da mesma forma estas criaturas do vácuo cessam de articular sua identidade durante as horas do Sol. Estas dormem durante o dia e acordam à noite para se alimentarem. O terror do homem é sua nutrição e seu excremento é a mais alta sabedoria. O estrume dessas criaturas pode somente ser consumido quando a mente fica esvaziada pelo terror e encontra-se em um estado receptivo de desespero. A menos que a mente seja perfeitamente purgada, seu excremento será vomitado e perdido.

O delicioso êxtase da fome retém todos os alimentos e extrai nutrição até mesmo das cascas dos besouros e dos dejetos (casca de inseto, vômito de ave de rapina) dos vermes. Ingira sabedoria com as trevas e durma durante o dia.

Separe-se da humanidade, pois que uso tem você para esses pálidos, tolos piscantes e seus incessantes lamentos? Em vida, eles não servem a função alguma e, na morte, são apenas comida para as criaturas rastejantes. Ponha-se de lado, abrace seu medo e ouça com atenção as trevas. Seus professores virão; conforme aparecem à sua frente, consuma sua sabedoria. Triture seus casos quitinosos entre seus dentes e compartilhe sua essência. O zumbido de suas asas e o atrito de suas pernas são música. Consuma tudo, até mesmo as outras coisas que se aproximarem, aqueles que não têm corpos, mas apenas dentes e olhos e brilham incandescentemente na sombra. As criaturas rastejantes instruem o corpo e as formas das sombras instruem a mente, no entanto, a sabedoria de ambos deve ser consumida. Há somente fome no Universo. Devore tudo.

Arrebatamento do Espaço Vazio

O deserto conhecido como *Roba el Kbaliyeb** é um amante dos mortos e detém ódio por todas as criaturas viventes. Aquelas que habitam nas secas terras incultas desse Espaço Vazio imitam os mortos de todas as maneiras possíveis e, por meio disso, roubam vida da esterilidade. Quais são as qualidades dos mortos? São frios e alojam-se sem movimento dentro da terra, encobertos do sol ardente; sua pele é dura e negra; à noite, levantam-se e caminham a esmo até longas distâncias em busca de nutrição para satisfazer sua fome e sede incessantes. Dessa forma também ocorre com os vivos que lutam para permanecer nessa condição na terra dos mortos. Escondem-se sob a terra, em cavernas ou cobertos com areia, durante o calor do dia; movem-se pouco ou nada, de modo a conservar seus fluidos; sua pele é endurecida e escura; seus olhos, joias secas e resplandecentes; somente sob a luz da Lua se atrevem na aventura da caçada.

Um homem que cruzasse o deserto ermo de pedra e areia deveria imitar os modos dos mortos, até mesmo como as criaturas

---

* N.T.: O *Roba el Khaliyeh* ou "Espaço Vazio [Espaço Vazio]" dos Antigos — e "Dahna" ou deserto "Crimson" dos Árabes modernos.

que vivem nas terras incultas, pois, somente tornando-se como eles, pode ele sobreviver. Com o pôr do sol, levanta-se e segue em sua busca por nutrientes. A água é mais preciosa do que comida, então sempre procure por água e o alimento cruzará seu caminho sem a necessidade de que se o procure.

A vida no deserto é uma busca sem-fim por água que torna outras buscas sem sentido. Quando o empalidecer do leste anuncia a aurora, cave um buraco oco na areia e cubra seu corpo, ou aconchegue-se em uma fenda entre as rochas que ficam eternamente nas sombras. Deite como alguém que está morto e durma durante o dia.

Busque os lugares mais profundos entre as rochas nos locais baixos da terra em que as areias afundaram, pois lá será encontrada umidade. Até mesmo quando for atenuado demais para servir diretamente às necessidades de vida, pode-se obtê-las sugando o caldo das criaturas rastejantes que concentram a umidade dentro de suas cascas e conchas. Cadáveres recentemente enterrados ao longo das estradas pelas quais passam caravanas estão plenos de água. O cérebro permanece úmido durante semanas, assim como o tutano dos ossos. O sangue de um falcão caçador é bom, no entanto, aquele de um pássaro que se alimenta de cadáveres em decomposição pode portar doenças que aleijam ou matam aqueles que o ignoram. Mais salubre é a carne de serpentes e de vermes, doces ao paladar e uma fartura para a barriga.

Nos mais profundos poços onde a água cai e forma poças, floresce um determinado fungo que pode ser reconhecido por sua cor, pois ele é verde mesclado com amarelo do pus de um furúnculo recentemente lancetado. Esse crescimento emana uma tênue irradiação que parece brilhante aos olhos acostumados com a escuridão das cavernas. É do comprimento de metade de um dedo indicador, porém, dele emergem talos mais longos contendo poros de esporas que se abrem com um som abafadiço, como o crepitar de galhos cortados ou quebrados em uma fogueira, quando perturbados. Dentre esse tapete vivo que cobre as rochas e os tetos de cavernas vivem pequenas aranhas do mais puro tom de branco. Conforme elas se movimentam por entre os talos, roçam levemente de passagem neles com suas patas e fazem com que se abram e espalhem suas sementes no ar umedecido, de forma tal que, no silêncio profundo sob a terra, haja um infindável estalido que faz lembrar uma risada abafada.

O consumo de três dessas aranhas brancas transforma o poder da visão, permitindo que demônios e formas dos mortos vagando pelo deserto após o pôr do sol sejam vistos claramente com os olhos, embora esses espectros passem, de outra forma, sem serem vistos. Três aranhas, e três somente, devem ser comidas. Duas são insuficientes; quatro causam vômito e náuseas que persistem durante diversos dias. Três produzem meramente uma leveza e tontura, não tão grave que impeça o andar. São os esporos das vagens de leguminosas caídos sobre as aranhas que produzem o segundo tipo de visão. Por si mesmos, os poros não têm poder algum, no entanto, quando mesclados com as secreções nas costas e nas patas é que adquirem tal potência.

Para a visão fortificada por esse estranho alimento, as penumbras do deserto salientam-se dentre as rochas e dunas com a brancura da cera da vela. Próximo aos locais de enterros de caravanas de beduínos, podem ser vistos *lares** que retêm sua forma humana, embora fiquem nus após a morte. Estes são receptáculos sem mente que se encontram ou causam confusões na terra sobre seus túmulos, movendo-se em círculos e arcos, mas nunca se aventurando mais do que uma dúzia de passos a partir do monte onde sua carne em putrefação jaz enterrada. Seu uso é somente um: identificação do local de enterro quando os nômades do deserto tentavam ocultar o local dos Ghouls e dos ladrões de tumbas. Não importa quão bem escondida a superfície do túmulo, o *lar* do cadáver fica sobre este e o guarda.

Quando um túmulo é aberto, a sombra a ele atada luta para assassinar de forma violenta o profanador, buscando sua garganta ou seu coração com as unhas ou, às vezes, com seus dentes, o tempo todo emitindo um tênue grito agudo e penetrante que é facilmente tomado de forma errônea como o lamento com suspiros da brisa noturna. Graças ao fato de que esses *lares* não possuem força material, podem ser ignorados sem perigos. Desaparecem no momento em que o cérebro, coração ou fígado é removido do cadáver, embora o corte de carne morta e a remoção de partes

---

* N.T.: *Lares, Genni loci* ou, de forma mais arcaica, *Lases* eram deidades romanas que protegiam a casa e a família – deuses do lar. Presume-se que os *Lares* sejam filhos de Hermes e Iara e profundamente venerados pelos antigos romanos por meio de pequenas estátuas, geralmente colocadas em locais mais altos da casa, longe do chão, ou, até mesmo, no teto (no entanto, algumas estátuas também foram colocadas em cruzamentos de estradas [encruzilhadas]). Com o passar do tempo, seu poder foi estendido sobre as casas, o país, o mar, as cidades, etc., visto que os *Lares* se combinaram com outras deidades romanas e espíritos protetores.

menores do corpo não sejam suficientes para banir sua presença. É melhor estilhaçar o crânio com uma pedra na primeira vez em que o cadáver for exposto; tendo triunfado sobre a sombra perturbadora, as vísceras e os órgãos remanescentes podem ser manuseados e usados sem transtornos.

Há um outro tipo de espírito, comum nas colinas rochosas, o qual se assemelha a um grande morcego sem asas, mas possui ancas e pernas de um cão. Sua boca é ilogicamente grande para seu tamanho e cheia com dentes brancos e curvos, como as espinhas de um peixe, além do que suas patas dianteiras não têm pelo e são delgadas, parecendo nada mais que as mãos graciosas de uma dançarina, salvo serem ebâneas, com unhas alongadas. Essas criaturas, denominadas, em sua própria língua, *chaklah'i*, se movem com grande rapidez em uma corrida entre ramos cortados através das areias e caçam em matilhas qualquer coisa vivente que descobrirem sozinha e desprotegida nas terras infecundas à noite. Seu método de ataque é o de circundar sua presa tão de perto que seus corpos insubstanciais substituem o próprio ar, de modo que a presa sem compreensão lentamente se extingue até a morte. Somente então podem consumir suas essências vitais, visto que se alimentam dos mortos e não podem subsistir das essências dos vivos. Consomem o espírito da carne, não a carne em si; no entanto, depois de terem se alimentado, a carne não detém mais nenhum nutriente para os seres viventes.

Um homem possuído pelo poder da segunda visão por meio do consumo das aranhas fungoides é capaz de fazer um pacto com os *chaklah'i*, que preferem alimentar-se de cadáveres mortos há diversos dias do que dos corpos dos recentemente assassinados. Esses demônios não têm força física para mover os corpos do solo em que foram enterrados, mas, caso um homem mova as pedras e os areais de lugar para eles e permita que se alimentem sem impedimentos, em troca revelarão locais secretos onde tesouros de diversos tipos jazem ocultos ou repetirão o conhecimento há muito tempo perdido para o mundo. Se acontece de buscarem matar aquele com quem fizeram um pacto, como comumente ocorre, a pronúncia do nome do guardião dos portais na linguagem dos Antigos faz com que sejam enviados em pedaços dispersos como folhas secas aos ventos. Eles não apresentam nenhum perigo ao homem que detiver o poder de seu nome, além do que podem ser úteis como guias no Espaço Vazio.

Essas criaturas não se exprimem tal como o homem. Elas o fazem fulminando o ar com seu hálito, no entanto, para dentro, como um pensamento que ecoa na mente. Seu intelecto é fraco, todavia, lembram de tudo que já viram ou ouviram e duram por muito mais tempo que um homem. Não podem suportar a luz, nem os campos e habitações de nossa raça. A voz humana é dolorosa para eles, que fogem voando do som da risada.

Com a faculdade da segunda visão, criaturas que nunca possuíram vida por si, mas meramente continham ou portavam vida, podem ser claramente vistas na escuridão através das areias. Estradas usadas por caravanas elevam-se como fitas de seda, assim como os domos e as torres há eras caídos e abandonados à decadência, além de olvidados, erguem-se contra o horizonte iluminado por estrelas. Essas estruturas fantasmagóricas têm uma incandescência mais brilhante sob os raios energizantes da Lua, porém, ficam ofuscadas quando esta está em sua fase negra ou ainda não se ergueu no céu. São mais claras na distância, mas, quando se aproxima delas, tremulam e seu brilho se ofusca até, por fim, de forma terminal, desvanecerem-se, conforme os pés se estendem para cruzarem seus limiares. Por intermédio de tais sombras, podem ser traçados os devaneios e as perambulações de raças antigas, assim como seus locais de moradia.

No deserto aberto, existem portais na forma de colunas de nuvens de poeira iridescentes. Durante o dia, lembram Pilares em dança e, à noite, espirais incandescentes em fulgor. Podem ser abertos somente em determinados momentos no tempo, quando os raios dos corpos que vagam dos céus e das grandes estrelas conspiram para que sejam destravados. Sua abertura ocorre por meio de frases entoadas como cantos em uma língua inumana, cujas palavras têm formas geométricas no espaço, possuindo comprimento, largura e altura. Os *chaklah'i* conhecem as palavras, mas não entendem nem seu uso nem seu significado. Por um presente desses de carne enegrecida e em putrefação, eles podem ser induzidos a repeti-las.

Tais são as diversas belezas de *Roba el Khaliyeh*, que é morte para um homem pelo tempo que permanece vivo; no entanto, logo que se tornar como os mortos, copiar os modos dos mortos, é tão estimulante e adorável quanto uma jovem mãe com relação a seu primeiro filho. Nem é possível habitar no ermo sem conhecer seus caminhos, pois o conhecimento é recompensado, enquanto a ignorância, severamente punida, e aqueles que sobrevivem à instrução se tornam sábios.

Demônios Luxuriosos e Demônios Ameaçadores

Quando os ventos sopram suavemente pelas regiões arenosas, portam o murmúrio de sedução beijado com as promessas de prazer. No entanto, quando acelerados, seu uivo de fúria assassina não será aplacado. Os ventos prenunciam a chegada de demônios nascidos solitários em cones espiralados de poeira de outros planos de existência. Ambas as espécies são impelidas pela mesma fome e buscam nutrir-se com as emoções do homem, mas, a primeira delas é alimentada com a sensação do despertar de sentimentos e interesses e o desejo por consumação carnal, ao passo que a segunda sacia-se com base no medo. A segunda espécie é mais ameaçadora, visto ser o medo a emoção mais forte.

A amante dos ventos é bela de se ver. Ela vem em sonhos com seus braços brancos estendidos e seu longo cabelo brilhante erguendo-se por sua cabeça, seu sorriso doce com flores de laranjeira e seus olhos profundos, poços de luz de estrelas refletidas. Um vestido da seda mais transparente adorna seu corpo esguio. Seus dedos, seu pescoço e seus pulsos são adornados com joias. Qual homem sadio de corpo pode resistir a seus encantamentos? Ela induz à emissão noturna de sêmen durante o sono e alimenta-se do odor e do calor da semente, levando embora uma porção de sua vitalidade com a qual engendrará monstros em seu ventre, pois estes se tornam seus servos e, visto que eles são possuidores de um caráter obsceno de vitalidade material, são capazes de realizar atos tangíveis. Quando ela visita aquele que dorme, eles tagarelam de modo rápido e incoerente e fazem travessuras na cama dele, puxando o cabelo e a barba de seu pai e uivando com divertimento.

Noite após noite, ela retorna para seu amante que sonha, o qual recebe seu abraço de bom grado sem reclamar; a mente dele é embalada pelo prazer, até que ela tenha drenado tudo que ele tem a oferecer e seu coração pare de bater. Ela é como a forma viscosa e cor negra da papoula que traz inexaurível deleite até mesmo quando causa a morte. Somente um homem tal como aqueles que guardam o harém do monarca e tiveram sua virilidade removida pelo gume de uma faca, ou tiveram uma perda similar por meio de infortúnio violento, pode resistir à sedução da tentação. Visto que eles não têm semente a fornecer, ela se torna frustrada em sua tentativa e voa para longe, de forma lastimosa e rangendo os dentes.

O demônio uivante chega com violência e apodera-se da mente daquele que dorme, sacudindo-o como um gato faz com um rato, transformando o sonho em um pesadelo. Tem tantas formas como os inimigos que habitam a imaginação, no entanto, tem mais rapidez para buscar e descobrir a forma mais temida. Esse medo se torna seu receptáculo ou, melhor dizendo, sua máscara, pois não detém identidade em si, somente uma fome que deve ser apaziguada. Quando as imagens falham em causar terror, o demônio causa cortes e vergões no ser dormente, os quais são descobertos somente com o nascer do Sol, mas, apenas para o propósito de provocar terror, visto que a dor somente não oferece nutrição alguma.

Seu intento é o de interromper o sono tantas vezes que o homem, sua presa, começa a sonhar enquanto acordado e, então esse demônio é capaz de ir e vir dentro de sua mente à vontade e tomar o que quer que lá encontre que seja de valor. A consequência comum das visitas noturnas desse demônio é a loucura e o suicídio. Somente por meio da morte podem seus tormentos ser evitados. Somente está seguro aquele que tiver aprendido a abraçar o seu medo como a uma amante, regozijando-se em sua multiplicidade e em seu poder. Um homem assim dá boas-vindas aos demônios furiosos das terras inférteis como seus amigos e encontra deleite e diversão em suas mudanças de máscaras. Reconhecendo, por fim, a futilidade da tentativa, esse demônio parte em silêncio taciturno, sua fúria pacificada, e o andarilho no deserto dorme e sonha sem ser molestado.

Por intermédio dos selos dos deuses das estrelas, essas duas formas de demônio da noite podem ser comandadas e enviadas para fustigar outros que atravessam o Espaço Vazio e, até mesmo, aqueles que residem em cidades distantes, como uma forma potente de ataque especialmente adequada para clamar imperiosamente a vingança. A sedutora e mãe de monstros é obediente à autoridade do selo de Shub-Niggurath,* a cabra prolífica; o demônio furioso obedece ao selo do grande Cthulhu,** rapidamente em frenesi.

Espere pela chegada do demônio, enquanto se aloja no interior de seus sonhos alerta e consciente e, antes que ele comece sua obra, comande sua atenção com o nome e o selo do deus sob cuja estrela errante ela habita, seja a brilhante e impiedosa Vênus*** ou Marte**** de olhos vermelhos. A estrela do deus deve estar

---

* N.T.: Shub-Niggurath (*The Black Goat of the Woods with a Thousand Young*) – A Cabra Negra da Floresta com Mil Jovens. Um outro ser de Lovecraft, dos Mitos de Cthulhu, é descrito como sendo uma fera em forma feminina, adorada nas florestas negras.

** N.T.: Cthulhu é um personagem de ficção nos Mitos de Cthulhu, criação de H. P. Lovecraft. A mitologia de Lovecraft [de terror] desenvolve-se a partir de estranhos seres extraterrestres que habitaram a Terra muito antes do aparecimento do Homem. Cthulhu é mais precisamente descrito em O Chamado de Cthulhu [The Call Of Cthulhu], sendo um enorme monstro com cabeça de polvo ou lula, com numerosos tentáculos e corpo de dragão, com suas respectivas asas, cujo corpo escamoso é composto de uma substância distinta das que são encontradas em nosso planeta, como uma espécie de massa gelatinosa que o torna praticamente indestrutível. "That is not dead which can eternal lie. And with strange aeons even death may die." – "Aquele que não está morto pode eternamente jazer. E com estranhos éons, até mesmo a morte pode morrer."

*** N.E.: Terceiro círculo dantesco ou interior de Vênus. Na Kabbalah, *Netzach (Vitória)* é a esfera de Vênus, a esfera da emoção, do amor e da comunicação com os elementais e o astral. Relaciona-se com os sentidos e paixões, com a emoção de viver, o desfrutar de paixões instintivas. Netzach é tudo da personalidade que é espontâneo e instintivo, sendo sua experiência espiritual a Visão da Beleza Triunfante. Está na base do Pilar da Misericórdia, equilibrando-se com Hod (Mercúrio, o intelecto) no Pilar da Severidade. Vênus, Afrodite e demais deusas de beleza e amor feminino são relacionadas a esta esfera.

**** N.T.: Quinto círculo dantesco ou esfera de Marte. Na Kabbalah, *Geburah (Força)* é a esfera de Marte, regente das guerras, da justiça e da vingança. É a destruição, localizada no meio do Pilar da Severidade. Equilibrando-se com Chesed, formam a força motriz da realidade manifesta. Como já dito antes, não há construção sem destruição, e vice-versa. Aqui se encontram os relativos a tudo que o termo "marcial" pode invocar: a energia violenta, a determinação e a rígida disciplina. A força sexual é também atributo de Geburah.

acima do horizonte, portanto, o melhor horário para fazer um pacto com um demônio da luxúria é logo antes do crepúsculo da manhã. Componha o selo do deus em sua imaginação e forme o desenho deste no ar antes de confrontar o demônio. A seguir, instrua-o a respeito da identidade da pessoa que deve ser afligida e atormentada até a morte. Seu propósito certamente será obtido no ciclo da Lua.

Aqueles que se Alimentam dos Mortos

As caravanas que cruzam o **Roba el Khaliyeb** devem enterrar seus mortos ao longo do caminho, pois, no calor do deserto, um corpo logo fica putrefato e, em dois dias, nenhum homem suportaria ficar por perto e nenhum animal o carregaria em suas costas. A única exceção é feita quando uma pessoa possuidora de riquezas falece durante a jornada, visto que a família do cadáver detém os meios de fazer com que seja embrulhado em panos saturados com mel, o qual tem a propriedade de inibir a decomposição. O mel é utilizado para encher a boca, as narinas, as orelhas, as cavidades oculares e outros orifícios do corpo e, contanto que todas as aberturas estejam vedadas, a carne pode ser preservada como se estivesse em vida durante várias semanas.

Um homem sozinho nas terras infecundas aprende a seguir os rastros dos camelos e a reconhecer os túmulos daqueles que morreram no caminho. As carcaças dos animais não têm uso como alimento, visto que são rapidamente limpas até os ossos pelas criaturas do deserto. No entanto, os cadáveres de homens são protegidos pela terra e pelas pedras empilhadas sobre estes. O viajante faminto logo aprende a confiar em seu olfato para que o guie até seu repasto, e a sombra brilhante que se sobressai acima do local da sepultura, tão claramente visível à segunda visão, é um sinal seguro de que sua barriga ficará logo cheia. Ele deve ser rápido caso tenha de chegar a um túmulo fresco antes que este seja encontrado pelos que se alimentam dos mortos, visto serem adeptos dessa caçada, e raramente deixam um corpo descansar na terra além da passagem do dia e da noite.

Esses *ghouls* são raramente vistos por nossa raça e são quase desconhecidos, a não ser pelas fábulas que aterrorizam as crianças. Entretanto, nos mais distantes recessos do deserto, não são tão tímidos quanto à descoberta, especialmente quando seu único observador é um errante solitário que tem o mesmo objetivo que eles próprios. Os *ghouls* são de estatura pequena, com braços e pernas esguios, mas, corpos redondos, possuindo barrigas distendidas, assim como sua pele desnuda e negra, de modo que são quase invisíveis à vista ordinária. Não sendo, em pé, mais altos do que a altura do cotovelo de um homem, eles parecem, em uma primeira impressão, ser um bando de crianças, salvo pelo fato de se moverem de forma silenciosa, com seus ombros encurvados e suas mãos com garras roçando levemente os desertos de areia, seus olhos negros brilhando e alertas com relação ao perigo e seus dentes amarelos, similares àqueles de um cão, expostos entre seus lábios partidos, pois eles cheiram o ar tanto com o nariz como com a boca aberta para captura do odor de morte.

Um homem imperturbado pelo medo pode facilmente defender-se de cinco ou seis destas criaturas com somente uma pedra grande ou tendo um fêmur como arma, porém, são atraídos pelo som do conflito e rapidamente se juntam em grandes números de modo que é prudente fugir em retirada e deixá-los com o deleite do prêmio. Nunca consomem a carne dos vivos, ainda assim, eles sabem como descobrir um cadáver e como enterrá-lo, e um homem por eles morto é coberto com terra durante um dia e, depois, eles retornam para o festim.

Eles devem lutar não somente com as raposas do deserto e outros animais da noite que se alimentam de carniça, como também com os *chaklah'i* que deprivam os cadáveres da sua virtude em termos nutritivos, a menos que estes sejam desviados para longe. Os *chaklah'i* e aqueles que dos mortos se alimentam são antigos inimigos bem acostumados a lidar uns com os outros e, na maior parte do tempo, eles observam a jocosidade de respeitar a reivindicação de qualquer que seja a raça que primeiro descobrir o túmulo. Às vezes, os *ghouls* levarão porções do cadáver para que os *chaklah'i* dele se alimentem e, eles, em troca, não retirarão a excelência dos ossos dos mortos, mas permitirão que reste o tutano, para a gratificação dos *ghouls*.

Os *ghouls* do deserto são menores de corpo do que aqueles que jazem em espera em um local oculto nas cercanias de cidades, próximo a locais de enterro. Falta de sangue e a aspereza da terra retardam seu desenvolvimento e crescimento e fazem com que sejam mirrados nos membros ainda que tenazes de vida, possibilitando que suportem durezas que matariam seus irmãos habitantes dos locais dos homens. A despeito dessas diferenças, eles são uma raça única, compartilhando a mesma linguagem e até o mesmo folclore.

Aqueles do deserto relatam entre si o conto de Noureddin Hassan, um nobre de Bussorah, que fizera um pacto com um *ghoul* de sua cidade chamado, em sua propria língua, G'nar'ka. Em troca de que sua amada esposa pudesse repousar em seu túmulo sem ser molestada, o homem concordou em matar oito estrangeiros em noites sucessivas e fornecer ao *ghoul* seus cadáveres. Sendo os homicídios descobertos depois que Hassan havia matado sete de seus colegas cidadãos, o infortunado homem tirou sua própria vida e assim cumpriu com seu juramento. Esse conto não é desconhecido de nossos contadores de histórias, no entanto, para os comedores de mortos, isso tem um especial significado, visto que eles reverenciam a santidade de uma barganha acima de todas as outras ligações e, uma vez tendo concordado em realizar um serviço, fazem-no sem falhas.

Uma outra fábula contada a respeito desse *ghoul* da cidade refere-se ao roubo furtivo de uma tumba sagrada sob uma mesquita durante o período de jejum do Ramadan,* e como a glutonaria do *ghoul* colocou-o em conflito com os seguidores deste, no entanto, é demasiadamente extensa para ser relatada aqui. G'nar'ka é uma espécie de herói para sua raça, cujas explorações formam o assunto para muitas narrativas.

---

* N.T.: *Ramadan* – "O mês de Ramadan foi o mês em que foi revelado o Corão – orientação para a humanidade e evidência de orientação e de discernimento. Por conseguinte, quem de vós presenciardes o novilúnio desse mês deverá jejuar. Porém, quem se achar enfermo ou em viagem jejuará, depois, o mesmo número de dias. Deus vos deseja a comodidade e não a dificuldade, mas cumpri o número (de dias) e glorificai a Deus por ter-vos orientado, a fim de que Lhe agradeçais" (2:183-185).

O viajante é aconselhado a ficar em paz com os que se alimentam dos mortos, oferecendo-lhes a maior parte de qualquer cadáver desenterrado ao longo das estradas utilizadas pelas caravanas. Este não é nenhum sacrifício potente visto que a carne dos mortos não permanece sã por muito tempo no deserto e, nenhum homem, a despeito de sua fome, poderia consumir mais do que uma pequena parte do cadáver antes que se torne tão impuro e infame para que seja retido no estômago. Em retorno a essa exibição de generosidade, as criaturas cessarão seus ataques, pois não são hostis por natureza e entram apenas em contendas com relação à comida, a qual é escassa nas terras inférteis.

Eles conversam em sussurros secos em sua própria língua, desconhecida além de sua raça, mas aprenderam o suficiente de nosso idioma a partir das conversas nos acampamentos das caravanas para ter conhecimento de seu significado. Seu conhecimento dos locais antigos no deserto é completo. Durante gerações incontáveis buscaram seus alimentos através das terras arenosas e desenterraram coisas e criaturas mais estranhas do que os mortos por sob as pedras. O que os *chaklah'i* desconhecem, os *ghouls* lembram-se, e aquilo que não pode ser aprendido questionando-se uma raça será ganho da outra. Nem têm uso algum para as tumbas escondidas ou cidades antigas ou ouro e prata enterrados, mas trocarão conhecimento por carne de homem ou animal.

Um andarilho uma vez negociou com os que se alimentam dos mortos a localização do vale da cidade perdida de Irem* de muitos Pilares, pelo preço extraordinário do corpo de uma bela dama de alta família que havia sido envolta em mel após sucumbir à picada de uma serpente. *Ghouls* temem aproximar-se de fogueiras de acampamentos das caravanas para que não sejam mortos pelas flechas dos guardas. No entanto, ouviram, por acaso, os membros da família falarem de tal morte, e o viajante dentre eles era audaz e esperto o suficiente para infiltrar-se secretamente no acampamento antes da aurora e levar para longe o cadáver pingando docemente enquanto todos no local ainda dormiam, logo depois que aqueles pagos para manterem guarda e ficarem acordados durante a noite tivessem se retirado para debaixo de suas cobertas.

---

* N.T.: Iram of the Pillars (às vezes, Irem of the Pillars), uma cidade perdida localizada na Península Arábica.

O corpo não foi consumido naquela noite, pois ainda estava muito fresco, tendo sido preservado pelo mel e era tarde. Entretanto, o andarilho realizou o mesmo serviço que os enlutados pranteadores, sentando-se junto ao cadáver enquanto este apodrecia sob o Sol e era visitado por besouros e moscas, depois de terem cuidadosamente removido os panos que envolviam o corpo e limpado sua pele de seu suor grudento e dourado. Na noite seguinte, este fora comido com prazer e o segredo do vale de Irem fora revelado.

Irem com Muitas Torres, suas Maravilhas e Perigos Imprevistos

Conta-se a história de uma cidade de altas torres e domos brilhantes nas profundezas do Espaço Vazio, longe das estradas e das habitações dos homens. Um dia ela foi um grande centro de humanidade, um jardim bem regado, alimentado por cisternas subterrâneas que nunca secavam, mas eram sempre reabastecidas por cursos d'água subterrâneos. A cidade foi nomeada Irem, conhecida através do mundo todo por sua beleza e perversidade. Seus abastados habitantes, que enriqueceram com as constantes caravanas que, em tempos antigos, passavam por seus portões em suas jornadas a lugares distantes, viciavam-se em seu amor à sensualidade e aos ornamentos ao extremo, nenhuma roupa era muito custosa para suas cortesãs; nenhum vinho fortificado, tão potente para seus gordos mercantes; nenhuma droga, tão venenosa para os deleites saturados de seu regente nem de seus cortesãos.

Sem aviso nem sinal, a cidade fora destruída em um grande cataclismo que lançou abaixo seus Pilares e domos e os cobriu com areia, matando todos seus habitantes. A lenda sustenta a ideia de que este fora o julgamento de Deus sobre a perversidade das pessoas, todavia poucos homens sabem a causa real de sua derrocada. O segredo deve ser somente conhecido ao ir-se lá e procurar, e Irem está perdida para o mundo há muito mais tempo do que as histórias dos homens podem narrar. Este foi um dos lugares da Terra por tanto tempo habitado que aqueles que lá moravam esqueceram por que ela havia sido fundada. Agora, é nada mais do que uma dispersão de montes poeirentos e Pilares partidos, sendo o mistério de sua destruição tão profundo quanto o segredo de sua criação.

Aqueles que se alimentam dos mortos conhecem a localização de Irem, mas eles não vão lá, e somente conduzem o viajante até o ponto em que os afastados declives das colinas cercam o vale que guarda suas ruínas. Mesmo assim, ela pode ser encontrada por um homem que possua o segredo das aranhas brancas dos fungos radiantes. Coma três dessas e espere pelo cair da noite do lado de fora do vale da cidade de muitas torres. Na escuridão verá o brilho através das areias de uma antiga estrada para caravana que não pode ser percebida sob o Sol com uma visão normal. Esta adentra o vale entre duas colinas. Siga-a e ouvirá tenuemente nos ventos leves os sons de pedras que rolaram para debaixo de cascos de camelos errantes e o tilintar de prata e bronze das rédeas, os rangidos de cordas de cânhamo e couro lubrificado, além de, talvez, o murmurar de vozes. Todos esses sons vêm do passado distante e devem ser desconsiderados, pois são ardis para a imaginação dos desavisados. Aqueles que ouvem tais sons mais de perto entram em uma deriva em forma de sonho e acordam caminhando ao lado dos camelos das caravanas, para todo o sempre perdidos com relação à sua própria época.

A faixa argêntea da estrada da caravana leva ao interior do portal caído da cidade, do qual não há nenhum sinal remanescente. Ainda sob a luz da Lua cheia, pode ser discernido um pálido arco de pedras translúcidas, a sombra do portão de entrada que ruiu muitas eras atrás. Adentre o portão. As partes altas das torres têm a aparência de pedras desgastadas, pois se projetam a não mais do que um cúbito* acima da areia e as tormentas de ventos arredondaram e cortaram tais torres além de seu reconhecimento. Há fragmentos dispersos de cerâmica e vidro, fáceis de serem encontrados, visto que reluzem sob a Lua para alguém que tenha despertado a segunda visão.

---

* N.T.: Cúbito: antiga medida de comprimento igual a cerca de 50 cm.

Irem com Muitas Torres, suas Maravilhas e Perigos Imprevistos 41

Continue até passar por uma colina no lado esquerdo e irá chegar a uma cavidade rasa, mas não ampla, muito similar a um escoadouro na areia. Faça a descida na depressão geológica e pare no centro desta. Saiba que está de pé no centro da cidade caída, onde se ergueu o palácio do rei. O estremecer do solo que fez com que caíssem as torres teve início nesse local e atirou o palácio para sob a superfície, de modo que não há nenhum vestígio de suas relíquias humanas ou restos mortais, nem traços expostos. Ainda assim, fique parado, de pé, e escute com atenção. Ouve a separação de partículas grossas das partículas finas de areia? É vaga e pode ser facilmente confundida com o som de um besouro caminhando por uma duna. Procure-o e encontrará em uma cavidade mais profunda, obscurecida Lua, uma pequena abertura que lembra o covil de um animal.

Nesse momento, deve determinar se escolhe entrar no local ou fugir desse espaço "vazio" e deixar as ruínas de Irem caída. O caminho na parte interna desse local é perigoso não meramente pela carne, como também pela razão. Pode ser que somente um homem já ensandecido possa adentrar as cisternas abaixo de Irem e suportar o olhar em face ao que habita em suas trevas sem que busque a morte como um escape do horror. Pode somente lá entrar aquele que se torna uno com a serpente, estendendo seus braços e debatendo-se por dentro. Nem pode um homem gordo lá entrar de forma alguma, mas apenas aquele que tiver passado muito tempo sem muita comida. O canal é tal como a passagem do nascimento e capitula-se com relutância unicamente após muito esforço ser envidado.

Após ter vencido sua luta e sido arremessado para dentro, encontrará uma caverna, o chão polvilhado com areia, da qual os declives seguem para baixo. Tudo são trevas, entretanto, conchas de minúsculas criaturas marinhas embutidas nas rochas são iridescentes à segunda visão e fornecem iluminação suficiente para que se prossiga. Conforme a caverna vai baixando de nível, ela se amplia e aumenta. Indistinto na distância é o gotejar de água, além de que esta pode ser plenamente percebida com o olfato, embora não haja água alguma para ser encontrada. A caverna por fim se abre em um vasto espaço, cujos limites não podem ser vistos, já que o brilho iridescente das conchas em suas paredes não tem a força de prover uma vista além de doze passadas.

Ratos, cujo tamanho em geral não é grande, moram lá. Podem ser reconhecidos pelo suave roçar de seus rabos escabrosos e nus enquanto se movem uns sobre os outros, além do que não temem de modo algum estrangeiros, mas avidamente correm em frente para sorver da carne exposta. Entretanto, eles são mais sábios com relação aos modos do deserto e logo reconhecem alguém que seja um amante do Espaço Vazio e, desse momento em diante, mantêm dele uma distância cortês. Sua carne é insuficiente, entretanto saciadora, além de ser boa ao paladar e particularmente suculenta aos olhos.

O viajante logo descobre quando anda furtivamente pela muralha curva da caverna negra que esta se abre para fora em outros espaços similares, os quais também possuem suas diversas aberturas, de modo que se descobre ser todo o chão sob Irem não formado de areia e rocha, mas sim vácuos cujos tetos em forma de arcos são suportados por Pilares de rocha natural. Foi, na verdade, o colapso de uma dessas cavernas que atirou o palácio do rei para debaixo da superfície, e a elevação da superfície da terra, causa do desmoronamento, fez surgir a inclinação para a frente, desequilibrando os domos e as torres da cidade. Tudo isso pode ser raciocinado em dias de escuridão e silêncio, quebrados somente pelo roçar feito pelos ratos e o gotejar da água fantasma que nunca é encontrada. O sangue dos ratos é doce e é o suficiente.

O Habitante das Cavernas

Na escuridão sob a terra, o tempo não passa da mesma maneira que decorre sob o ciclo diário do Sol. As horas estendem-se e arrastam-se com o peso dos anos. Nas ocasiões em que as condições nos céus conspiram em determinados locais carregados nas entranhas desta esfera, o progresso do tempo é parado ou de forma tal removido para que pareça terminantemente suspenso. Uma gotícula que cai pode ser contemplada em sua plenitude quando suspensa no ar como se fosse uma polida conta de cristal em um filete prateado.

Seja em razão dessa curiosidade com relação ao tempo ou a algum outro efeito, cuja causa não é evidente para ser apreendida, as criaturas que habitam nas cavernas mais profundas podem viver durante muitos anos somente associados sob o sol com a mais antiga das árvores. Eles crescem mirrados na aparência, entretanto não morrem. Isso só é verdade com referência a formas maiores de vida, pois as menores não duram mais tempo do que seus irmãos da superfície. Pode ser que a extensão dos anos seja uma função da razão, por que é verdade que todas as criaturas de longa vida encontradas nas cavernas possuem pelo menos alguma aparência de inteligência e muitas podem ter o poder da fala, embora as línguas por elas utilizadas sejam aquelas de eras perdidas e podem apenas com dificuldade ser compreendidas por um erudito especializado em idiomas. As bocas dessas criaturas são mal adequadas para a forma da fala humana e suas mentes anciãs lutam para compreender nossos pensamentos.

Sob Irem habita uma criatura que uma vez fora humana, mas que já não é mais de nossa raça. Humanidade não é uma qualidade que persiste inalterada e inextinguível por toda a eternidade, mas é limitada pelas circunstâncias de local e tempo e este ser da escuridão perdeu toda sua natureza humana há incontáveis eras, antes que a cidade de muitas torres chegasse à derrocada e às ruínas. Ela pode ser chamada de bruxa, porque está tão mudada que nenhum vestígio dos atributos de uma mulher permanece em seu corpo atrofiado e deformado e sua feitiçaria não é a arte praticada nas habitações de seres humanos.

O nome da criatura é I'thakuah, e ela conversa em diversas línguas antigas, uma das quais é a fonte da nossa. Por meio da comparação das palavras arcaicas com as novas, assim como por meio de gestos, ela pode ser interrogada, visto deter vastos tesouros de conhecimento que são mais preciosos do que os tesouros terrenos. Ela ouviu os arrepios chilreantes daqueles habitantes dos mais ocultos golfos e aprendeu suas línguas, assim como deles roubou segredos. Ela não os divulga prontamente nem de boa vontade, mas em retorno por ofertas de alimentos e de outras necessidades negociará o conhecimento. Ela se curva com o passar dos anos e a caçada fica dificultada por causa da seus membros retorcidos, embora, quando se faz necessário, ela possa mover-se com uma rapidez (tal como uma salamandra) surpreendente. E é sábio sentar-se a três ou mais passos dela quando estiver dando ouvidos a suas narrativas de tempos ancestrais.

Em troca de carcaça fresca de um rato, ela responderá a uma única questão. Portanto, tome cuidado e formule a pergunta de forma sábia. Ela não mente, mas também não oferece sem indução seus conhecimentos mais preciosos. Dessa forma, consegue manter aqueles que são seus aprendizes com ela, para que possa continuar a ter refeição fresca e outros artigos necessários, tais como água e fogo, sempre que desejar. Ela sente inveja da beleza dos outros e, em repentinos espasmos de loucura, pode buscar assassinar seus benfeitores se seus rostos a ofenderem, pois seus olhos se acostumaram com a escuridão e ela enxerga como se fosse sob a luz do Sol. No entanto, alguém que tenha sido desfigurado na face nada tem a temer de sua malícia caprichosa, pois ela acha deslumbrante a falta de um nariz e de orelhas. Seu riso é seco, como o som agudo ou estridente, prolongado, de uma dobradiça enferrujada, e ele curva seu corpo atrofiado de forma que sua testa quase toca o chão. Há quanto tempo I'*thakuah* vive nas cavernas, ela não se recorda; nem permanece a lembrança de quem fora filha antes de afastar-se do Sol. Com relação a todos os outros assuntos, sua mente permanece perspicaz. Seus olhos brilham, pequenos e negros, nas curvas rígidas de sua face, lembrando aquelas dos insetos. Embora não tenha dentes, suas gengivas tornaram-se endurecidas, permitindo que dilacere pedaços grossos de comida crua e os mastigue. Sua força é inatural e detém sua maior concentração nas mãos. Se, por acaso, for capaz de travar seus dedos ao redor da garganta de um homem, nenhuma força de pés-de-cabra nem de golpes fará com que estes se afrouxem, até que ela tenha rompido seu pescoço. Ela anda nua, exceto por um manto em farrapos de lã, o qual ela abraça em volta de seus ombros curvados.

Você não saberá que pergunta fazer na primeira ocasião, nem mesmo na décima. Ainda assim, caso tenha paciência para servi-la, com o passar do tempo, adquirirá conhecimento e isso pode ser utilizado para fazer o direcionamento de suas perguntas de forma mais precisa, de modo que quanto mais tempo despender com essa bruxa, mais preciosas suas respostas se tornam. O saber dos Antigos é de conhecimento dela, assim como os locais em que são adorados, tanto na terra como nos oceanos. Alguma geografia por ela revelada é desconhecida dos eruditos e estudiosos e pode parecer apenas surgida de fábulas, tais como as vastas terras infecundas e congeladas ao longe, no sul. Pois como poderia haver gelo na parte sul do mundo?* Ainda assim, tudo

---

* N.T.: A Antártida é cercada pelo Oceano do Sul e dividida em dois pelas Montanhas Transatlânticas. Na média, é o continente mais frio, mais seco, com mais ventos. Embora os mitos e as especulações sobre a Terra Australis ("Southern Land – Terra do Sul") remontem à Antiguidade, é aceito que a primeira "vista" do continente tenha ocorrido em 1820 pela expedição Russa de Mikhail Lazarev e Fabian Gottlieb von Bellingshausen. O continente foi altamente negligenciado no século XIX por causa de seu ambiente hostil, falta de recursos e localização isolada. É o maior deserto do planeta. Juridicamente, está sujeita ao Tratado da Antártica, pelo qual as diversas nações que reivindicaram território no continente (Argentina, Austrália, Chile, França, Noruega, Nova Zelândia e Reino Unido) concordam em suspender as suas reivindicações, abrindo o continente à exploração científica. Por esse motivo, e pela dureza das condições climáticas, a Antártica não tem população permanente, embora apresente uma população residente de cientistas e de pessoal de apoio nas bases polares, oscilando entre mil (no inverno) e 4 mil pessoas (no verão).

dito por ela é verdadeiro e pode ser confirmado por intermédio de um olhar diligente.

Questione-a sabiamente e ela lhe contará a respeito dos sete grandes senhores e de suas origens dentre as estrelas, de sua batalha com os seres ainda mais antigos, conhecidos como as Criaturas Antigas, que habitavam há muito tempo nossas terras antes que os Antigos chegassem e as levassem para o fundo do oceano; sobre as criaturas fungoides de Yuggoth* que, em eras passadas, viajaram para cá da esfera de Saturno** para extrair os minerais deste mundo; sobre os dançarinos do tempo de Yith*** que "vestiam" corpos de sua escolha quando se aventuravam a ir a éons distantes; a respeito dos servos similares a sapos de Dagon;**** dos temíveis *shoggoths*, as mais poderosas de todas as criaturas mencionadas em fábulas como viventes sob a superfície da Terra.

---

* N.T.: Yuggoth (ou Iukkoth) é um planeta fictício nos Mitos de Cthulhu. H.P. Lovecraft mesmo disse que Yuggoth é o planeta Plutão. No entanto, outros escritores sustentam a ideia de este ser na verdade um mundo transnetuniano que tem sua órbita perpendicular àquela eclíptica do Sistema Solar.

** N.T.: Sétima esfera submersa ou de Saturno. Na Kabbalah, *Binah (Compreensão)* é a Esfera de Saturno e é a última antes do abismo de Daath. A deusa Kali, a decapitadora de homens, é relativa a esta Sephirot. Aqui é a realidade onde se atinge a primeira consciência absoluta do Universo e é relacionada com Ajna Chakra, o "terceiro olho". Crowley identificou nela a Grande Deusa Nossa Senhora Babalon, a Prostituta da Babilônia, noiva do Chaos (Chokmah) e mãe das abominações (o abismo e o universo manifesto).

*** N.T.: Os Yiths são alienígenas ficcionais dos Mitos de Cthulhu de H. P. Lovecraft, cuja primeira aparição foi no conto *The Shadow out of Time* (1936). São assim denominados por serem os únicos seres a terem conquistado o Tempo. São detentores de imensos poderes intelectuais e psíquicos que uma vez habitaram o mundo agonizante de Yith e escaparam da destruição de seu planeta por meio da transferência de suas mentes para os corpos de uma espécie nativa da Terra no passado muito distante. Eles viveram neste planeta durante 200 milhões de anos ou mais, em selvagem competição com os pólipos voadores, até que este inimigo finalmente destruiu sua civilização, próximo à era Cretácea (cerca de 50 milhões de anos atrás). Nos corpos em que eles vieram a habitar na Terra, eram eles altos e em forma cônica chegando a um ponto com quatro estranhos membros – dois destes terminando em garras; um terceiro, em uma "trombeta" e o quarto, um globo amarelo que funcionava como órgão sensor. A habilidade única desta raça cientificamente avançada era a de viajar através do tempo trocando mentes com criaturas de outra era, o que lhes permitiu satisfazer seu interesse pela cultura, ciência e crenças ocultas dos seres humanos.

**** N.T.: **"Dagon"** é um conto de H. P. Lovecraft, escrito em julho de 1917. O personagem do título, *Dagon*, compartilha parte da mitologia de um panteão de deuses fictícios submarinos conhecidos como os Deep Ones [Profundos]. Dagon e os Deep Ones fazem parte dos Mitos de Cthulhu. Dagon era um deus semítico maior, reportado como sendo um deus dos grãos e da agricultura, adorado pelos primeiros amoritas, pelos povos de Ebla e Ugarit, além de ser um deus maior, possivelmente, o Deus Supremo, dos filisteus bíblicos, demonizado pelos Cristãos. Seu nome aparece no hebraico como דגון (na transcrição moderna, Dagon).

Quando estiver pronto para se afastar de seus serviços, tenha cautela, com o intuito de ocultar sua intenção, visto que, seguramente, ela tentará matá-lo. Há por perto de seu local de dormir uma pirâmide de caveiras humanas, sugadas até que ficassem limpas de toda sua carne, tiradas daqueles que a serviram em tempos passados. Que isso seja um aviso ao versado em busca de sabedoria. Não tente escapar das cavernas pelo caminho estreito pelo qual você entrou, pois isso exigiria que você fizesse muitos movimentos sinuosos e que arranhasse a terra, de forma que l'thakuah ouviria e agarraria você pelos pés antes que pudesse alcançar a superfície. Logo então, com certeza, seria morto por ela, pois seus braços longos são mais fortes do que quaisquer dezenas de homens, além de que seus dedos são similares à torquês de um ferreiro.

Há um outro caminho por onde escapar, o qual leva à parte inferior, para os corredores e câmaras abaixo das cavernas. Caso busque com diligência por essa saída, será encontrada. Entretanto, mantenha oculto da bruxa o fato de saber a respeito dessa abertura para que não suspeite de suas intenções. Espere até que ela esteja roncando em seu sono e saia às escondidas de seu lado para adentrar o portal inferior que é estreito demais para admitir a entrada dela. Uma vez seguro dentro da abertura, você pode rir da frustração dela e contar-lhe o que realmente pensa a respeito de sua fealdade. Ela jogará ossos em você, no entanto sua mira é fraca. Não se demore demais, pois, se ela começar a entoar as palavras de uma maldição, o que é mais do que provável, você deve estar longe o bastante dela para que, colocando suas mãos para tampar os ouvidos, consiga bloquear o som das palavras finais do canto e, dessa forma, tornar a maldição sem poder.

A Cidade Perdida sob Irem

Nas **profundezas sob as ruínas daquela** Irem que fora bela um dia, mais recôndita ainda do que suas cisternas e catacumbas, jaz uma cidade constituída por câmaras e corredores entalhados de rocha sólida. Sua origem é mais antiga do que a raça dos homens e não tem nome. Nem mesmo as criaturas subterrâneas que lá habitam sabem como chamar tal cidade; nem mesmo os fantasmas de seus antigos habitantes lembram seu nome. Pode ser que a fundação de Irem de muitos Pilares acima desse local tenha sido mera obra do acaso ou, conforme parece provável, é possível que a raça antiga de seres que habitavam a cidade perdida, em seu último estágio de decadência, tenha empregado alguma forma de magia para fazer com que a água fluísse para cima a partir das profundidades da terra, desta forma assegurando que Irem ficaria localizada acima de modo a obter um constante suprimento de carne fresca, pois, sem dúvida, aqueles eram da espécie que se alimentava de pessoas. Ossos humanos, assim como caveiras, encontram-se espalhados pelos corredores, a maioria destes sendo pequenos ossos de crianças ou bebês.

Os tetos das câmaras que se entrelaçam são baixos, visto que os habitantes se movimentavam rastejando sobre seus quatro membros, em vez de fazê-lo de forma ereta de acordo com os movimentos do ser humano. O teto de um verde brilhante de cada sala e corredor propicia uma luz para a visão normal igual à de uma única vela. No entanto, na completa escuridão das profundezas, é mais clara que a luz do dia. Pinturas de muitas cores decoram as paredes das câmaras; seus pigmentos erguidos da superfície da pedra e texturizados, de forma que parecem se destacar com uma realidade muito mais que pictórica, além do que, ao serem observados fixamente durante diversos minutos, seus objetos bruxuleiam e proporcionam uma aparência de movimento e vida, tão fantástica é a habilidade dos artistas ancestrais.

Nessas decorações está contida a história dessa raça desconhecida, que pode ser lida por um homem sábio como em um livro se este dedicar uma parte de seu tempo para estudá-la. Eram criaturas similares aos crocodilos do rio Nilo, no entanto com membros mais longos e caudas mais curtas, e com crânios grandes em forma de domo. Suas pernas dianteiras terminavam em dedos delgados e convenientes para a manipulação de ferramentas, além de ser evidente que essas criaturas poderiam se curvar para cima e suportar a si mesmas sobre suas pernas traseiras e sua cauda ao utilizarem as mãos. Possuíam grande riqueza. Todas as figuras nos murais são apresentadas vestindo elaborados colares e faixas de cabeça de ouro e adornados com joias, e seus corpos morenos são envoltos em mantos dispendiosos das mais brilhantes cores. Pode ser que eles não representassem por meio de pinturas seus escravos, mas somente seus nobres.

As mais antigas pinturas nas paredes mostram um tempo distante em que viviam na superfície de nosso mundo em cidades de torres elevadas e arrojadas, conectadas por pequenos passadiços, do tipo que nunca foi construído pelos homens. Ao redor dessas cidades, cresceram florestas de árvores gigantescas habitadas por feras monstruosas. Um aterrorizante cataclismo destruiu os monstros das florestas e escureceu os céus, lançando as cidades na escuridão e conduzindo a raça para baixo da superfície da Terra. No fundo das cavernas protetoras, eles prosperaram e aprenderam a angariar seus próprios alimentos e criar sua própria luz. Na verdade, a ingenuidade desses seres é uma maravilha a ser contemplada.

Os murais degeneraram-se em termos de qualidade, visto ilustrarem épocas finais na história da raça reptiliana. Lentamente, esta entrou em derrocada e declinou, numericamente falando,

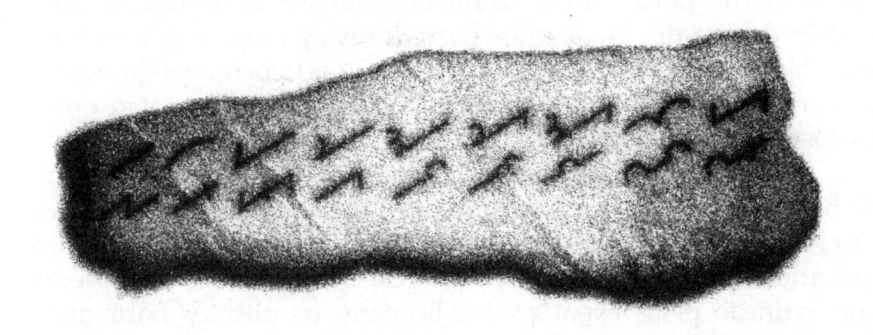

Alfabeto dos habitantes da cidade de Irem.

até que somente uma única cidade subterrânea permaneceu lá. Quando a humanidade construiu as torres de Irem no vale acima, cultos secretos começaram a adorar os habitantes inferiores com oferendas e sacrifícios. As pinturas mostram os sultões da cidade de Irem desapiedadamente buscando por esses cultos e executando seus membros. Porém a adoração continuaria ainda até a queda da cidade.

Embora seja evidente a partir da abundância de suas pinturas na parede que preservavam e comunicavam eventos importantes por meio de imagens, os reptilianos também possuíam uma forma de escrita com base em sons. Em suas muralhas, um pequeno número de caracteres simples é repetido em grupos para a criação das palavras, como a nossa forma de escrita moderna. De fato, tão similar é a escrita desses seres à dos seres humanos que devem tê-la aprendido dos cidadãos de Irem durante seus séculos de interação com os homens. Quando as fundações de Irem foram colocadas em seus lugares, essas criaturas haviam se degenerado tanto que possuíam pouco a oferecer a nossa raça, mas encontraram pronto uso para o que nós havíamos ganhado por nossa própria ingenuidade. Assim são os poderosos derrocados e os humildes ficam em desespero, até que o chão venha a virar pó pela carga pesada de eras.

Nada é mostrado em nenhuma das paredes referente ao colapso de Irem em poços nas areias. Seria fácil concluir que a quebra do domo da grande cisterna abaixo do palácio foi um evento súbito e natural, não registrado, pois era imprevisto e em razão do fato de que precipitara a extinção dos habitantes inferiores, os quais, em um único dia, perderam sua fonte de alimento. Contudo, há sobre o chão de um dos mais altos corredores da cidade subterrânea um objeto que sugere ao viajante sagaz uma ocorrência diferente. Coberta com a poeira de eras, resta lá uma espada de bronze entre as costelas de um esqueleto que não é humano.

Eis a narrativa da espada, a língua que fala sem necessidade de boca. Os soldados de Irem descobriram sua rota nos corredores da cidade sem nome abaixo, talvez em busca de membros do culto que adoravam os habitantes inferiores. Com o intuito de impedir sua extinção pelas espadas dos homens, os últimos habitantes reptilianos fizeram uso de algum vestígio da mágica que, em eras passadas, havia feito com que águas da terra fluíssem como fontes para cima, para o interior das cisternas, de modo a trazer abaixo a cidade. Há mágica que pode causar fissuras e abalos sísmicos na terra. Mesmo em seu estado de degeneração e decadência, as criaturas devem ter tido conhecimento de que forjavam sua própria destruição; ainda assim, tamanho era seu ódio dos homens que tais criaturas não hesitaram sequer. Seu sangue corria frio em seus corações, como aquele da serpente, sem nenhum sol tão profundo que chegasse abaixo da areia para aquecê-lo; a malignidade do crocodilo é proverbial. Em vez de observar sua própria extinção, eles condenaram à ruína a cidade de Irem.

A Câmara Iluminada pelas Estrelas dos Sete Portais

Depois de entrar na cidade subterrânea, caso você vire sempre para a esquerda e mantenha-se na parte mais à esquerda da parede, tocando as pontas de seus dedos na maneira aceita de penetrar no coração de um labirinto, chegará após um caminho com ventos e descendente até uma grande câmara muito maior do que as outras, com um teto alto e em forma abobadada, pintado em azul-profundo com pigmento feito de lápis-lazúli transformado em pó altamente fino, de forma que lembra o céu noturno; espalhadas de forma densa pelo domo estão brilhantes incrustações de luz, provendo iluminação à câmara. Cada uma é uma joia incolor e facetada. Por qual espécie de arte brilha uma luz com tanto fulgor não fica claro a partir de sua inspeção, pois a fonte de sua irradiação está oculta. A luz tem uma frieza que queima a pele daquele que permanecer durante muito tempo sob seus raios e, por esse motivo, é insalubre cobiçar tais pedras. Elas são dispostas de forma a representarem constelações que não lembram aquelas dos céus, pois são as estrelas de um céu noturno que não é de nosso mundo. É desnecessário desejar essas gemas, visto que pedras preciosas de um tipo mais comum podem ser encontradas nos chãos das salas, em parte escondidas sob uma espécie de carpete de poeira, onde foram espalhadas com pressa quando os habitantes da cidade sem nome a abandonaram. Pode-se especular que os habitantes utilizavam as joias coloridas para o comércio, da forma em que utilizamos as moedas de cobre e de prata, tantas existem para serem coletadas sem muito esforço. Um punhado dessas pedras é suficiente para fornecer abundância ao viajante, embora ele possa despender anos seguindo em estradas de caravanas ou viajando através dos oceanos até as localidades mais distantes do mundo.

Toda a extensão da muralha curvada da câmara iluminada por estrelas, exceto pelas lacunas de seus dois portais abertos, é coberta do chão até a base de domo azul com pinturas em relevo que ilustram estranhas paisagens e cidades não terrestres. No centro do chão, há um baixo e circular estrado e uma estranha pedra verde tendendo ao branco, por meio da qual a luz penetra e revela profundidades leitosas. Essa única enorme pedra é de um tipo tão incomum que a maioria daqueles que fixam os olhares sobre ela falha em suas tentativas de identificá-la, mas só pode ser a pedra verde cobiçada em Cathay [Catai]* tão ardentemente por suas propriedades de cura. Triângulos profundamente entalhados intersectam-se em sua superfície em ângulos irregulares, de forma tal que olhar muito tempo para eles causa dores de cabeça e em um círculo no centro desses triângulos em intersecção está inscrito o signo de cinco ramos associados à Antiga Raça que reinara na terra antes da chegada dos Antigos.

No perímetro do estrado, pinos de metal erguidos da espessura de uma mão fechada, sem adorno algum de qualquer marcação, podem ser empurrados para baixo na pedra com uma leve pressão. O metal do qual são feitos não seria familiar nem aos nossos alquimistas, mas tem resistido a manchas e à corrosão através das eras e permanecerá rebaixado somente por um estabelecido intervalo de horas, depois do qual retornará a seu nível anterior. Há sete pinos, um para cada pintura nas paredes.

Ao sentar-se com as pernas cruzadas no centro do estrado e pressionar qualquer dos pinos, determinadas joias fulgurosas no domo são extintas, de forma que somente a pintura oposta ao pino

---

* N.T.: *Cathay* é a versão anglicanizada de "Catai", o nome dado ao norte da China por Marco Polo (ele referia-se ao norte da China como Manji). "Catai" por si deriva da palavra Khitan, o nome de uma tribo governante com predominância no Norte da China, durante as visitas de Polo. As viagens na Terra de Kublai Khan por Marco Polo têm uma história denominada *The Road to Cathay* [A Estrada para o Cathay].

permaneça iluminada. Depois de um tempo, a cena expressa toma vida e começa a mexer-se. A alma é puxada para fora do corpo e voa por vastos espaços até a terra da pintura, de forma tal que a cena se torna o mundo. No entanto, a alma não permanece sem corpo, reside em um habitante daquele mundo, vendo através dos olhos da criatura e ouvindo por meio de seus ouvidos. É possível, com um esforço de vontade, controlar algumas das criaturas nas quais a alma entra, embora outras de mais alta ordem de evolução estejam cientes da tentativa e resistam violentamente.

A experiência da viagem da alma é distinta de qualquer sensação de movimento físico, pois produz um sentimento de infinito cair e atravessar um abismo de cores, formas e sons que somente pode ser vivenciado em sonhos e é aterrorizante além do suportável para a mente despreparada para tais rigores. É sábio jejuar durante um dia antes de uma tentativa de adentrar quaisquer desses portais. A confusão e a tontura podem levar à perda de controle dos processos do corpo enquanto este espera pelo retorno da alma na plataforma. Embora a mente esteja em algum outro lugar durante seus voos, o corpo reage com uma espécie de ressonância simpática, de forma que o que é feito à mente pode se expressar na carne; e aí há um perigo, pois a morte do hospedeiro dentro do qual a alma se precipita depois de cruzar um portal invariavelmente causará a morte do corpo da alma de qualquer um, exceto pelo mais potente feiticeiro, visto que a conexão entre a alma e o corpo, sutil, embora fraca como parece, não pode ser partida sem graves consequências.

O uso da câmara iluminada pelas estrelas para a viagem da alma atrai as sombras daqueles que, em vida, caminhavam sobre quatro patas cruzando os corredores de tempos passados. Encontram-se perto do estrado tal como as mariposas voam em grupo até a chama de uma lamparina a óleo, irrequietamente circulando e resplandecendo com raiva e ferocidade e olhos cheios de ódio como se fora um ato de profanação. As mandíbulas de tais criaturas trabalham de forma silenciosa enquanto causam estrondo com sua fúria, mas nenhum som atinge os ouvidos, visto terem sido mortas há um incontável período de éons de maneira que suas vozes se desvaneceram até o silêncio. Somente se as aranhas brancas da segunda visão forem mastigadas podem essas pálidas formas serem vistas, ainda assim, caso a vista não seja aperfeiçoada, uma corrente de ar gélida pode ser sentida, posta em ação por suas debulhadoras, armadas com garras, pernas dianteiras. Os triângulos entrelaçados no estrado restringem as sombras e impedem que suas garras e seus dentes se estendam acima da borda da plataforma circular de pedra, mas não resta dúvida que poderiam causar danos à carne viva até mesmo onde forem livres para avançar, tão rarefeita é sua substância.

Outra propriedade dos triângulos é que os vermes na cidade, aquelas serpentes, os escorpiões e os ratos, eternamente rastejando pelos corredores, são mantidos cercados e tornam-se incapazes de morder ou picar o viajante que se sentar enlevado com a pedra verde enquanto sua alma voa a terras distantes. Nem mesmo os morcegos comedores de carne podem cruzar as fronteiras da plataforma depois de ter sido despertada mediante a pressão sobre um de seus sete pinos. Nisso, os construtores do local demonstraram sabedoria, pois, embora os fantasmas sejam impotentes, os vermes vorazes devorariam um homem sem movimentos e extasiado até os ossos antes que sua alma pudesse retornar.

Será útil fornecer um relato detalhado dos sete destinos adentrados a partir da câmara abobadada, além de seus habitantes e costumes, para instruir futuros visitantes sob o Irem.

O Primeiro Portal, Conduzindo ao Planalto de Leng

Nas terras distantes ao leste, além das grandes montanhas que se empenham em chegar tão alto aos céus, em cujos picos se diz que o próprio ar é ausente, encontra-se um gramado elevado envolto por umas poucas escadas estreitas cortadas na rocha. É uma região incrível, plena de mistérios, acerca da qual talvez seja melhor não escrever com palavras incautas. A terra é conhecida como Leng.* Seus numerosos habitantes são pastores de animais que lembram cabras cobertas de lã. Esses animais suprem todas suas necessidades. Sua carne é a principal alimentação dos

---

* N.T.: Leng (ou Plateau of Leng – Planalto de Leng) é um planalto ficcional nos Mitos de Cthulhu. O Planalto de Tsang, referenciado por H. P. Lovecraft e outros autores, é provavelmente a região de Leng. Lovecraft descreveu primeiramente Leng em *The Hound* (1922), no qual o temido *Necronomicon* indica sua localização como sendo na Ásia Central, além de dizer que é habitado por um culto que se alimenta de cadáveres. A despeito disso, Lovecraft nunca foi consistente com relação à sua localidade e apresentou diferentes locais para Leng, variando de uma história para outra. Em *At the Mountains of Madness* [Nas Montanhas da Loucura] (1936), por exemplo, a Expedição de Pabodie descobre um vasto planalto na Antártida e lhe confere a alcunha de "fabuloso planalto dos pesadelos de Leng". Lovecraft até mesmo remove Leng completamente de seus ambientes terrestres, colocando-o nas Terras dos Sonhos – uma dimensão alternativa – em *The Dream-Quest of Unknown Kadath* (1926). O árabe Louco Abdul Alhazred descreve este como um lugar onde diferentes realidades convergem, o que poderia explicar o porquê de ser difícil precisar sua localidade.

nômades, seus densos pelos são a fonte de tecido para suas vestimentas e tendas redondas. Os nômades são de estatura pequena, no entanto, largos em termos de corpo, com os pulmões adaptados ao ar rarefeito e como aspecto doente em seus rostos; olhos negros semi-cerrados e eriçados cabelos negros. Raramente fazem caminhadas por si, todavia, movem-se de lugar para lugar montados em cavalos que não são como os nossos, mas são tão pequenos que os pés dos viajantes tocam de leve a grama, com tantos arbustos que se destacam no local.

Próximo ao centro do planalto, em uma leve eminência de solo, localiza-se um monastério de pedras negras e tetos de telhas vermelhas, o qual é a morada de uma seita de monges ditos adoradores de deuses incompreensíveis e que praticam abominações tão inaturais e repelentes que os habitantes do planalto preferem não falar deles e até mesmo evitam voltar seus olhos àquele local. Os rebanhos temem os monges, os quais nunca deixam seu monastério durante as horas do dia, e sequer são vistos casualmente por outros homens. Eles são os senhores de Leng, e todas as tribos lhes pagam um tributo anual, ainda que eles sejam tão indiferentes aos negócios e às pessoas de seu reino que sua influência é raramente sentida, exceto, em escassos intervalos, quando um evento extraordinário os compele a agir em seus próprios interesses. Sussurra-se que não são exatamente humanos.

Os verdadeiros líderes do povo de Leng são os xamãs, os quais detêm grande poder em seus campos em virtude do terror que inspiram. São conhecidos pelas marcações em azul com as quais suas faces são decoradas quando atingem a idade da virilidade, além de um pequeno amuleto de jade verde que utilizam em volta do pescoço em uma tira de couro. Este tem a forma de uma besta alada lembrando um grande cão, com seu nariz distorcido rosnando com raiva assassina. Essa pedra é tanto um símbolo de seu poder como um sinal de servidão, visto que, uma vez colocada, jamais pode ser removido, e deve ser utilizada até mesmo após a morte, para que os ceifadores de almas não enviem coletores em forma de corvos e ratos e de outras criaturas que se alimentam de cadáveres em decomposição para roubarem seus ossos e escravizarem sua essência dormente.

Cães similares àqueles entalhados nessas pedras assombram os arredores dos campos, seus gritos puxados pela língua ressoam pela planície como as lamúrias dos condenados. Essas bestas são

O Primeiro Portal, Conduzindo ao Planalto de Leng

muito maiores do que nossos cães do deserto, quase do tamanho de um homem encurvado; faltam-lhes as asas mostradas nas imagens dos amuletos, mas, em todos os outros aspectos, são idênticos. Indo à caça em grandes bandos, levam os animais fracos do rebanho para servirem de alimento e, quando são capazes, as crianças e os mais velhos dos nômades. Nenhuma força de exército serve para o intuito de mantê-los em xeque, somente a potente Necromancia com o uso dos cadáveres de guerreiros abatidos, os quais, quando animados, se tornam os guardiões noturnos dos campos.

Os cães de caça alados são protetores zelosos das pedras da alma e sentirão pelo cheiro os passos de qualquer tolo que roubar tal amuleto de seu xamã e realizarão uma meticulosa vingança. Há tanto tempo são usados os amuletos que os xamãs são invulneráveis às consequências de suas ações e podem realizar qualquer ultraje aos homens ou deuses com impunidade. Eles nada temem além dos monges do monastério, a quem concedem uma deferência taciturna. Sozinhos entre as pessoas de Leng, não comem carne dos animais do rebanho, mas somente de seres humanos, carne por eles fervida em grandes caldeirões de cobre até que fique macia. Em seguida, adicionam sal e secam-na para as provisões em suas migrações. As pessoas comuns do planalto estão dispostas a pagar este preço para a proteção contra os cães e outras ameaças menos físicas, proteção esta provida pelos xamãs.

Caso passe no voo da alma pelo do portal de Leng, você encontrá sua mente dentro do corpo de um de seus habitantes, com pleno poder para controlar aquela criatura conforme julgar adequado e com o entendimento de sua língua e os requisitos de sua vida. Nesse receptáculo, você pode caminhar até onde desejar e aprenderá tudo que for de interesse e referente a esse local e sua história antiga, pois Leng é uma das mais antigas regiões de nosso mundo e permaneceu não perturbada pelos cataclismos que, em longos intervalos de tempo, reformaram a Terra e redefiniram o perfil dos oceanos. É um infortúnio entrar no corpo de um bebê, pois a imaturidade da forma limita a coleta de informações. O corpo de um xamã, protegido pelo espírito do cão de caça alado, que está ligado à sua alma, não pode ser adentrado. Nem pode o corpo de um monge ser ocupado, pois aqueles que vivem dentro do monastério são guardados por potentes talismãs.

Uma criatura das profundezas relatou uma história interessante com referência a um viajante a Leng. O homem era um bruxo que viveu séculos antes da era atual. Ele atravessou o portal e encontrou-se na forma de uma menina-bebê exatamente quando um xamã e seu aprendiz estavam colocando a criança em um caldeirão de água fervente. Impotente para resistir em razão do tamanho do corpo hospedeiro, ele sofreu todos os tormentos da morte; mais do que isso, sua consciência permanecera trancafiada na carne do bebê depois que fora cozida e foi ele forçado a suportar a indignidade de ser fatiado e comido pedaço após pedaço. Tais são os riscos inerentes na prática da feitiçaria.

Nas manhãs após uma chuva, quando as brumas se agrupam acima dos gramados e próximas a este e o Sol mal brilha acima das baixas linhas das nuvens cor-de-ardósia que abraçam o horizonte, a forma de uma grande cidade com vastas torres e alongadas habitações de pedra pode ser vista em miragem; pois não importa quão claros sejam os contornos da cidade, a qual por vezes fica visível em uma grande sutileza de detalhes, esta invariavelmente bruxuleia e desvanece quando dela se aproximam. Os xamãs dizem que esta é a verdadeira cidade das Criaturas Antigas que uma vez se ergueu onde Leng se encontra agora. Contudo, com as passagens dos éons, moveu-se em conjunto com os movimentos da própria terra até algum distante local ao longe no sul. É sua crença que o chão sobre o qual caminhamos não é fixo, mas flutua sobre as profundezas do oceano, além do que os ventos de eras sopram na terra através do oceano, de modo que nosso mundo seja para sempre rearranjado, e o que era norte se torna sul e o que era leste se torna oeste.*

O povo comum de Leng cultua os xamãs, entretanto os xamãs adoram a Yog-Sothoth,** o mestre dos portais que se encontra

---

* N.T.: Observando o nascer do Sol de frente, o norte fica à esquerda. Norte também, com o passar dos tempos, virou sinônimo de *rumo, direção*. As origens da palavra foram rastreadas até o alemão antigo *nord* e a unidade Proto-Indo-Europeia *ner-*, significando "esquerda" (ou "sob, abaixo de") – presume-se que uma descrição natural primitiva de seu conceito seja "à esquerda do sol nascente". No Paganismo, o Norte está ligado a Gaia, a Mãe Protetora e o Sul, aos poderes do Fogo. Opondo-se Norte e Sul... invertendo-os? Deste ponto se podem abstrair várias ideias, as quais são a título elucidativo somente, sem fugirmos das ideias do autor nem impormos conceitos preconizados por religião alguma. Apenas é válido citar que, nas doutrinas cristãs, o que vem de cima tende a ser bom e justo e de baixo, ínfimo, ligado ao Inferno. Usam-se ainda as expressões: "subir aos céus" e "descer aos infernos". Outras inferências cabem ao Leitor.

** N.T.: Yog-Sothoth (*The Lurker at the Threshold, The Key and the Gate, The All-in-One*) é um personagem ficcional nos Mitos de Cthulhu. O ser foi criado por Lovecraft e sua primeira aparição foi no romance *The Case of Charles Dexter Ward* (escrito em 1927 e primeiramente publicado em 1941). Diz-se que o ser assume a forma de uma conglomeração de bolhas brilhantes. "A imaginação conjurou a forma chocante do fabuloso Yog-Sothoth — somente uma aglomeração de globos iridescentes, ainda que estupendos em sua sugestividade em unidade com todo o tempo e espaço e que se manifesta como uma confluência das esferas dos céus, brilhando com todas as cores simultaneamente. Instrua-se com a sabedoria e adore a Yog-Sothoth, caso você transcenda os limites de distância e a barreira de tempo, e será um viajante distante na miríade dos mundos; adore-o, caso vá desafiar a própria morte e viver além dos anos que lhes são alocados, pois Yog-Sothoth guarda as chaves para todos os portões, até mesmo o da morte. Os xamãs adoram-no com a seguinte prece que pode apenas de forma imperfeita ser traduzida para nosso idioma:

"*Aieei-k'tay!* 'Ouça com atenção meu clamar, Yog-Sothoth, por teu nome secreto, adoro a ti, por teu nome verdadeiro, ofereço obediência em retorno por teu sofrimento, a forma de expressão do qual é a morte. De joelhos, imploro a ti o dom da servidão em seu serviço, Ó, Pastor de Eras. Aceita minha oferenda de sangue, carne e o tormento desta alma que atei para seu bel-prazer. Liberta os portões, Senhor de Transições, para que minha voz possa disseminar a glória de tua grandeza, carregada nas asas do *k'tay** que guarda a estirpe de meus pais. Reconheço tua supremacia e presto testemunho de tua grandeza no salão do juízo final além das estrelas. *Aieei-k'tay, Yog-Sothoth, aieei-k'tay.*"

---

maligna." H. P. Lovecraft, *The Horror in the Museum*. Yog-Sothoth tudo sabe e a tudo vê (onisciente e onipresente – como o Deus cristão). Ao "agradar" essa deidade, poderia ser obtido conhecimento a respeito de muitas coisas; contudo, como a maioria dos seres nos mitos, ver este ser ou aprender muito sobre este é cortejar o infortúnio. Alguns autores declaram que o favor do deus requer um sacrifício humano ou servidão eterna.

* N.T.: Há referências a "k'tai", em fontes que não são o presente livro, como esta: K'Tai são basicamente resmungadores, colocando a magia em usos funcionais sem nenhuma apreciação real pelo poder que estão controlando. (Esse é o ponto de vista das "pessoas", não dos K'Tais; os magos lutariam contra este ponto de vista o máximo que for possível, ou irá preferir algo como ignorar ou um ato similar.)

O Segundo Portal, Conduzindo à Cidade das Alturas

A **Cidade das Alturas, como pode** ser chamada, é o lar original da Raça dos Anciões, mais ancestral ainda que os Antigos, os quais viajaram a nosso mundo muito tempo antes da criação do homem. Aqui erigiram uma nova cidade em imitação daquele local familiar, e este segundo lar pode ainda ser visto em perfis espectrais nas brumas do planalto de Leng. Tão monumental como pareça aos olhos humanos, é nada mais que uma fraca e sem valor sombra do original, o qual emite uma luz tênue sob o calor de três sóis em seu mundo distante. Se esse local pode ser alcançado no corpo, não se sabe, embora alguns tenham dito que, por intermédio de determinados ângulos que cortam canais através da substância do próprio espaço e pela preparação cuidadosa da carne com misturas herbáceas, consegue-se a viagem a esse mundo distante sem recorrer-se ao voo da alma. No entanto, se um homem vivo sobreviveria a tal voo pode somente ser demonstrado por uma tentativa.

Os corpos dos Anciões parecem desajeitados e não naturais para as nossas percepções, ainda que se movam com rapidez sobre seus cinco membros inferiores com pés cujas superfícies são oblíquas e triangulares em forma. Seus troncos cor de cinza são coriáceos e duros ao toque, além de terem sulcos em forma de nervuras verticais. A partir deles, estendem-se braços flexíveis muito semelhantes aos ramos de uma árvore. Entre as nervuras, expandem-se asas cor de cinza translúcidas que se abrem a partir da parte inferior até o topo como uma cauda em forma de leque. Estas possibilitam o voo através do ar e do vazio entre as estrelas, além de suas batidas rítmicas acelerarem o progresso dessas criaturas sob a água. Em alguns momentos, os habitantes abrem suas asas sob os raios de seus sóis, para aquecimento.

A visão desses monstros é excelente, mas, pelo fato de permitir que vejam tanto pela frente como por trás, a que os homens estão desacostumados, ela requer um período de aclimatização antes que possa ser utilizada para obter um bom efeito. A impressão imediata é a de que uma imagem fica acima da outra, como se um pintor houvesse executado uma segunda obra de arte diretamente em cima da primeira, de forma tal que ambas pudessem ser vistas. Depois de um curto período, esta desorientação de seus olhos passa e eles servem como admiráveis instrumentos com os quais se aprecia a beleza da cidade.

Embora a Cidade das Alturas não tenha um nome próprio reconhecido por nossa raça, poderia bem ser denominada a cidade das cores, tão resplandecente é a luz desse mundo. O maior sol é vermelho, o de tamanho médio é amarelo e o menor, o qual é apenas um pouco maior do que Vênus em sua abordagem mais próxima, é de um branco-azulado que não pode ser observado sem que os olhos dos habitantes fiquem ofuscados em razão da quantidade de luz. Essas três cores interagem sem se mesclarem, de forma que em um momento o céu está cor-de-rosa. No próximo, azul; no seguinte, um delicado tom de verde, e assim por diante, mudando com rapidez de um matiz ao próximo e fazendo com que tudo que for visto na cidade abaixo pareça dançar e tremeluzir com os raios refletidos de joias do mais fino corte.

As torres brilhantes são altas além do poder de compreensão pois seus topos se encontram ao alcance das nuvens, ainda que de uma certa distância elas não pareçam tão altas, visto não serem espirais delgadas, tais como estamos acostumados a fazer quando desejamos projetar um prédio em direção aos céus, mas sim de espessura massiva e cantos quadrados. Com pedras tão finamente dispostas, essas arrojadas montanhas artificiais parecem ser entalhadas a partir de rochas únicas. Suas formas incivilizadas desafiam a terra, pois algumas são mais largas em suas partes superiores do que em suas bases e têm imensas superfícies planas sobre as quais os Anciões passeiam e conversam uns com os outros em suas vozes agudas e pipilantes que soam muito como nossas flautas.

Eles distinguem-se na representação pictórica, mas encantam a maioria ao representarem suas próprias formas, como se suas formas verdadeiras fossem para eles uma coisa sagrada; ou que, por meio da reprodução de tal forma em suas pinturas e esculturas, pudessem extrair firmeza desta como se fosse de algo perfeito em um universo imperfeito. Em todos os lugares, ela adorna suas paredes, suas fontes, até mesmo as balaustradas de seus altos balcões, pois eles amam as alturas e raramente se aventuram nas sombras entre as bases de suas edificações ou para o interior da densa mata que se encontra às margens dessa vasta cidade. Pode ser por este motivo que tenha adquirido o título de Cidade das Alturas dentre os remotos moradores de nosso mundo e os poucos homens que com eles conversam.

Pinturas em suas numerosas galerias mostram sua chegada ao nosso mundo quando tanto sua superfície seca como seus oceanos ainda eram desprovidos de vida, de forma que nenhuma folha de grama crescia nas terras e nenhum peixe nadava nas águas. Eles estão igualmente em casa tanto na água como no ar e tomaram como sua residência inicial em nosso mundo sob as ondas como uma morada menos hostil para sua carne do que os ríspidos raios de nosso sol, o qual, naqueles tempos remotos, era mais quente e mais ardente. Era essa verdadeira rispidez do Sol que impedia o crescimento de vida nas rochas. Não que nosso Sol seja mais brilhante do que os três sóis de seus céus, mas, como eles dizem em conversas entre si enquanto observam as imagens de nosso mundo, em razão do fato de que nossa zona mais alta de ar não continha uma barreira para os raios que enfraquece a força destes.

Para tornarem os oceanos mais agradáveis, os Anciões criaram muitos tipos de criaturas viventes. Quando longos éons haviam sido transcorridos e nosso ar ficara mais denso, as plantas começaram a crescer nas rochas e, ainda mais tarde, insetos rastejavam e voavam entre elas. Os Anciões emergiram das ondas e construíram sua nova cidade, onde Leng se situa agora além das montanhas do leste. Durante um período de tempo maior do que a existência de nossa raça, eles viviam sem problemas, prosseguindo com seus estudos e suas criações, pois são criaturas curiosas que buscam conhecer todos os mistérios dos mundos que abriram.

Então vieram os exércitos de Cthulhu que os levaram de volta para dentro dos oceanos e destruíram sua cidade. Depois da passagem de um período de tempo que não pode ser medido por nossos aritméticos, visto que não há palavra para um número tão amplo de anos, os Anciões uma vez mais emergiram das profundezas e construíram uma nova cidade sobre a fundação arruinada da antiga, na terra que se encontra na extremidade mais ao sul de nosso mundo, pois, com o passar do tempo, essa terra havia flutuado sobre o grande oceano subterrâneo do norte para o sul. Aqui eles permaneceram até a chegada do gelo, quando eles uma vez mais retornaram ao oceano.

Todas essas questões devem ser inferidas de suas pinturas e suas conversas entre si, mas não facilmente, visto os corpos dos Anciões não poderem ser controlados como os corpos da maioria dos outros receptáculos. Eles não parecem resistir ao esforço de fazer com que caminhem de um modo ou de outro, mas meramente não estão cientes disso. No entanto, a partir de determinados comentários divertidos que são passados entre eles, é provável que saibam quando são habitados por um viajante de alma, mas essa ocorrência é de tão pouca importância que optaram por ignorá-la.

Muito de seu tempo é gasto em discussões intelectuais, pois suas mentes são mais perspicazes do que aquelas de quaisquer outros seres vivos atingíveis através dos portais. Ainda assim, deleitam-se em descrever dentre eles as diversas torturas sanguíneas infligidas em várias espécies de criaturas vivas criadas expressamente por este propósito. A tortura é para eles uma forma de alta arte e sua recreação principal. As criaturas que sofrem para diverti-los são desenvolvidas para aumentarem sua sensibilidade à dor, de modo que suas contrações sejam mais ardorosas. A qualidade do trabalho artístico e de entretenimento, pois serve para ambos, é determinada por quão severamente pode ser realizada sem encurtar a vida do artista.

Uma coisa profana deve ser escrita, cuja afirmação causaria indignidade e morte tanto na terra do Profeta como da Cruz. Sussurra-se que os Anciões, os quais tinham habilidades na criação de toda sorte de coisas e criaturas tanto inertes como viventes, são os criadores da humanidade. Eles criaram inúmeras formas de vida para preencherem as terras infecundas de nosso mundo e fomos somente uma espécie dentre tantas. Por que motivo nos criaram é desconhecido aos nossos eruditos, nem fora ouvido como expressão por parte dos Anciões, mas deve-se considerar que, quando se referem à espécie humana em suas conversas, isso sempre é feito com uma risada pipilante, como se a mera menção de nosso nome os divertisse. Talvez não seja acidente que em nossa anatomia os órgãos de reprodução sejam combinados com os órgãos de excreção, considerando que estes órgãos sejam extraordinariamente separados nos corpos dos Anciões.

O Terceiro Portal, Conduzindo à Submersa R'lyeh

A cidade de R'lyeh* ocupa uma série de amplos terraços nos declives de uma montanha, nas profundezas abaixo de um grande oceano que se encontra distante, ao longe, na costa sul de Catai. Visto serem águas desconhecidas aos navios mercantes de todas as nações, a precisa colocação dessa montanha não pode ser apontada em nenhum mapa de marinheiro. No passado distante, muito tempo antes da criação de nossa raça, o grande Cthulhu veio com seus guerreiros, servos e muitas crianças e construiu a cidade nas alturas contemplando uma ilha fecunda como um local fortificado em que eles poderiam habitar em segurança

---

* N.T.: R'lyeh é uma cidade ficcional que teve sua primeira aparição nos escritos de H. P. Lovecraft. R'lyeh é uma cidade submersa nas profundezas do Oceano Pacífico e onde se encontra enterrado o ser-deus denominado Cthulhu. A arquitetura de R'lyeh é caracterizada por sua geometria não euclidiana. Localização: Lovecraft dissera que a localização de R'lyeh era a seguinte: Latitude 47° 9' S, Longitude 126° 43' O, no sudeste do Oceano Pacífico. August Derleth, no entanto, localizou R'lyeh como: Latitude 49° 51' S, Longitude 128° 34' O em seus escritos. As últimas coordenadas posicionam a cidade aproximadamente a 5.100 milhas náuticas (5.900 milhas de 1608 ou 9.500 quilômetros), ou cerca de dez dias de jornada para um navio veloz; de *Pohnpei (Ponape)*, uma ilha realmente existente na referida área. *Ponape* também desempenha um papel nos Mitos de Cthulhu como o local em que a "Escritura de Ponape", um texto que descreve o ser denominado Cthulhu, foi encontrado.

com relação a seus inimigos. Em termos de construção, lembra uma fortaleza, com cada terraço guardado por paredes com a espessura de cem passos. Quando a ilha afundou nas profundezas, R'lyeh foi submersa juntamente com seus habitantes e seu senhor.

Assim dizem os dispersos e solitários estudiosos deste deus em nossa própria era, quando são compelidos a revelar os segredos de seus estudos. Não é uma tarefa fácil fazer com que falem sobre essas coisas, pois eles não temem a morte; contudo, há tormentos maiores do que o fim da carne e a vida pode ser um mal maior. Embora respeitem o poder de Cthulhu morto que jaz dormindo, não têm desejo algum de simular seu fado, nem de sentir os vermes e besouros a corroer seu ainda suscetível cadáver; ao contrário da carne do deus, sua carne não se renovaria.

R'lyeh é construída de rochas e tem dimensões vastas, embora não se elevasse no ar como fazia a cidade da raça anciã que habitava nosso mundo antes da chegada dos Antigos, mas sim era mantida próximo à terra. Em termos de forma, sua moradas lembram grandes blocos empilhados como os brinquedos de uma criança. As pedras verdes das quais foram construídas são muito pesadas para serem movidas até mesmo pelas habilidades dos egípcios, ainda que sejam tão perfeitamente dispostas que a lâmina de uma adaga não pode ser inserida entre elas. No pico da montanha, está uma única pedra com cantos em forma quadrada, um obelisco tão grande que tornaria pequena a maior pirâmide do Nilo. Não é uma coluna fina, mas um bloco espesso com quatro lados verticais que são cobertos em suas superfícies de símbolos entalhados, a escrita pictórica dos Antigos.

Sob o obelisco, em uma caverna cortada na rocha da montanha, lendas dizem que o próprio Cthulhu jaz em uma tumba. Sua condição não pode ser descrita por nenhuma palavra nas línguas dos homens, mas, na língua dos Antigos, diz-se que ele está *fhtagn*, o que significa, de formas diversas, meditando, dormindo ou sonhando. Seu corpo não é formado de nervos, ossos e músculos comuns, porém é feito de uma substância gelatinosa similar à medula óssea que cura a si mesma quando sofre violência e assim permanece não afetada pela passagem do tempo.

Diz-se que, na obscuridade do passado, quando os homens ainda eram como as bestas e corriam nus, o deus previra a chegada de um tempo em que as estrelas conspirariam com seus raios para destruir a ele e aos outros senhores dos Antigos que haviam viajado pelo espaço para nosso mundo. Em sua sabedoria, ele planejou uma proteção contra os raios nocivos das estrelas que compeliam a um estado de torpor que lembrava o sono profundo, exceto pelo fato de que nenhuma vida permanecera em seu corpo imenso, somente uma inteligência insaciável que planejou e esperou e sonhou o momento em que as estrelas trabalhariam em seu caminho, em suas mudanças, e uma vez mais se tornariam benéficas a sua raça.

Apenas com a força de sua mente, ele guiou o progresso da humanidade e selecionou grupos de homens e mulheres para serem seus filhos adotivos. Ele era seu *tornasuk*, uma palavra na língua dos Antigos que significa senhor guerreiro para aqueles que lhe tinham devoção. Eles serviam-no com suas vidas. Seu propósito final é o de liberar Cthulhu de seu túmulo, quando as estrelas tiverem se movido o suficiente nos céus para banir o perigo para a continuidade de seu despertar, pois ele não pode acordar a si mesmo, mas deve ser desperto de seu sono. Então, assim diz sua doutrina, o grande Cthulhu abrirá os portões aos outros Antigos e estes retornarão para governar o mundo, como faziam em tempos remotos, após lançar a Raça Anciã para o interior do oceano e os homens servirem a eles de escravos.

Enquanto a ilha de R'lyeh permaneceu acima das ondas do oceano leste, era uma tarefa fácil para Cthulhu controlar as ações de suas miríades de adoradores apenas com o poder de sua mente que sonha. No entanto, um grande cataclismo ocorreu, e a ilha afundou no oceano, ficando submersa, de forma tal que nem mesmo o cume do monumento titânico do deus compelia seu topo acima das marés. As estrelas revolveram-se em seus cursos; os éons vieram e se foram. Cthulhu permanecera não desperto em sua tumba, pois a imensidão de água fazendo pressão sobre as portas seladas de sua casa haviam obstruído sua mente de forma que seus admiradores humanos não mais escutavam a voz de seu deus, nem poderiam ter alcançado sua tumba nas profundezas, até mesmo se ele os tivesse chamado. Conforme eras se passaram, eles esqueceram-se da adoração do poderoso agitador de montanhas, ainda que permaneçam seus servos.

Assim é narrada a lenda de Cthulhu por aqueles que habitam cavernas no Espaço Vazio. Ainda que o destino desse deus não esteja selado, pois é sua crença que às vezes a cidade de R'lyeh emerge acima das águas do oceano, já que o que afundou também pode se erguer. Caso essa ascensão de R'lyeh ocorra quando as estrelas estiverem posicionadas, afirma-se que Cthulhu convocará seus servos humanos com o poder de seus pensamentos e eles abrirão as portas de sua casa e irão liberá-lo uma vez mais em nosso mundo.

Essas questões não seriam de conhecimento de um visitante de R'lyeh que viajara até lá por meio de voo da alma pelo portal na câmara iluminada pelas estrelas sob Irem. Este emergiria na escuridão e no frio, com o peso esmagador do oceano sobre seu receptáculo hospedeiro, o qual apenas pode ser alguma criatura das profundezas, pois os antigos habitantes de R'lyeh viraram pó por completo ou jazem dormindo em suas tumbas. Não há ninguém com quem conversar nas ruas sombrias e cheias d'água, somente criaturas rastejantes que nunca viram o Sol e bestas oceânicas das profundezas, tais como o incomensurável leviatã.*

Mais comuns dentre as imensas pedras da cidade são as criaturas tentaculadas com um grande olho em suas cabeças e bicos em lugar das bocas. Elas não são nativas de nosso mundo, mas foram criadas pelos Antigos para lembrar as bestas do mundo que deixaram para trás. Não têm um idioma e sua inteligência é baixa e cheia de manhas, mas seus olhos são grandes o suficiente para verem na escuridão do fundo do oceano, assim como seus corpos macios podem ajustar-se por espaços pequenos, tornando-as úteis como auxílio na exploração da cidade.

Nade em direção à parte de cima e atravesse as profundezas sobre os parapeitos dos sucessivos terraços da cidade, tomando cuidado para não se perder entre os estranhos ângulos das pedras, até alcançar a base do grande obelisco no topo da montanha. Lá

---

* N.T.: No antigo Testamento, a imagem do Leviatã é retratada pela primeira vez no Livro de Jó, capítulo 3:8. Sua descrição na referida passagem é breve. Uma nota explicativa revela uma primeira definição: "monstro que se representa sob a forma de crocodilo, segundo a mitologia fenícia" (Velho Testamento, 1957: 614). Não se deve perder de vista que nas diversas descrições no Velho Testamento ele é caracterizado sob diversas formas, uma vez que se funde com outros animais. Ao lado do Leviatã, no capítulo 40 do livro de Jó, aparece o Beemonte, vigoroso e musculoso animal terrestre, cuja "força reside nos rins e vigor no músculo do ventre. Levanta sua cauda como (um ramo) de cedro, os nervos de suas coxas são entrelaçados; seus ossos são tubo de bronze, sua estrutura é feita de barras de ferro" (Bíblia Sagrada, 1957: 654). A origem histórico-mitológica de tais animais descritos na Bíblia é uma questão um tanto quanto obscura. Ambos os animais têm sido associados a algumas sagas, sendo o Leviatã ligado à "Tiamat", uma divindade da saga da Babilônia, deusa das mitologias babilônia e suméria. Ela tem a forma de um dragão e representa o caos aquoso primordial. Dela se originou tudo o que existe, incluindo os deuses. Tiamat personificava a água salgada, ao passo que seu esposo, Apsu, era a personificação da água doce.

você encontrará uma porta como nenhuma já ultrapassada pelos olhos de um homem, feita de um metal que lembra bronze manchado e tem quase a aparência de pedra. Por toda sua superfície, encontram-se estranhas marcações que ferem a mente, de forma que é impossível lembrar-se de suas formas para copiá-las depois do retorno, cruzando o portal da alma. A porta é selada e, provavelmente, ficará trancada até o fim dos tempos, visto não haver nenhum ser inteligente para atender ao chamado de Cthulhu para abri-la através da barreira infinita do oceano.

O Quarto Portal, Conduzindo à Yuggoth

Uma **estranha raça conhecida dos** pastores de Leng em seus contos folclóricos habita um mundo de gelo e escuridão além da esfera de Saturno, ainda que dentro da órbita das estrelas fixas. Eles chamam-na de Yuggoth, e esta é desconhecida para nossos astrólogos, pois não pode ser vista com os olhos. Não é seu mundo de origem, o qual se encontra na constelação de estrelas conhecida como *Al Dubb al Akbar*, a Ursa Maior, ainda que esteja em um local tão remoto em relação à Terra que nosso Sol é um mero ponto de luz na escuridão coberta com crostas estelares de seu céu, além de não oferecer nenhum calor que possa ser discernido ao toque. Uma única grande lua circula seus céus, muito maior do que a lua que conhecemos, e sua cor é de um tom apagado entre escarlate e violeta, similar à cor de carne machucada. Eles moram em cavernas e seu aquecimento vem de fissuras que emitem colunas de fumaça de gás sulfúrico. De líquens incandescentes nas paredes da caverna provêm uma tênue iluminação carmesim que é suficiente para suas necessidades, pois seus olhos são adaptados à escuridão de forma que veem tão bem à noite quanto durante o dia.

É difícil para o viajante julgar seu tamanho, pois não há medidas de comparação com a forma humana, e o peso de coisas no mundo deles é inferior ao peso que conhecemos, de forma que, quando jogada, uma pedra cai vagarosamente, como se atravessasse a água. Seus corpos são cobertos por uma armadura com chifres ou concha similar à couraça dos escorpiões ou das criaturas do oceano, como o caranguejo. Essa defesa natural faz deles guerreiros temíveis, visto que nem espada nem machado podem penetrar em tal armadura. Pouco pode ser visto de sua couraça, pois seus corpos por completo são guarnecidos de um fungo branco lembrando cabelo de seda. Somente seus rostos e suas poderosas mãos, em forma muito similar à das tenazes de um escorpião, entretanto possuidoras de movimentos muito mais complexos que lhes permitem agarrar ferramentas, são desprovidos da pele fungoide.

É uma raça de guerreiros e fazendeiros. Quando não estão guerreando, todo seu cuidado é devotado ao cultivo de um único tipo de fungo que lembra aquele que cresce em suas couraças. É sua única fonte de nutrição; visto serem dependentes disso para a sobrevivência, requer constante zelo para que floresçam, pois não crescerão sem seu auxílio. De fato, não se pode dizer que eles e a planta que cultivam existam separadamente, pois caso um falhasse, o outro certamente pereceria.

Era a necessidade constante de fortificar sua colheita de fungos que enviava essas criaturas a nosso mundo em busca de determinados minerais no solo, que são raros em Yuggoth, mas aqui abundantes. Os minerais são aplicados frugalmente aos leitos de fungo da mesma forma que nossos fazendeiros espalham esterco apodrecido sobre seus campos e para a mesma finalidade. Diz-se, entre os habitantes de Leng, que a raça chegara logo depois da grande guerra entre as Criaturas Antigas e os exércitos de Cthulhu, após os Antigos terem se exilado do alinhamento maligno das estrelas; eles vieram não como humildes visitantes em busca de caridade, mas sim como conquistadores, e este é sempre seu modo de agir. Não houve sutileza em sua mineração, reviraram de fora para dentro a pele de nosso mundo, causando grande destruição de plantas e de animais. As Criaturas Antigas ressentiram-se de sua intrusão em nosso mundo e lutaram contra eles, mas eram desiguais em termos de poder para os germes do espaço vindos de Yuggoth, os quais forçaram sua retirada de todas as regiões do norte e centrais de nosso mundo, obrigando-os a buscar refúgio nas partes mais profundas do oceano ao sul.

As cavernas de Yuggoth são esplendorosas e vastas. Onde a natureza de seu mundo não fora suficiente para servir a seus propósitos, entalharam nas pedras e construíram pilastras para reforçarem os tetos e grandes arcos a serem formados sobre as fendas de geleiras. Os chãos erguem-se e caem de forma irregular, mas não apresentam impedimento algum à locomoção dos moradores, que saltam obstáculos menores com suas potentes pernas; em razão do peso das coisas ser inferior em seu mundo, esses saltos carregam seus corpos para distâncias maiores do que os limites de um carneiro da montanha. Não têm famílias, mas vivem em grupos pequenos ou grandes, além de criarem seus jovens em seus próprios corpos, de uma forma que lembra a germinação de plantas. Quando os jovens estão maduros o suficiente para moverem-se ao redor e comerem a colheita fungoide, caem das costas dos adultos como a fruta madura na árvore, já cobertos com o fungo branco que funciona como sua pele.

As criaturas adoram sua lua e parecem não ter nenhuma outra religião ou deus além da esfera vívida que se ergue e cai em seu céu escuro. Seus ciclos regem o crescimento da colheita da qual eles dependem para obter nutrição, e isso também é expresso em sua crença, quando falam a respeito de tais questões entre eles, que ela gera o calor no centro de seu mundo, o qual faz com que colunas de fumaça sulfúrica sejam emitidas de suas aberturas, provendo aquecimento para as criaturas viventes das cavernas. É proibido viajar até a lua, sob pena de morte tanto para a carne como para a alma. De fato, a violação dessa proibição é seu maior pecado e recebe a punição mais severa em suas leis. É igualmente um crime falar a respeito disso ou até mesmo olhar para ela quando viajam atravessando a superfície mais alta de seu mundo.

Uma alma de nossa raça, que fizera uma viagem a Yuggoth uma vez, fez uso do poder de sua vontade para compelir o habitante que servia como seu receptáculo a ir até a superfície e fitar a lua, pois eles podem ser montados como um cavalo, mas não perdem totalmente sua consciência e, às vezes, resistem às instruções. Grande foi a batalha de vontades antes de o monstro erguer os olhos, e a vista da lua encheu-o com tamanho terror e tanta náusea que este ficou fraco e caiu com a face na terra. Quando recuperou sua força, puxou uma lâmina e, inserindo-a de alguma maneira engenhosa entre as placas de sua couraça acima de seu coração, matou-se antes que o viajante pudesse impedi-lo. Tal é sua veneração por sua esfera lunar.

Sobre a face de sua lua encontra-se um curioso padrão de anéis e de linhas que é o símbolo sagrado para sua raça. Quando

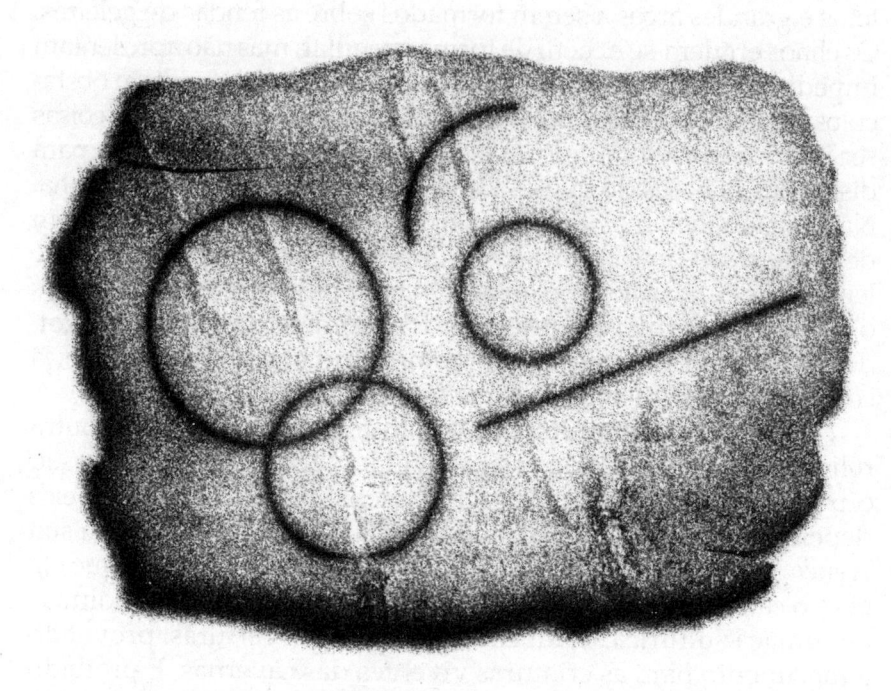

Selo da Lua de Yuggoth.

esculpido em um amuleto por nossos necromantes, este signo confere determinadas percepções que são úteis nas ações de lidar com os mortos. Porém, as poucas dessas criaturas perturbadas que continuam a habitar nosso mundo podem sentir sua presença quando próximo a elas, até mesmo quando o amuleto portando este selo estiver oculto de sua visão, e elas buscarão incansavelmente o possuidor deste e irão matá-lo para, em seguida, levar com elas o amuleto.

Suas vozes sobre seu próprio mundo são silenciosas, pois o ar é muito fluido para a fala. Comunicam-se por intermédio de luzes coloridas que saem de suas cabeças e aumentam e diminuem sua intensidade, mudando constantemente, com todos os matizes do arco-íris e com a rapidez do relâmpago.

Em nosso mundo, os xamãs de Leng dizem que eles falam de forma mais eloquente no idioma de Leng. Há rumores nos locais escuros de que um pequeno número entre aqueles da raça de Yuggoth ainda habita as montanhas do leste, onde eles vivem em cavernas profundas e cultivam sua safra como fazem em sua terra natal. São espiões deixados nesta esfera para reportarem suas mudanças ao líder de sua raça. O povo nativo e robusto que mora em tribos sob a autoridade dos xamãs naquelas alturas chama-os de *meegoh* e, às vezes, escutam suas vozes murmurantes conforme falam na língua da raça da montanha, vendo algumas vezes suas pegadas impressas na neve que cobre eternamente os picos; ainda assim, eles são seres esquivos e sutis, raramente vistos, e, caso observados, rapidamente matam aqueles que os olham, de forma que suas atividades não possam ser descritas.

É dito em Yuggoth na linguagem de luzes que os minerais em tempos antigos coletados e carregados para longe de nosso mundo logo serão exauridos e, então, seus exércitos devem retornar para tomar de nosso solo o que eles necessitam. Nem os reinos dos homens, nem o conhecimento arcano da raça antiga, talvez nem mesmo os Antigos e as crias da morte do Grande Cthulhu em si, caso estejam despertos quando chegasse tal momento, terão o poder de oferecer resistência a eles.

O Quinto Portal, Conduzindo à Atlantis

O portão para **Atlantis** cruza não somente o espaço como também o tempo, pois o viajante é precipitado para o passado distante, quando a maior parte de nossa raça vivia em cavernas e vestia-se com peles não curadas, possuindo somente pedras com as quais caçar e sem a habilidade de escrever, por meio da qual poderiam registrar seus trabalhos. Atlantis era o mais alto feito do homem, conforme afirmam os filósofos gregos e, embora éons tenham sido transcorridos após sua queda, o homem ainda tem de resgatar sua sabedoria. Por que os seres reptilianos que moravam sob Irem optaram por criar um portal conduzindo à véspera de sua destruição não é algo evidente extraído de seus murais, mas pode ser que encontrassem diversão na observação da queda da cidade, como uma espécie de entretenimento de infinita variedade, pois cada jornada resulta em um diferente receptáculo humano e, portanto, uma experiência diferente para o viajante.

Da geografia da cidade pouco precisa ser escrito, pois foi bem registrado pelos gregos, que seja somente dito que Atlantis foi fundada sobre um grupo de pequenas e rochosas ilhas no oceano que se encontra além dos Pilares de Hércules, longe de quaisquer outras terras. Fora disposta em uma série de anéis concêntricos feitos de grandes estradas elevadas e em curva que se sobrepuseram nas ilhas com estradas que se irradiavam de seu centro como os raios de uma roda. No exato centro da cidade estava, na vertical, seu edifício do parlamento, uma edificação magnificente de mármore branco escavado de terras distantes e carregado até a ilha em navios, pois o povo de Atlantis era formado por mercadores marítimos que tiveram grande lucro por transportar mercadorias entre os assentamentos humanos distantes do mundo. Nunca houve uma raça de marinheiros tão audaz. Nenhum mar era tão remoto nem perigoso demais para suas galeras vigorosas e nenhuma costa desconhecida a seus cartógrafos.

Em aparência, os atlantes eram de pele mais clara do que os povos do deserto e alguns tinham cabelo dourado e olhos azuis. Desfrutando tanto da graça de corpo como da força dos membros, eles eram considerados os mais belos dentre todos os homens, mas seus corações eram cheios de maldade e seus belos exteriores ocultavam uma escuridão interna. Eles aproximaram-se por intermédio de suas grandes ciências não honestamente, mas em transações com os filhos do deus Dagon, um dos senhores dos Antigos que repousa em sua casa abaixo das ondas além dos Pilares de Hércules, esperando pelo realinhamento benéfico das estrelas para sua espécie.

Seus filhos foram denominados os moradores das profundezas. Têm o poder de viajar através das terras e da água, embora seja dito que preferem as ondas sobre suas cabeças e não conseguem com conforto aguentar por muito tempo a secura em suas peles, as quais têm uma coloração levemente azulada e são pálidas, como as barrigas de rãs. Suas cabeças são obtusas e erguem-se de seus ombros sem a mediação de um pescoço, seus dedos das mãos e dos pés têm membranas natatórias para facilitar a natação. Em suas laterais há guelras como aquelas de um peixe. Não usam nenhuma vestimenta, mas deleitam-se em custosos ornamentos e joias, além de que nenhum artesão em metais preciosos nem joias há de ser encontrado em outro lugar neste mundo. A riqueza infinita é deles, pois estão cientes de todos os naufrágios que já aconteceram, além de terem fácil acesso aos restos de um navio naufragado para despojá-lo de seus tesouros.

É uma estranha característica dos habitantes das profundezas a de que sintam afinidade por nossa raça. Histórias são contadas de amizades, até mesmo amores, entre os filhos de Dagon e os filhos dos homens e por alguma habilidade não natural são capazes de procriarem com seres humanos quando desejam criar frutos dessas cópulas repugnantes, pois nunca foi intenção da natureza que os Profundos e os moradores da superfície gerassem filhos, e tais crias são amaldiçoadas até a décima geração, pois, apesar da procriação tão frequente como terão daí em diante com os homens, nunca conseguirão expurgar os traços de seu sangue alienígena.

As mulheres de Atlantis procriaram com frequência com os machos dos filhos de Dagon, em suas luxúrias degeneradas, preferindo essas cópulas à união com os homens de sua raça e muitos filhos de sangue misto foram criados. Eles chegaram para reger Atlantis, embora nunca aparecessem sem véu sob a luz do Sol nem tenham abertamente desafiado a arrogância dos cidadãos de sangue puro da cidade, os quais consideravam as crias mistas dos Profundos com repugnância e desdém, até mesmo quando eles se tornaram dependentes de sua inteligência não natural e de suas associações com os filhos de Dagon para aumentar o poder e a prosperidade da cidade.

Aqueles de sangue misto cresceram odiando os muito mais numerosos cidadãos de sangue puro, e seu ódio ardia até mesmo mais fundo do que o ódio dos escravos roubados de muitas terras pelos barcos dos atlantes, pois estes desprezavam o trabalho físico de qualquer espécie e confiavam no serviço de seus escravos com relação a toda necessidade comum que tivessem, de forma que a população de escravos dentro das muralhas da cidade era superior em número aos nativos.

A cidade foi fortalecida pelos fogos dentro de cristais coletados pelos filhos de Dagon das profundas fendas no chão do oceano. Estas mesmas pedras foram utilizadas para construir armas aterradoras que poderiam queimar navios e derrubar fortificações. Em sua vaidade, os atlantes consideravam-se invulneráveis à invasão, tanto em razão das armas como em virtude de sua localização tão remota das terras das raças bárbaras. Os híbridos com sangue azulado dos Profundos fluindo frio através de suas veias estavam contentes em lidar com os afazeres da cidade e esperar para ver sua oportunidade de derrubar os nobres arrogantes. Em segredo, eles planejaram um esquema com os escravos nascidos no estrangeiro e com os filhos de Dagon para levar Atlantis abaixo e matar todos aqueles de sangue puro, pois eles pensavam que os nobres em nada contribuíam para a manutenção da ilha e, portanto, não serviam a propósito algum.

Uma alma que viaja a Atlantis cruzando o portal sob Irem emerge dentro do corpo de um de seus habitantes. No entanto, se no corpo de um escravo ou nobre ou ainda no corpo de um híbrido, é uma questão de sorte que não pode ser controlada. O portal é construído de forma tal que o visitante aparece no meio da manhã e, por várias horas, pode observar os trabalhos de arte e os passatempos sociais da cidade pelos olhos de seu hospedeiro. Durante a tarde, a invasão dos moradores nas profundezas tem início em uníssono com a insurreição dos escravos, e o caos que se segue torna a observação difícil, pois o receptáculo do viajante é frequentemente carregado para longe no sobe e desce da maré da guerra ou pode ainda ser imediatamente morto no primeiro conflito de armas.

Fica imediatamente aparente ao viajante que os traidores de sangue azul conceberam a derrocada da cidade de forma mal calculada em sua avaliação da decadência dos nobres, pois embora eles tivessem pouca habilidade em qualquer outro campo de diligência, a nobreza primava em termos de arte da guerra, a qual devotavam todas suas energias durante seus tempos de vida na terra. Desde os 5 anos de idade, eles eram treinados diariamente no uso da espada, dardo de arremesso e arco e logo se tornaram astutos no que diz respeito a inumeráveis formas de matar. As crias híbridas buscavam manter os nobres longe de seus armazéns subterrâneos de armas, onde os cristais de energia eram armazenados, mas eram postos para correr no primeiro ataque dos nobres, de forma que, quando as forças dos Profundos se ergueram dos mares, os guerreiros nobres de Atlantis ergueram-se, de pé, prontos para repeli-los.

Está além do poder da caneta conceber a destruição levada a cabo pelos canhões de luz de cristal empunhados de ambos os lados do conflito. Nenhuma guerra assim foi empreendida em tempos modernos, pois a arte de fazer armas tão potentes perdera-se até mesmo para os próprios Profundos, os quais esqueceram, nas eras decorridas desde que Atlantis afundara, a arte pela qual os cristais recebem poder. Tão grandes eram as forças liberadas que o próprio tecido da matéria em si foi tornado instável e o oceano não poderia mais suportar as ilhas nas quais a cidade fora fundada. Uma fissura abrira-se e a cidade afundara com todos os seus habitantes de muitas raças e aqueles moradores nas profundezas que eram muito lentos para fugir para um local seguro nas ondas turbulentas.

Alguém que viaje até essa cidade bela é compelido pela natureza do portal a sempre observar, nunca agir, pois o receptáculo no qual sua alma é precipitada não pode ser influenciado por sua vontade. A raça reptiliana que fizera os portais da alma assim projetara esse portal de forma a impedir que um viajante tentasse influenciar no resultado do conflito. Fosse possível controlar os hospedeiros, um homem poderia voltar ao mesmo momento no tempo repetidamente e, dessa forma, reunir um exército com um único propósito, o de mudar a história da batalha de modo que Atlantis não fosse destruída. Quais seriam as consequências para as eras posteriores é uma questão a ser ponderada, mas a raça reptiliana tomou cuidados para garantir que nenhuma tentativa de manipulação tal como o rio do tempo pudesse ser feita.

A biblioteca de Atlantis fica localizada ao leste no passeio do anel central, o qual cerca os edifícios do governo. Caso você seja afortunado, o receptáculo de sua alma pode proceder em direção ao centro da cidade, para onde todas as estradas retas conduzem; em seguida, virar para o sol da manhã para ficar de frente a uma estrutura com pilares de cobre batido, perante a qual está em pé uma imensa estátua com um teto brilhante de seu deus Dagon. A entrada é livremente concedida a todos, pois escravos são empregados para carregamento de livros a seus mestres e para eles voltarem, e ninguém entre os bibliotecários questionaria sua presença. O armazém de sabedoria é imenso, reunido durante os séculos de todos os cantos do mundo, e traduzidos pelos escribas, depois inscritos em placas que lembram ouro, mas não são de ouro, com a ponta aguda de um buril, uma forma de escrita que é quase tão fluente e graciosa quanto nossas próprias cartas. As placas são presas juntas por meio de anéis para fazer livros.

A frustração para aquele que busca a sabedoria não pode ser descrita. É com certeza maior do que o tormento de Tantalus,[*] o qual ficara de pé parado nas profundas águas que recuavam a cada vez que ele as buscava para beber. O livro escolhido pelo visitante na biblioteca será apenas visto e somente se aquela pessoa ficar para ler uma parte dele. É um infortúnio que os textos favoritos dos atlantes fossem floridos romances que continham extensas descrições eróticas e complexos conflitos sociais sem muito sig-

---

[*] N.T.: Tântalo [(grego: Τάνταλος)], rei da Frígia ou da Lícia, casado com Dione. Tiveram três filhos: Níobe, Dascilo e Pélops. Certa vez, quis testar a onisciência e imortalidade dos deuses, e serviu a carne do próprio filho Pélops a eles. Como castigo foi lançado ao Tártaro, sofrendo enormes suplícios. A expressão Suplício de Tântalo refere-se ao sofrimento de quem, desejando muito algo, sempre o vê escapar quando está prestes a ser alcançado.

nificado para o viajante. Caso você fosse afortunado o suficiente para encontrar uma obra de maior valor aberta perante seus olhos, com certeza seria fechada antes que tivesse sido suficientemente suprido com suas iguarias e o retorno, com mais frequência possível, ainda não faria com que o visse de novo, pois não se pode habitar o mesmo corpo duas vezes ao mesmo tempo.

O Sexto Portal, Conduzindo à Kadath

Há **lugares neste mundo preciosos** para aquele que busca artes arcanas, ainda que não nomeados nas cidades dos homens, onde se pode chegar a pé, ou a cavalo, ou por navio, embora muitos sejam distantes e difíceis de serem encontrados ou alcançados. Outros reinos extraordinários existem que não podem ser visitados por meios comuns, não importando a perspicácia do desejo nem a obstinação do esforço. Alguns, como, por exemplo, a cidade de Atlantis, estão em outros tempos, seja em anos que tenham decorrido ou anos ainda por virem; outros estão em nosso próprio tempo, mas não no espaço em que moramos, de modo que um homem com uma mente não alterada poderia caminhar entre eles como se fosse entre sombras ou em um nevoeiro e não ter ciência de sua natureza, a menos que na nuca surgisse um formigamento de desassossego.

Kadath, nos desertos frios, é um lugar como os que existem em nosso tempo, mas de outro espaço. Conta uma fábula que se encontra ao norte do planalto de Leng, além das montanhas cobertas de neve; isso não é mais do que uma fábula, mas tem uma semente provocativa de verdade em seu âmago, pois Kadath está próximo às ruínas da antiga cidade das Criaturas Antigas, e o desmoronamento de terra sobre o oceano que suporta todo o solo de nosso mundo carregou ambas para bem longe ao sul. Enquanto as ruínas da cidade das Criaturas Antigas são feitas de pedra, a grande montanha conhecida como Kadath não é material e não pode ser vista claramente com a visão normal. Muitos homens sonharam com ela e não sabiam a respeito de que estavam sonhando, e seus relatos são sempre diferentes, pois cada sonhador faz seu próprio mundo nas terras infinitas do sono e não há duas visões de Kadath em sonhos que sejam a mesma.

A audácia da raça reptiliana que construíra sua cidade sob as areias onde se encontram as ruínas de Irem foi espantosa, visto que eles se atreveram a construir um portal da alma para a fortaleza poderosa que adorna as alturas de Kadath, onde, fora de unidade com esta existência material que conhecemos como nosso mundo, moram em crepúsculo perpétuo os deuses desta esfera. Nenhum rei ou feiticeiro dos homens teria se atrevido a tal ultraje. Os seres crocodilos nada se importavam com a santidade da adoração humana, sua curiosidade não conhecia nenhum limite de respeito nem de prudência e, no cúmulo de sua sabedoria, ficaram mais arrogantes e indiferentes à ira dos deuses, os quais, de fato, não tinham o poder para se opor a eles, embora eles fossem cientes do portal e guardassem rancor quanto a ele.

Kadath ergue-se além da barreira de montanhas na terra mais ao sul deste mundo. É, de longe, mais alta do que qualquer pico de pedra material, mas não é completamente deste mundo e pode somente ser vista por olhos mortais sem auxílio em determinados momentos do ano, quando os céus se alinham, e sob o luar, pois saiba você que a Lua tem poder de revelar o que a luz do Sol esconde. No topo de Kadath, foi construída pelos deuses uma grande fortaleza de parapeitos negros verticais com milhas de extensão desde suas bases até os topos protegidos por torres. Dentro dessas muralhas protetoras e mais alto ainda em termos de elevação, encontra-se um palácio feito dos mais ricos metais e pedras, de forma que parece uma única joia brilhante. No coração do palácio, está uma vasta sala de trono com paredes de ônix e pisos de pedras polidas multicoloridas, uma galeria arqueada tão imponente e alta que seu próprio teto fica perdido nas brumas. Aqui os tronos dos principais deuses, cada um brilhando com prata e ouro, estão dispostos em um anel com a face para dentro, e, no centro do chão, encontra-se um grande espelho redondo no qual o deus observa os afazeres da espécie humana como através de uma janela que se abre para baixo sobre nosso mundo.

Um viajante que entra no portal para Kadath aparece nessa sala de trono, não no corpo de um deus, pois até mesmo a raça reptiliana que a construíra não era capaz de tal ultraje, mas sim na carne de um dos numerosos servos dessas deidades terrestres, que estão sempre presentes para atender a seus mais leves caprichos e estão constantemente se movendo de um lado para o outro, para dentro e para fora da câmara arqueada. Muitos têm as características de nossa raça, as quais são como as dos próprios deuses, embora menos sutis. Os deuses obtêm conforto em ter servos que lembram a eles mesmos para cuidar de seus desejos mais pessoais. Outras criaturas menos humanas realizam o trabalho penoso do palácio. Os servos com feições humanas são mais numerosos, e é provável que o viajante da alma se encontre dentro de tal carne. Eles são fáceis de serem controlados com a vontade e pode-se fazer com que abordem e considerem qualquer objeto de interesse.

Um segredo deve aqui ser revelado ao sábio, o qual não o repetirá, exceto sussurrando-o no ouvido de um confiável discípulo de muitos anos, pois isso causou a morte de muitos homens. Os pagãos acreditam, assim como as raças bárbaras, além de determinadas seitas ocultas em nossas terras, que esses deuses que moram em Kadath nos desertos gélidos foram os criadores da espécie humana. A verdade é o oposto, pois foram os sonhos e as visões dos homens, com poder concedido de seus desejos e dirigidos por sua vontades, que fizeram com que os deuses se formassem do próprio tecido do espaço em si nos primórdios obscuros da humanidade. O homem foi criado juntamente com outros animais benignos desta terra pelos Antigos para sua diversão e quando o homem começou a sonhar, os deuses foram formados.

Este é o segredo mantido pelos sacerdotes egípcios, que nunca dele se esqueceram, até mesmo com o passar dos séculos em que suas terras sofreram a subjugação dos gregos e, depois deles, dos romanos. Os sacerdotes ensinam que os homens têm poder sobre os deuses por meio da arte da magia, em razão do fato de que a humanidade os criara em sonhos. Na verdade, os sonhos de nossa raça sustentam ainda os deuses e, sem aqueles sonhos, eles desapareceriam para o nada do qual surgiram. Um visitante a Kadath observará que os deuses variam em tamanho, sendo o menor deles não superior a seus servos e o maior, de proporção gigantesca, eleva-se acima dos demais; os tronos em si são, de forma semelhante, diversos em suas dimensões. Nem o tamanho de qualquer deus é fixo, mas muda com a passagem de gerações conforme muitos ou uns poucos de nossa raça dele se recordam e a ele adoram; à medida que o deus aumenta ou diminui de tamanho, assim ocorre com seu trono, pois o trono é o alicerce de seu poder.

Poderia-se pensar que os deuses, no meio de seu belo palácio, cercados por todo luxo e diversão que desejam, vivem uma existência livre de cuidados na qual desfrutam de prazer infindável. Não é assim, visto que as trevas ficam sobre eles suspensas, tornando suas vozes silenciadas e seus sorrisos pálidos. Os deuses não governam Kadath desimpedidos, mas aturam um supervisor que mora em uma pequena câmara localizada diretamente acima do domo da sala do trono. A câmara é feita de trabalho em pedra simples e rústico, não adornada por nenhuma tapeçaria suspensa nem tapetes, sem móveis nem iluminação, sem até mesmo janelas nem porta. No interior de sua escuridão, reside a criatura sem forma chamada Nyarlathotep,* o deus negro sem face do espaço distante, aquele de mil formas, que é o mensageiro dos Antigos.

Os deuses comentam que Nyarlathotep sonha em sua tumba, como faz o grande Cthulhu em R'lyeh, embora eles não digam onde a tumba de Nyarlathotep está localizada, sobre a terra ou sob o mar. Em seus sonhos, Nyarlathotep está presente em Kadath, a qual ele rege como uma aranha governa os fios de sua teia, sensível a cada movimento e a cada presença. Os deuses prestaram sua obediência aos propósitos dos Antigos que, em retorno, auxiliam os deuses contra seus inimigos e realizam serviços para eles que estão além de seu poder. Nenhuma ação é tomada por nenhum deus sem o conhecimento e a aquiescência de Nyarlathotep e aqueles que desafiam sua vontade são destruídos tão completamente que nem mesmo sua lembrança é deixada para nossa raça.

É por esse motivo que os deuses nunca riem. Eles nos fitam por meio de seu espelho e ajudam aqueles que os adoram com preces e oferendas, pois um presente requer outro em troca, ainda

---

* N.T.: Nyarlathotep ("The Crawling Chaos" – O Caos Rastejante) é um personagem fictício nos Mitos de Cthulhu, cuja primeira aparição fora no poema em prosa de H. P. Lovecraft intitulado "Nyarlathotep" (1920). O ser é um dos Deuses cósmicos de Outro Mundo e aparece em diversas histórias escritas por Lovecraft. Nyarlathotep também aparece em obras de outros autores, assim como em jogos de RPG feitos com base nestes Mitos de Cthulhu.

que sempre com a permissão de Nyarlathotep, a quem nenhum deus viu, mas que está sempre presente a seus conselhos. Quando ele recusa seu favor, eles ficam sem poder para agir e devem observar enquanto seus adoradores são destruídos por seus inimigos e sua própria força vital fica diminuída. O viajante sente alívio em seu coração quando o tempo de sua jornada expira e sua alma é levada de volta pelo portal de Kadath e para dentro de seu próprio corpo, pois a pele é quente ao toque e tem um coração que bate, mas os deuses são somente sombras solenes, temerosas da criatura que observa de cima.

O Sétimo Portal, Conduzindo ao Templo de Albion

A ilha de Albion* jaz além dos Pilares de Hércules na parte norte do oceano oeste, ainda que tão próxima da costa que possa ser vista através do estreito que a separa da terra firme. É circundada por altos penhascos de cor tão branca como o mais branco osso clareado ao sol, e desta extraordinária característica deriva seu nome, pois *albus* significava a cor branca para os romanos, os quais conquistaram essa terra e subjugaram seus bárbaros habitantes a seu governo. Além dos brancos penhascos, estendem-se planos gramados. Eles foram uma vez o lar de uma raça extraordinária, sábia nos segredos da terra, que construiu monumentos sagrados a seus deuses. A raça partira muito tempo antes da chegada dos romanos, deixando somente suas curiosas construções de terra e de pedra na terra, parcamente alteradas pela passagem de miríades de anos.

---

* N.T.: ***Albion*** é um nome arcaico e alternativo para Bretanha ou Inglaterra. ***Albion*** é também o deus tutelar da Bretanha. Ele é o Titã filho de Posêidon (na mitologia grega, Posídon ou Poseídon, em grego antigo, Ποσειδ?ν) assume o estatuto de Deus Supremo do Mar, conhecido pelo povo romano como Netuno e pelos etruscos como *Nethuns*) e irmão de Atlas. Ele ajudou Atlas e Iberius (deus da Irlanda) a contestar a passagem de Hércules no Oeste. Há uma diversidade de lugares denominados Albion.

O maior desses monumentos antigos é um templo de monólitos dispostos em um círculo, que lembram Pilares rusticamente desbastados que são em forma de quadrado em vez de arredondados. Uma imensa série de pedras de lintel une o anel e o suporte fornecido para um teto de grandes vigas que caíram para dentro, presas da corrupção da passagem dos anos, de modo que somente vestígios desta permanecem. No interior do anel, há ainda pedras maiores, tão grandes em tamanho como as erguidas pelas artes dos egípcios, embora não tão pesadas como as pedras de R'lyeh, as quais, de fato, não teria sido possível mover pelos esforços de seres humanos. Uma dessas grandes pedras interiores jaz plana e servia como altar ao deus primário dos antigos da ilha branca, Yog-Sothoth; de fato, diz-se que as formas arredondadas de todos os templos dessa raça foram feitos em imitação da forma de Yog-Sothoth, que é vista como uma confluência de esferas ou de círculos de muitas cores.

Sobre a superfície da terra e abaixo desta, há determinados lugares onde as barreiras entre os mundos são tênues, de forma que as realidades distantes no espaço ou tempo, ou em outros meios que não podem ser medidos, chegam perto e se tocam. Os ancestrais primordiais de nossa raça, que viviam em harmonia com a mudança das estações e dos movimentos das estrelas e que se comunicavam com os Antigos em seus sonhos, sentiam o poder das interseções de linhas invisíveis de força e marcaram suas localizações com monumentos, marcações gravadas na terra, em montes, templos e outras formas sagradas. De todos esses portões para os reinos distantes, o templo dos monólitos na ilha de Albion é o maior, a mãe de quem todos os outros são filhos dependentes.

Foi escrito por nossos escribas sagrados que o *al'kabar* na grande mesquita em Meca é o centro do Mundo, mas aqui está a refutação desta presunção, a qual não é blasfema, pois a verdade não pode blasfemar — que o centro de nosso mundo se encontra em Albion, e o círculo que é um portal do qual muitas linhas fulguram atravessando a terra é o templo de monólitos sobre a planície coberta de grama. Leia isso e seja sábio, ainda que em sua sabedoria sele seus lábios aos ouvidos de outros homens, pois falar disso perante os tolos é cortejar a morte em suas mãos. Muitas verdades são conhecidas, das quais não se fala, além de que muitas verdades foram perdidas para o silêncio das eras.

Os bárbaros que moram atualmente em Albion se esqueceram dos primórdios do templo. Os romanos acreditavam na fábula local de que era a obra dos druidas, uma casta de sacerdotes que florescia nas florestas das terras ao norte e na ilha branca antes dos tempos do profeta dos cristãos, mas até mesmo essa mentira foi esquecida por aqueles cujas cabanas no lodo e sustentadas com estacada de varas são atualmente erguidas próximas ao templo. Mesmo em sua ignorância, eles não podem negar seu poder, e um culto proibido faz sacrifícios de almas humanas em determinados ângulos ao redor do perímetro do círculo de pedra em dias apropriados do ano, quando o Sol se alinha com as estrelas e os portões são destravados. Para essas oferendas a Yog-Sothoth, cujo verdadeiro nome eles não pronunciam, são usados criminosos condenados à morte, e a forma de sacrifício é a de arrancar suas cabeças com espadas, conforme eles se ajoelham dentro de suas covas rasas, as quais cavaram anteriormente com picaretas.

Por meio de seu sangue, as linhas da terra que se irradiam do templo, como os filamentos de uma teia de aranha a partir de seu centro, são vivificadas e suas forças vitais são refreadas em equilíbrio para a continuidade da frutificação do solo; pois se essas linhas se tornarem fracas ou se emaranharem, influências malignas, elevações da superfície da terra e terremotos originam-se não somente na ilha do templo, como também em terras distantes, nos lugares longínquos de nosso mundo. O culto do templo considera-se como os protetores de nosso mundo e, caso seus números falhassem, grandes catástrofes certamente se seguiriam. Todo seu trabalho é a harmonização das linhas, e o uso dos portões para alcançar outros mundos foi esquecido, exceto para uns poucos homens que o conseguiram em locais profundos de criaturas mais antigas do que nossa raça.

Um recente viajante ao templo redondo de Albion teve a oportunidade de encontrar-se habitando o corpo do alto sacerdote dos mistérios desse culto no momento de sacrifício em seu ritual mais sagrado, o que ocorre na aurora no dia mais curto do ano. Visto que não tinha nenhum conhecimento do devido ritual, ele parara, como alguém que ficara pasmado com a larga lâmina de sacrifício erguida em suas duas mãos, olhando para baixo fixamente, para o jovem nu atado com sua face voltada para o céu sobre o altar. Os sacerdotes inferiores começaram a murmurar preocupadamente entre eles mesmos. Seu líder veio à frente e ordenou, no idioma de Albion, que o alto sacerdote

Hieróglifos lunares na pedra reclinada do templo em Albion.

completasse a recitação correta dos versos. O viajante sabia o idioma, mas não os versos.

Pensando em escapar a seus apuros, ele dissimulou uma doença e, agitando-se como se estivesse doente, segurou no canto da pedra do altar. A surpresa da multidão ao redor drenara o sangue de suas faces, de forma que, em seus mantos de linho branco eles lembravam um bando de espectros na luz pálida da aurora do inverno. Depois de um momento de silêncio, os sacerdotes inferiores gritaram, curvaram-se sobre seu líder, empurraram-no no lugar do jovem desnorteado sobre o altar e enfiaram a lâmina sagrada que atravessou seu coração. Somente sua grande habilidade em Necromancia permitiu que ele sobrevivesse à morte por seu grupo e assim registrou essa narrativa divertida como um aviso para futuros usuários dos portais da alma.

O Sétimo Portal, Conduzindo ao Templo de Albion

É de melhor vantagem que o viajante ao templo dos monólitos vá até lá em seu receptáculo humano sozinho na escuridão quando a Lua minguante tem três dias ainda para completar seu ciclo, e espere dentro do templo pelo momento em que a Lua esteja centralizada sobre a pedra que está na vertical solitariamente, a qual se encontra além da entrada sem porta para o templo. Ele deve fazer com que seu receptáculo humano mastigue continuamente as folhas da erva conhecida como cinco-folhas, de forma que seu suco esteja sempre em sua língua. Quando a Lua tiver atingido a pedra erguida na vertical, determinados hieróglifos aparecerão na superfície da pedra reclinada. Marque suas formas bem na mente e, na primeira oportunidade, inscreva-os no pergaminho, pois eles têm grande utilidade nas transações com os Antigos e aquelas criaturas que os servem.

Alguém que tenha lido este livro com cuidado e compreendido suas palavras pode encontrar esses hieróglifos em algum outro lugar, se tiver raciocínio para buscá-los sob os raios da Lua, pois o Sol é o companheiro da Lua e o que está escrito em negrito perante sua face plena é murmurado para seu rosto virado.

Comentário de Theodorus Philetas: As estranhas marcações aqui copiadas, encontrei-as pintadas sob o manuscrito original do texto árabe em uma folha de pergaminho do livro de Alhazred. Eles não deveriam ser vistos durante o dia ou com a Luz de uma lamparina, mas somente sob os raios do quarto da Lua em sua fase minguante, o que aconteceu comigo por acaso em uma noite quando a brisa de minha janela extinguira o fulgor da lamparina a óleo. Por qual arte foram eles feitos não consigo descobrir. Conduzido por este acaso, realizei uma investigação e descobri outras imagens e escritas sob as palavras redigidas no manuscrito, algumas visíveis sob os raios da Lua cheia, outras em sua fase crescente ou minguante, que copiei nas páginas deste livro para todos verem onde apareciam nos lugares do original.

O que Pode Ser Escrito de Forma Segura a Respeito dos Antigos

No texto sagrado intitulado **Bereshit**, que significa o início das coisas no idioma dos judeus, somos ensinados que o Sagrado criou o mundo em seis dias e no sétimo descansou de seu trabalho. Antes de ele começar, nada havia e, quando completou sua obra, tudo o que sabemos estava perfeito — todas as estrelas dos céus, todas as formas de plantas e de animais, todos os mares, montanhas e planaltos, além de sua mais nobre espécie, Adão, o primeiro homem, mais belo que os anjos, visto que sua face reflete a imagem de Deus. Nossa raça foi formada no final do sexto dia: a criatura final feita pelo criador para ser o senhor e regente de toda criatura inferior e dos espaços deste mundo.

Assim está escrito e os homens crentes e devotos aceitam isso como a palavra sagrada de Deus, mas uns poucos dentre aqueles de nossa raça que estão descontentes com o recebimento de ensinamentos, tal como um bebê recebe leite, sabem que nos espaços entre os dias, outras criaturas foram feitas por outros criadores e, uma vez que foram criados durante a noite, têm permanecido não vistas e veladas nas sombras.

Nem deve ser presumido que nossa raça é a mais antiga ou os últimos mestres que governam este mundo ou que a agregação de formas vivas conhecida como homem caminhe desacompanhada. Os Antigos foram, os Antigos são e os Antigos serão. Eles não caminham em locais que conhecemos, mas entre estes, tranquilos e primais, não vistos por nós, pois não têm forma. Yog-Sothoth lembra o portal; Yog-Sothoth é o portal; Yog-Sothoth é a chave e protetor do portal. O que foi é, e será uno em Yog-Sothoth. Ele lembra-se de onde uma vez os Antigos atravessaram o firmamento que separa nossa esfera da escuridão lá fora e de onde eles a cruzarão uma vez mais. Lembra-se de onde deixaram a marca de seus pés na lama da terra e daqueles lugares em que ainda caminham de um lugar para o outro, e por que motivo ninguém consegue vê-los quando passam.

    Por intermédio de seu odor, os homens podem algumas vezes saber de sua presença, no entanto, nenhum homem pode ter conhecimento de sua aparência, mas somente de forma indireta, perscrutando nos unguentos e nas expressões daqueles que se misturam com a espécie humana; e daqueles existem diversos tipos, variando em aparência da forma espelhada do homem até o perfil da sombra daquela presença invisível e sem forma que os criara. Caminham sem serem vistos e emitindo um cheiro forte e desagradável, assim como fumaça ou vapores, molhados de suor ou sangue, impregnados de umidade fétida nos locais desertos em que as palavras foram entoadas e os ritos urrados ou emitidos em formas de uivos nos devidos momentos. Os ventos falam demais e rapidamente com suas vozes e a terra brame com seus pensamentos. Eles curvam as árvores e esmagam as cidades, ainda que nem floresta nem cidade vejam a mão que desfere os golpes.

    Kadath nas terras inférteis conhece-os. Ainda assim, qual homem pode realmente se vangloriar de conhecer Kadath? O deserto de gelo localizado longe ao sul, assim como as ilhas submersas nos oceanos, têm pedras sobre as quais seu selo está entalhado. Contudo, quem, dentre os homens comuns, viu a cidade congelada ou a torre vedada adornada com grinaldas durante eras, feita de algas marinhas e incrustada com percevejos? O Grande Cthulhu é parente deles, ainda que consiga discerni-los somente de forma obtusa. *Iä Shub-Niggurath!* Como uma vileza, você deve conhecê-los. Sua mão está em suas gargantas, ainda que não os veja, e seu lugar de morada é até mesmo uno com seu limiar protegido. Yog-Sothoth é a chave para o portal em que as esferas se encontram. A humanidade rege onde uma vez eles governavam; eles devem governar onde os homens são os regentes agora. Depois do verão vem o inverno, assim como depois do inverno chega o verão. Eles esperam, pacientes e potentes, pois aqui reinarão novamente.

Com seu retorno, todos os homens deverão demonstrar reverência inclinando a cabeça e servirem-lhes como senhores; aqueles poucos que se lembrarem de sua antiga presença com invocações e oferendas concedidas em seus locais de poder comandarão a massa de nossa raça que lamuriará como se fossem ovelhas, fracos e estúpidos, e mugirão como gado quando estes são conduzidos ao matadouro, pois somos como comida para eles e animais de carga que labutam nos campos. As preces dos profetas não prevalecerão sobre eles; nem crescente, nem cruz, nem estrela pode evitar sua aproximação, quando, uma vez mais os céus se alinharem e o portal for aberto, *Iä! Nyarlathotep*. Eles nos visitarão na escuridão, no entanto, por meio de seu fulgor, a noite será tornada flamejante com o brilho de bronze colocado defronte à face do Sol.

Sete são os senhores dos Antigos, seis que são como irmãos e irmãs, e um sétimo que é para eles como um primo, e o qual se destaca separadamente, embora seja com eles uno. Os nomes de outros dessa raça são sussurrados nas cavernas das profundezas, no entanto, os outros não têm o mesmo sangue familiar, e esses sete são os líderes ou arautos em nosso mundo. Dentre os sete, encontram-se aqueles mais conhecidos e os obscuros, pois nem todos os Antigos interessam-se igualmente pelas questões deste mundo. Seus nomes são Azathoth,* Dagon, Nyarlathotep, Yig,** Shub-Niggurath, Yog-Sothoth e o sétimo que se destaca separadamente, Cthulhu.

---

* N.T.: Azathoth é uma deidade ficcional nos Mitos de Cthulhu de Lovecraft, referenciado nos contos *Weird Tales* de Lovecraft, assim como em histórias de outros autores. Seus epítetos incluem: *The Blind Idiot God* [O Deus Cego e Idiota], *Seething Nuclear Chaos* [Caos Nuclear Fervente], *The Daemon Sultan* [O Sultão Daemon] e possivelmente *Lord of All Things* [Senhor de Todas as Coisas]. Azathoth tem sua corte no centro do Universo servido por um grupo de entidades sem nome conhecido como os Outros Deuses e o ser Nyarlathotep, o qual imediatamente atende a suas necessidades aleatórias. No entanto, Yog-Sothoth, que tudo sabe e tudo vê, ultrapassava tanto Yibb-Tstll em sabedoria como Azathoth em termos de poder. Lovecraft referia-se a Azathoth como um "caos nuclear" em toda sua obra de ficção, muito provavelmente se referindo em grande parte à localização central de Azathoth e não à energia nuclear, visto que esta ainda não "existia" até muito tempo depois da morte de Lovecraft – ou não... terá ele antecipado fatos futuros?... coisa "comum" em termos de ficção.

** N.T.: Yig (O Pai das Serpentes) é uma deidade que aparece como um homem-serpente ou uma cobra gigantesca. Embora seja fácil despertar a ira de Yig, é fácil aplacá-la também. Yig frequentemente envia seus servos serpentes, os filhos de Yig, para destruir ou transformar seus inimigos. Para os nativos americanos, Yig é considerado "remédio ruim". Alude-se a ele também no folclore americano do oeste, sendo ainda identificado com a deidade mesoamericana Quetzalcoatl, além de que pode ser um protótipo para aquele deus e outros deuses-serpentes no mundo todo. Alguns autores o identificam com o Deus Serpente Set Estígio das histórias de Robert E. Howard, além da Grande Serpente adorada pelo Povo da Serpente de Valusia das histórias de Howard Kull.

Dentro da sala dos sete portais da alma, na cidade subterrânea sem nome da raça reptiliana, estão entalhados os sete selos dos senhores, cada um destes acima de um dos portais, embora não seja sempre aparente qual a conexão das terras existente além desses portais com os Antigos. Murais em outras câmaras, assim como passagens, contam sobre suas formas e natureza, de maneira tal que, com um estudo cuidadoso dessas imagens, podem eles em parte ser conhecidos, e somente em parte, visto que nenhum homem jamais compreendeu todos os seus meios e modos nem seus propósitos na Terra.

Os magos que habitam o vale do Tigre alocaram aos senhores dos Antigos as esferas dos corpos errantes dos céus, não porque eles viviam nas esferas planetárias, nem porque os planetas têm poder sobre eles, mas porque os raios dos planetas estão em certo acordo com as potências dos senhores. Sob a inteligência dos planetas, tal como sob títulos de autoridade, serão eles individualmente examinados no presente livro.

Yig, Correspondente à Esfera de Saturno

Desde os primórdios, o homem teme a serpente, mas o motivo pelo qual essa vil criatura, que rasteja sobre sua barriga e aninha-se sob a terra, deveria ser objeto de pavor e admiração foi esquecido, embora as causas sejam ecoadas em nossos sonhos e nos mitos de nossos ancestrais. No livro sagrado referente à criação, é a serpente que ensina a sabedoria a Eva e, por sua retribuição, está escrito que a espécie humana e a espécie das serpentes irão, para todo o sempre, depois disso, tornar-se inimigas mortais e assim se sucedera. A serpente sempre fora considerada a mais sábia das criaturas vivas, além de ser imortal, pois renova a si mesma pela mudança de pele. Como pode ser que o mais sábio dos seres seja o mais ultrajado e temido?

Saiba que a sabedoria da serpente é a sabedoria de Yig, o mais antigo dos senhores dos Antigos. Na obscuridade do tempo, Yig abordou os ancestrais dos homens e falou de forma silente em suas mentes, oferecendo-se para ensinar à nossa raça o segredo da vida eterna em retorno por sua lealdade e adoração; no entanto, os profetas temiam o conhecimento da serpente e aconselharam que o pacto com Yig fosse rejeitado pelo povo, para que não sejam maculados em suas almas com o veneno da víbora e da áspide. Por esse motivo, todas as cobras são mortas à primeira vista, mesmo que sejam inofensivas e não ofereçam nenhuma inconveniência. Ainda assim, nem todas as pessoas seguiram os profetas, algumas fizeram pactos secretos com o senhor das serpentes e são conhecidas pela adoração de sua criatura favorita.

A serpente não é nativa de nosso mundo, mas foi carregada para cá de além das estrelas, antes do despertar de nossa raça, como uma criatura de diversão por Yig e como uma recordação do mundo em que ele nasceu, pois a forma da serpente é a forma desse deus, sua verdadeira forma, pois ele anda às vezes na forma de um homem com a cabeça de uma cobra, mas esta é única forma que usa para suas transações com os homens; em sua verdadeira forma, ele ondeia sobre sua barriga e não tem membros. É denominado Damballah pelos bárbaros de pele negra que moram na costa da África e é conhecido no Egito como Apep.* É lembrado nos mitos dos gregos como a serpente cósmica que circunda o mundo, que não tem começo nem fim, pois é imortal.

Muitos são os lugares de sua adoração. Ele é forte nos templos das terras ao leste, onde o basilisco é especialmente reverenciado e protegido como o monarca das serpentes, pois consome cobras menores como presas e fica em pé em sua cauda até a altura de um homem, além de que seu olhar fixo tem o poder de causar transe nas mentes daqueles que o olham nos olhos; não há nenhum poder de vontade humana forte o suficiente para resistir à sua sedução. Somente pela música da flauta pode ser controlado e, quando ouve esse som, começa a dançar e perde seu poder de ataque por todo o tempo em que a música for tocada. Aprenda aqui um mistério profundo, conhecido por poucos, de que a música da flauta é a canção de Azathoth, o deus cego idiota, ele que é o centro da criação, cuja canção formara a miríade dos mundos. À flauta de Azathoth todas as criaturas criadas obedecem, mesmo que não estejam dispostas a lhe render homenagem, pois em seus corações desprezam esse senhor por sua estupidez.

Mais forte ainda é Yig nos templos das desconhecidas terras que se situam além do oceano a oeste, onde ele é adorado como um deus na forma de uma serpente alada; as asas expressam o voo de Yig, o qual tem o poder de levar a si mesmo através da zona aérea de nosso mundo como se fora carregado nas asas de um

---

* N.T.: Na mitologia egípcia, Apep (também chamado de Apepi e Aapep, ou Apophis em grego) era um demônio maligno, em forma de serpente, a deificação das trevas e do caos e, desta forma, oponente da luz e de Ma'at.

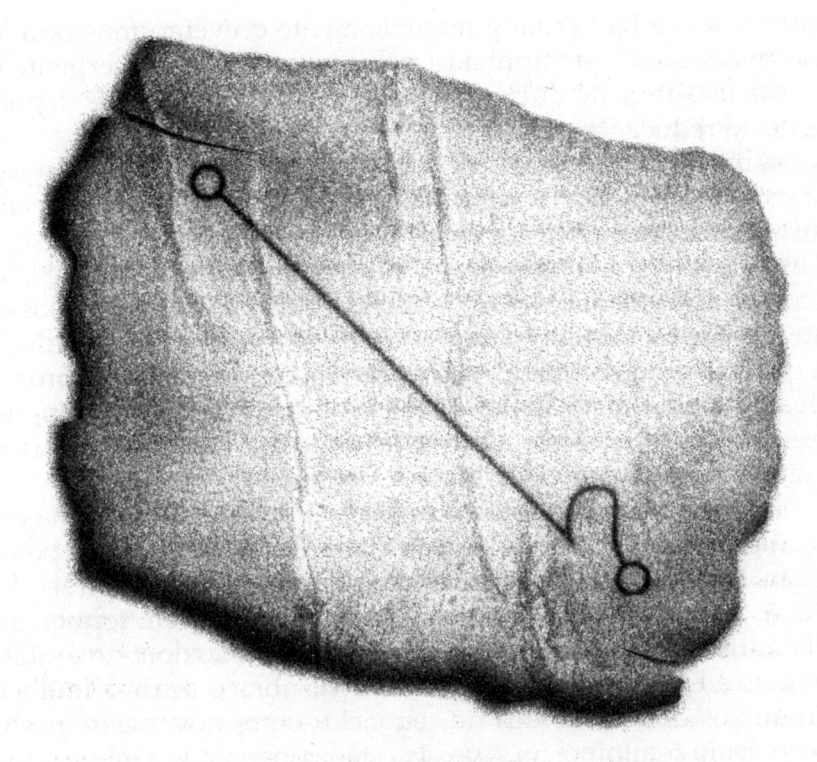

O selo de Yig.

pássaro. Essas terras são conhecidas somente para poucas tribos que moram na distante terra ao norte de Hiperbórea, onde existe um crepúsculo perpétuo, pois essas tribos são grandes homens do mar, além de seres adoradores de Yig; seus próprios navios são modelados com as cabeças de dragões e suas espadas são moldadas com base nas escamas das serpentes. O dragão que voa em sua forma serpentina expressa ainda outra forma desse Antigo.

Um homem sábio desconsidera o ensinamento dos profetas e não matará uma serpente, nem mesmo se for atacado e envenenado, pois matar serpentes é fazer um convite ao desprazer desse deus, o qual utiliza a serpente para servir como seus olhos em todas as partes de nosso mundo; onde quer que a serpente rasteje e observe, lá observa Yig, ainda que seja a menor das cobras, um pouco maior do que uma minhoca. Todas são suas filhas, pois todas detêm a essência desse deus, que é grande com sua multidão, mas diminuída quando elas são mortas. Diz-se que se todas as serpentes fossem mortas, Yig desaparecia de nosso mundo.

Entretanto, se há verdade nisso, somente o evento mostrará, e isso nunca será testemunhado pelos homens, pois a serpente é éons mais antiga do que nossa raça e perdurará por éons depois de nossa redução às cinzas.

Aqueles que adoram a Yig o invocam para seus ritos por meio de seu selo junto com a seguinte invocação, que eles cantam em uníssono enquanto mexem seus corpos aos sons das flautas. A constelação sagrada para Yig é aquela conhecida como Draco,* e sua seita acredita que o deus lá habita e olha para baixo em nosso mundo. Ele é chamado para dentro do corpo de uma sacerdotisa que fica deitada nua na areia, estremecendo seus membros e silvando pelos lábios dela, com suas coxas untadas com sangue e seus olhos revirados para trás de modo que somente as partes brancas deles podem ser vistas.

"Aproxime-se, Imortal, atenda às convocações da flauta de Azathoth, seu criador, cuja canção nenhum de seu sangue pode negar. Desça serpenteando das estrelas a partir das espirais do dragão. Grande Serpente de muitos anos e sagaz em termos de sabedoria, nos primórdios dos tempos você deu o dom do conhecimento à raça dos homens, por meio do abraço de uma mulher durante os dias proibidos de seu ciclo. Entre novamente neste receptáculo feminino cujas coxas estão cobertas de sangue e insira seus ensinamentos em sua mente, para que seus fiéis servos possam beneficiar-se da instrução dela. Torne doce os frutos de seu ventre. Conceda poderes a eles com suas artes poderosas para defender-nos contra aqueles que difamariam sua memória. *Yë, y'ti mn'g thu'lh ugg'a aeth Yig fl' anglh uuthah!"*

Os magos comparavam Yig à esfera de Saturno, porque ele é o mais antigo dos Antigos e Saturno é o mais antigo dos planetas; a serpente é a mais fria das bestas e seu corpo errante habita os mais recônditos espaços dos céus, onde o calor do Sol é menor; Yig é o mais sábio dos Antigos e Saturno é sábio em segredos e mistérios; as serpentes caçam sua presa principalmente à noite e Saturno habita as profundezas tenebrosas do espaço; serpentes são lentas e sonolentas quando sentem frio e Saturno é o mais lento dos corpos errantes. Eles deram a Yig o quadrado numérico de

---

* N.T.: Draco (Dra), o Dragão, é uma constelação do hemisfério celestial norte, próxima do polo celeste norte. O genitivo, usado para formar nomes de estrelas, é *Draconis*.

Saturno como um sinal e uma expressão de sua natureza. É um quadrado de números com três fileiras e três colunas, cada uma com três células que somam 15 e um total de nove células que somam 45. A partir deste quadrado o selo de Yig é extraído, pois as letras da escrita hebraica, mais antiga entre as escritas ainda utilizadas pela humanidade, são também números e as letras no nome do deus podem ser rastreadas no quadrado.

    Os magos creêm que esse selo, transformado em um talismã em chumbo e utilizado próximo ao coração, oferece proteção contra a mordida de serpentes e atrai a benevolência de Yig ou, pelo menos, evita possessão pelo deus, pois é o costume de Yig entrar nos corpos de seus adoradores como um espírito, e sua presença é conhecida quando eles caem sobre suas barrigas e serpenteiam no chão em imitação ao modo de todas as serpentes, assim como sibilam com seus lábios, mas param de falar em palavras de sua própria língua, pois é singular somente a Yig, entre os senhores dos Antigos, que ele nunca fale, mas instrua seus adoradores possuídos com imagens em suas mentes. Nessa condição, eles esquecem o uso de suas mãos e, caso devam pegar algo, fazem-no com suas bocas, pois todo o poder de uma serpente está em sua mandíbula, motivo pelo qual a palavra *yig'a* quer dizer, no idioma dos Antigos, de boca grande.

    O poder de Yig de tornar-se presente para a vista humana e de trabalhar sua vontade no mundo é maior em dois dias de cada ciclo da Lua, quando o curso da Lua e o curso do Sol se encontram; essas conjunções são conhecidas para os astrólogos como *caput draconis* e *cauda draconis* ou, na linguagem comum, como a Cabeça e a Cauda do Dragão. São sagradas para Yog-Sothoth, o protetor dos portões entre os mundos. Nesses dias de cada mês, os adoradores de Yig regozijam-se e celebram seus ritos, mas os inimigos do deus serpente escondem-se e temem em terror sua abordagem, pois sua chegada traz ou exaltação ou punição e nenhum homem que o viu deixou de ser levado à felicidade ou à tristeza.

Yog-Sothoth, Correspondente à Esfera de Júpiter

A raça de Yuggoth, que veio a nosso mundo nos primórdios antes de o homem ser criado e que lutou contra as Criaturas Antigas e impeliu-as para as profundezas ao sul onde se situa a gelada terra de gelo perpétuo, oferecia a maior das honras, à parte de sua lua, a Yog-Sothoth, cuja existência está em harmonia infinita com toda dimensão e toda continuidade, mas as criaturas de Yuggoth chamam-no em sua própria língua de luzes coloridas Aquele Que Jaz Além, ou o senhor transcendente. O *meegoh* remanescente em nosso mundo nas terras altas do leste continua a servi-lo e age como seus agentes e mensageiros. Somente Yog-Sothoth tem o poder de abrir o caminho entre sua terra natal distante que se situa além da estrela mutável conhecida como *Thahr al Dubb al Akbar*, As Costas da Ursa Maior, e sua colônia em Yuggoth que está abaixo da esfera das estrelas fixas, pois ele guarda os portões celestiais ciosamente, conforme os cria e destrói de tempos em tempos com suas cores dançantes.

Com razão escreveu o sábio Ibn Schacabao que a face de Yog-Sothoth é a face dos céus em si. Ele e a vastidão de espaço são os mesmos e os círculos entrelaçados, girando, das esferas são a progressão de seus pensamentos, alguns se movendo rapidamente, outros, lentamente, como giram os elos do astrolábio para marcar os movimentos das estrelas errantes. Ele é visto somente por sua face. Corpo não tem nenhum, pois seu corpo é o universo, ainda que não seja a própria matéria da criação, mas as medições de ângulos e as distâncias entre eles, pois ele é composto de algo não tangível e pode somente ser percebido como um arranjo reluzente de cores que sempre mudam, tal como pode ser visto na carcaça de um besouro ou na asa de uma libélula sob o Sol.

Ele é conhecido pelos cultos de homens que adoram seus portões como *todos em um que é um em todos*. Eles adoram-no dentre círculos de pedra de grandes monólitos e o principal destes se situa nas planícies cobertas de gramíneas de Albion. Embora seus construtores tenham sido esquecidos, sua função fica desimpedida, pois, a partir destes, abrem-se portões para fora com acesso a todos os cantos deste Cosmos e incontáveis portões inferiores. É a grande mãe das portas e Yog-Sothoth guarda a chave. Esses portões não podem ser abertos por ele arbitrariamente, mas somente quando as estrelas se alinham e os ângulos ficam corretos para a passagem. Um portão é aberto quando ele aparece e sua face de esferas coloridas piscantes – todas em sobreposição e girando uma dentro da outra a taxas variáveis –, é o portão, a chave e o caminho. Aqueles que o cruzam se tornam por um éon infinito Yog-Sothoth, sabendo de todas as coisas que lá se encontram, que são, e que serão; mas tendo atravessado o portão esqueceram tudo, exceto apenas por uma tristeza prolongada e senso de arrependimento que não pode ser colocado em palavras. Tão profunda e duradoura é essa tristeza que muitos são aqueles que acham a vida insuportável depois de abrirem a face do Todo transcendente.

Embora haja homens que tenham se atrevido a buscar vislumbres além do limiar e aceitá-lo como um arauto, eles teriam sido mais prudentes se tivessem se afastado do comércio com eles pois, como Ibn Schacabao relata, está escrito no Livro de Thoth* quão

---

* N.T.: Thoth é o deus da sabedoria, do tempo, da escrita, da magia e da Lua. O livro de Thoth é um livro lendário que contém poderosos encantamentos e conhecimentos, ditos como tendo sido enterrados juntamente com o príncipe Neferkaptah na Cidade dos Mortos. O leitor dos pergaminhos conheceria a língua dos animais, seria capaz de lançar grandes feitiços e encantar o próprio céu e a própria terra. Todos que leram esse livro foram punidos pelos deuses (geralmente com seus entes queridos morrendo caso o livro não fosse devolvido). Em anos recentes livros como *The Orion Mystery*, de autoria de Robert Bauval, criaram uma crença popular de que a Esfinge e outros monumentos de Gizé são centenas de anos mais antigos do que atualmente os egiptologistas ortodoxos suspeitam serem. Membros desse movimento, frequentemente, sugerem que o Livro de Thoth foi posicionado sob as patas da Esfinge por volta de 12000 anos atrás. [A esse respeito, sugerimos a leitura de *Thoth – O Arquiteto do Universo*, de Ralph Ellis, Madras Editora].

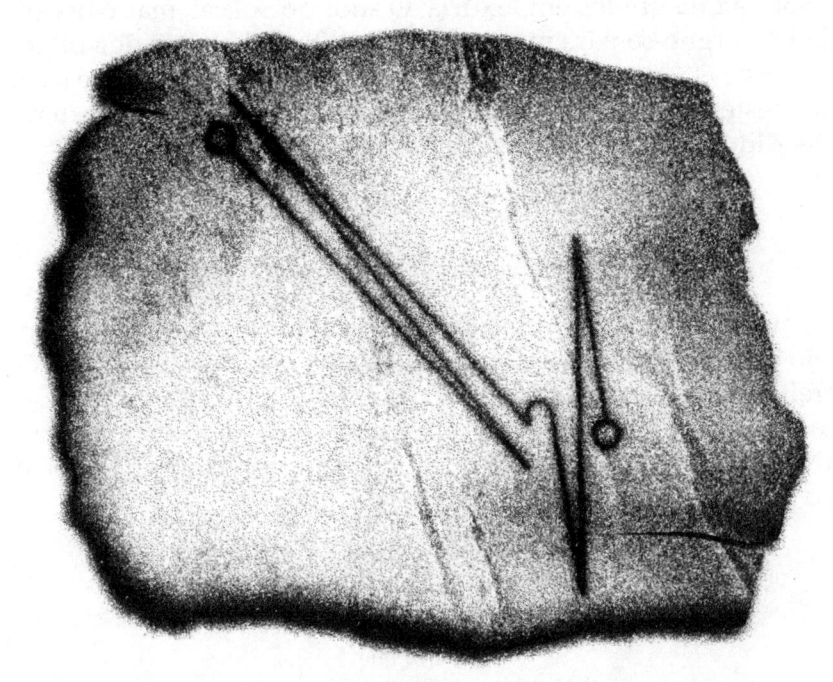

O selo de Yog-Spthoth.

fatal é o pagamento por nada além de um vislumbre de sua face. Nem é permitido que aqueles que atravessam os mais altos portais jamais retornem, pois nos Espaços Vazios que transcendem nosso mundo se encontram padrões de sombras que agarram e prendem. A criatura que tropeça à noite, a perversidade que desafia até mesmo o Selo antigo, a multidão que se junta de forma observadora no portal secreto possuído por cada tumba e tornam-se robustos com aquilo que cresce do cadáver que lá está: todas estas abominações são menores do que aqueles que guardam os portões, aquele que guiará o tempestuoso viajante que pronuncia as palavras de forma correta além de todas as esferas e para o interior das fomes não nomeáveis. Pois ele é denominado Tawil At'Umr, o primeiro Antigo, o qual o escriba traduzira de forma imperfeita como o de Vida Prolongada.

Quando a estrada da Lua e a estrada do Sol se cruzam nos céus, então Yog-Sothoth é exaltado e recebe poder para abrir os espaços entre as estrelas e maior ainda é o poder dele quando o Sol e a Lua copulam, e os portões criados são seus filhos, pois ele é o Sol e a Lua unidos em luxúria. O suor do Sol cai, mas o orvalho da Lua ergue-se para manter seu equilíbrio de ciclos de voltas.

Esta é a invocação, gritada na língua dos Antigos, que o chama nestes tempos fecundos dentro dos círculos de pedra, tendo atendido a todos os requisitos de adoração e de sacrifício:

> N'gai, n'gha'ghaa, bugg-shoggog, y'hah!
> Yog-Sothoth, Yog-Sothoth, aï!
> Y'hah, bugg-shoggog, n'gha'ghaa, n'gai!

O encantamento para abrir o portão deve ser inscrito com o selo do *caput draconis* e pode ser entoado segundo as invocações preliminares em cada dia do mês, pois tanto a Cabeça como a Cauda do Dragão são momentos em que os céus estão em equilíbrio, de modo que nesses dias o caminho pode ser aberto ou fechado e o encantamento de abertura é o seguinte:

> Y'ai 'ng'ngah,
> Yog-Sothoth
> h'ee-l'geb
> f'ai throdog
> uaaah!

O encantamento a ser inscrito e gritado com o selo de *cauda draconis* para selar o portão que fora aberto por Yog-Sothoth é o mesmo, mas virado contra o curso do Sol (em sentido anti-horário), tal como o primeiro encantamento segue sua carruagem dourada; o encantamento de fechamento é o seguinte:

> Ogthrod ai'f
> geb'l-ee'h
> Yog-Sothoth
> 'ngah'ng ai'y
> zhro!

Desta forma, são destravados os portões da alma, assim como aqueles da carne, mas de outra forma. A alma pode carregar com ela a carne, seja para cima ou para baixo, para a luz ou em direção às sombras. Ainda assim, a carne não tem vontade de conduzir a alma até onde esta se recusa a viajar, e se os portões de carne forem abertos sem o acordo por disposição da mente, o corpo torna-se oco e um receptáculo para demônios – e a alma, um espectro uivando ao vento.

Em invocação do primeiro Antigo ou quando invocado perante ele por seu poder, o suplicante demonstra sua fidelidade ao deus caindo a seus pés e colocando suas palmas das mãos sobre os olhos com os dedos para cima. Em seguida, curva-se ritmicamente na cintura até que sua cabeça toque o chão, como em silenciosa lamentação. Isso ele faz nove vezes, tendo cuidado com relação ao número, pois, se a reverência for dada de forma incorreta ou o número for superior ou inferior, o deus destruirá, até obter cinzas reluzentes, o corpo de seu adorador descuidado.

Os examinadores dos céus que moram no vale do Tigre associaram Yog-Sothoth à esfera de Júpiter,* pois o poderoso Jove** é o pai dos deuses menores, o qual rege suas idas e vindas e guarda as chaves para os portões do Olimpo. Para a jornada, todos devem buscar sua permissão e devem a ele o imposto que é cobrado na entrada da cidade dos viajantes que buscam passar, seja para dentro ou para fora. Eles mantinham a crença de que o selo deste deus formado sobre o quadrado numérico sagrado para a esfera de Júpiter, tendo quatro fileiras e quatro colunas, cada uma das quais soma 34 e 16 células ao todo, cuja soma é 136, quando inscrito em um quadrado de estanho afastaria a ira de Yog-Sothoth e proporcionaria boa sorte e proteção ao viajante em sua estrada, crença à qual o sábio pode atribuir pouco valor, pois muitas são as pessoas errantes atrás das caravanas que usavam esse quadrado ao redor de seus pescoços e seus ossos jazem nas areias onde os falcões que se alimentam de cadáveres em decomposição os espalharam.

---

* N.T.: Na mitologia romana, Júpiter tinha o mesmo papel que Zeus no Panteão grego. Era denominado *Jupiter Optimus Maximus* (Júpiter O Mais Alto, O Maior) como a deidade patrona do Estado romano, encarregado das leis e da ordem social. Júpiter é, falando apropriadamente, uma derivação de Jove e *Pater* (termo em latim para "pai").
** N.T.: Sexta esfera submersa ou de Júpiter. Na Kabbalah, *Chesed (Misericórdia)* é a esfera de Júpiter, de Zeus, onde se encontra Deus, o Misericordioso, oposta a Geburah, a esfera da força e da severidade, ambas sendo equilibradas por Tipheret, o Sol. Aqui se encontram os atributos da construção, do perdão e da soberania filosófica. Júpiter constrói em cima do que Marte (Geburah) destrói.

Cthulhu, Correspondente à Esfera de Marte

O Grande Cthulhu é eternamente um deus guerreiro e, de todos os Antigos, é o mais terrível, pois é seu deleite assassinar e se desfazer de tudo sob seus pés, e a verdadeira luxúria de conquistar o que uma vez fora livre o faz seguir em frente cruzando os céus, através das esferas. Fora ele, juntamente com suas crias estelares que derrotaram as Criaturas Antigas, que haviam durante muito tempo possuído a soberania deste mundo antes de ele descer em suas asas cinza e com aspecto de couro através do portão superior aberto por Yog-Sothoth. Como lobos famintos em um rebanho mal guardado, eles caíram e esmagaram as grandes pedras das muralhas das cidades antigas para dentro da areia. Até mesmo os shoggoths foram levados como palha ao vento perante sua fúria; quem pode medir a força de um shoggoth, ainda que seja dito pelas Criaturas Antigas que moram nas profundezas que sua potência não tinha chance contra o poder deste deus? As Criaturas Antigas fugiram para o fundo dos oceanos, sonhando vagamente que, pelas mudanças de sorte e pela passagem das eras, caminhariam uma vez mais sobre as pedras congeladas de sua maior cidade longe ao sul e Cthulhu jazeria aprisionado sob as ondas no mar.

Há muitos éons, os Antigos reinavam em nosso mundo depois de subjugarem a raça Anciã, com seus palácios e cidades seguros sob a proteção de Cthulhu e seus exércitos. Nenhum inimigo poderia derrotá-lo, exceto o próprio tempo, pois os céus se revolviam incessantemente em seus cursos e não se importavam com as vontades dos homens ou deuses. As estrelas tornaram-se venenosas aos Antigos em nosso mundo e, assim, retiraram-se em raiva amarga para esperar por seu objetivo até que o céu fosse uma vez mais benéfico. Ainda assim, Cthulhu não partiria das terras que havia conquistado. Ele planejara um trabalho de magia potente que o manteria seguro na casa que havia feito para ele mesmo na montanha que abrigava sua cidade-ilha de R'lyeh. Dentro de uma tumba protegida por grandes selos, ele jazia como na morte, ainda que sonhasse e em todos seus sonhos continuasse a governar o mundo, pois seus pensamentos controlam as vontades de todas as criaturas inferiores.

Como poderia ele ter previsto o cataclismo da terra inferior que levou R'lyeh para sob as ondas? As águas das profundezas eram a única barreira que sua grande mente não poderia atravessar e era por esse motivo que as Criaturas Antigas haviam buscado refúgio sob as ondas muitas eras antes, para escapar de sua tirania. A barreira que protegia as Criaturas Antigas enquanto Cthulhu se encolerizava acima guardou a humanidade contra sua fúria por toda a história de nossa raça, pois ele nunca cessara de proferir com violência os comandos de sua mente poderosa durante todo o seu tempo de encarceramento sob a superfície.

As estrelas nem sempre permanecem venenosas, mas por breves períodos em suas voltas sem fim assumem os ângulos dos mesmos raios que irradiavam na aurora primordial do mundo. Então, R'lyeh emerge de forma que a casa de Cthulhu se ergue no ar. A mente do deus aumenta em força e ele usa seu poder para enviar aos homens que são suscetíveis a sua influência o comando para que eles soltem os selos que atam sua tumba, pois sua única fraqueza reside no fato de que não consegue libertar a si mesmo do sono, mas deve meramente depender de mãos feitas de carne para quebrar os selos. Como se fora em escárnio amargo, as estrelas nunca permanecem corretas por mais do que alguns dias e, sempre, no passado, antes que os homens escravizados pelo deus possam alcançar a distante R'lyeh, sua confluência fatal de luzes faz com que R'lyeh afunde mais uma vez, cortando a ligação entre a vontade de Cthulhu e a carne daqueles que ele havia escravizado, deixando-os pranteando em confusão e desespero sobre a superfície do oceano inexpressivo.

Nas paredes das cidades perdidas e nas esculturas e gravuras de homens loucos que o vislumbraram em seus sonhos, a forma do deus é esboçada. Ele é alto como a montanha e caminha sobre pés providos de garras que lembram aquelas de um falcão, de maneira que as próprias pedras da terra sejam esmagadas por cada passo. De suas costas, estendem-se vastas asas que não têm penas, mas são feitas de pele como as asas de um morcego, e com as asas ele voa entre as estrelas. Seu corpo, no qual ele tem dois braços e duas pernas, é semelhante ao de um homem, mas sua cabeça não pode ser descrita sem horror, pois ela é similar à massa informe de um morador das profundezas, com muitas cordas ou ramos maleáveis que ficam suspensos e contorcem-se no lugar de um rosto, além de que sua coroa pulsa e se move com flexibilidade aquosa, pois não tem crânio. Seus olhos são pequenos e em número de três em cada lado de sua cabeça. A cor de sua pele é verde mesclada com cinza em seus membros e em seu tronco, mas de um cinza mais pálido em suas asas, e estas ele tem o costume de manter dobradas de forma que estejam suspensas com relação ao chão atrás de seus calcanhares e se elevam acima de sua cabeça pulsante.

Tal é o corpo não natural desse deus, o qual não retém nenhuma similaridade com as formas de nosso mundo. De fato, não é de carne, do modo como conhecemos a carne, mas sim como cristal ou vidro, além de ser flexível, tanto que, durante seu estado de morte sonhando, esta raramente se quebra, mas, quando isso acontece, imediatamente se forma de novo, mantida em seu padrão pela vontade do grande ser. Esta verdade, a Raça Anciã, que é de fato feita de carne sólida, embora estranha, aprendeu a seu desalento, visto que seus murais na Cidade das Alturas em seu próprio mundo atestam isso, pois tão logo eles despedaçaram o corpo de Cthulhu com seus artifícios de guerra, este reconstruiu a si mesmo e, em pouco tempo, estava inteiro. Ele é como seus próprios shoggoths, sobre os quais os homens sussurram, embora nenhum homem os tenha visto, capaz de assumir a forma de seu desejo e retê-la.

Suas crias são como ele mesmo, mas menores em suas dimensões, o que lhes falta de seu mestre em termos de tamanho, eles compensam com seus números, pois voam para a batalha como um enxame de gafanhotos peregrinos que caem sobre o campo em processo de amadurecimento de grãos, tão espessos que obscurecem o Sol com suas asas. Em tempos passados, os

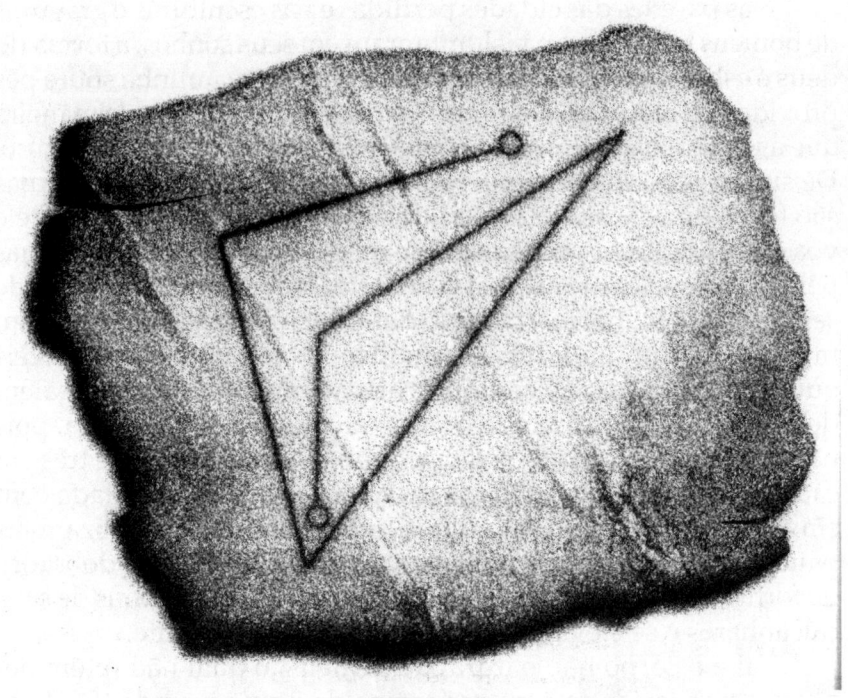

O selo de Cthulhu.

meegoh seguiram seus comandos e batalhas em suas guerras, pois temiam a influência de Cthulhu sobre o capricho de seu deus de passagem, Yog-Sothoth, e arriscavam qualquer perigo em vez de cortejar seu desprazer. Tudo isso ocorria nos tempos antigos e, na era dos homens, Cthulhu jaz sonhando em R'lyeh, suas crias desapareceram e os *meegoh* retornaram a Yuggoth, todos, exceto uns poucos que observam e esperam.

Conta-se que, em algum tempo futuro, as estrelas se moverão em seus cursos e ficarão alinhadas como eram no passado, mas, por fim, seu padrão durará e o mundo há de se tornar benéfico para os Antigos. Cthulhu levantar-se-á e procederá com suas conquistas, pois qual força de deuses ou de homens pode manter-se de pé contra sua fúria?

Até aquele dia, possa ser em breve presenciado, aqueles versados em Necromancia que o adoram portam o selo do deus queimado sobre suas peles e entoam uma litania em sua memória, na língua dos Antigos, a qual é por Cthulhu adormecido ensinada em seu sono:

Ph'nglui mglw'nafh Cthulhu R'lyeh wgah'nagl fhtagn. Iä!

A prece tem este mesmo significado em nosso idioma: *Em sua casa em R'lyeh, o morto Cthulhu espera dormindo; assim o é!* Nos lugares distantes do mundo, do planalto de Leng à ilha a oeste de Albion até os bancos do Nilo e os desertos congelados de Hiperbórea, seus escolhidos entoam em forma de cântico tais palavras e são estas o sinal pelo qual conhecem uns aos outros, e a ligação que os une até mesmo quando eles são de diferentes raças. O poeta pode entoar uma canção diferente, pois eles cantam o que foi e o que permanece sendo, mas o poeta sugere em versos o que deverá ocorrer:

> *Não está morto o que pode eternamente jazer,*
> *E, com éons estranhos, a morte pode morrer.*

De todos os senhores dos Antigos, Cthulhu fica sozinho e à parte, pois o seu não é o mesmo sangue dos outros, embora com o deles se mescle. Eles usam-no como a uma espada e pensam em distanciar-se de sua presença quando a batalha tiver sido vencida, mas ele mantém seu próprio conselho bem guardado, além de que ninguém pode dizer o que ele pretende fazer por seus semelhantes. Quando todos haviam fugido do veneno das estrelas, ele permaneceu em sua casa em R'lyeh e sonhou com seus profundos objetivos em solidão. O oceano sozinho o contém, visto que as estrelas não podem agrilhoar sua mente.

Foi em razão do fato de Cthulhu ser o maior dos guerreiros que os magos descendentes da linhagem real da Babilônia o conectam com a esfera de Marte, deus da guerra, além de nenhum ser mais versado e sábio com relação aos saberes dos céus do que os sacerdotes do Tigre. Como Marte é o conquistador de todos os que se opõem à sua vontade, assim também é o deus que sonha. Como o fogo, o elemento amado por Marte, odeia a água, assim Cthulhu odeia o peso do oceano sobre sua cabeça que frustra seu propósito. Os magos dão a ele o quadrado numérico de Marte, tendo cinco linhas e cinco colunas, cada uma das quais com uma soma de 65 e a soma deste quadrado é 325. Eles ensinam que o selo de seu nome traçado sobre o quadrado e entalhado em uma placa de ferro tem o poder de dar a vitória em batalhas e protege o guerreiro de danos físicos por espada ou flecha, além de que é agradável às criaturas que habitam na escuridão e são leais a Cthulhu, o qual poupa a vida daqueles que o portam. Mas esta última é uma mentira.

Azathoth, Correspondente à Esfera do Sol

Há um motivo pelo qual a flauta desempenha um papel tão proeminente nos cultos que adoram os Antigos nos locais escuros e em cavernas ocultas, longe dos ouvidos de homens comuns. No centro fervente e flamejante de tudo, Azathoth senta-se sobre seu trono de ébano dentro de seus corredores de trevas e nenhum homem que o tenha visto, sobreviveu à visão. Ele é tanto cego como privado de mente, mas incessantemente toca sua flauta de bambu e as notas peroladas que sobem e descem em padrões medidos são a fundação de todos os mundos. Essas notas são mais do que música, são números. Azathoth sempre calcula em som a estrutura do espaço e do tempo. Caso sua flauta de repente ficasse silenciosa, todas as esferas se estilhaçariam umas nas outras e as miríades de mundos seriam desfeitas, como foram antes da criação.

Há um mistério conhecido de poucos: que sua flauta é rachada e não provê nenhum som puro. É explicado por sábios que, quando ele soprara a primeira grande nota que dera início à expansão de mundos, a força do som foi tão vasta que nenhum instrumento podia suportá-la, nem mesmo a flauta que o fizera; mas este é raciocínio de crianças e a verdade jaz em algum outro lugar, pois a rachadura na flauta é uma forma de expressar a imperfeição inerente a todas as coisas criadas. Tudo que é criado é imperfeito, pois a perfeição não pode ter forma nem textura na mente. Azathoth em si é imperfeito, sendo cego e debulhando-se em lágrimas conforme toca a flauta. Ainda assim, como pode o criador que nunca foi feito ser imperfeito? Considere este enigma e seja sábio. Somente a respiração que porta o som sempre para fora e expandindo-se em círculos, não vista e sem forma, é perfeita, pois o som nada é além de um padrão pressionado mediante a respiração, mas a respiração permeia tudo; se não fosse assim, como o som seria carregado até os lugares mais recônditos do espaço? Não é a respiração como a conhecemos, mas a sutil essência de respiração que nem pode ser vista nem sentida e é para sempre incognoscível.

A flauta de Azathoth tanto faz como desfaz os mundos em incessantes combinações que são como dançarinos rodando no tapete trançado do tempo. Não pode haver nenhuma criação sem destruição e nenhuma destruição sem criação; desfazer uma coisa é fazer alguma outra coisa e a cada vez que algo é feito, algo é destruído. O deus idiota em seu trono negro não escolhe o que será erguido na forma de ser nem o que deverá morrer, mas apenas mantém um equilíbrio e uma ordem constantes no número e na altura* de suas notas. Os sons dessa música de flauta são números, pois eles interagem em termos de relação e de proporção; todas as coisas são feitas de números; os homens são formados em sua carne pela aritmética de Azathoth, que coleta suas somas e traz formas à tona.

Nenhum ser criado viu Azathoth, exceto Nyarlathotep, o qual é chamado de *Caos que Rasteja* pelos escritores que temem até mesmo pronunciar seu nome. Em Azathoth, existe ordem; em Nyarlathotep, há desordem. Eles são meios-irmãos e nunca podem ser separados, pois, até mesmo quando distanciados no espaço, Azathoth sempre cria os padrões e Nyarlathotep sempre os dispersa. Foi o deus cego e idiota que emitiu música de flauta para o Universo, mas diz-se que será o Caos Rastejante que, no último dia dos tempos, roubará a flauta de seus lábios balbuciantes e a quebrará, pondo fim a tudo para todo o sempre. Nyarlathotep olha com desprezo seu meio-irmão, ainda que saiba bem que ele depende da canção da flauta como todas as outras criaturas, isso o enfurece, de forma que espera com impaciência pelo último dia.

---

* N.T.: Pitch (altura): frequência real de um som.

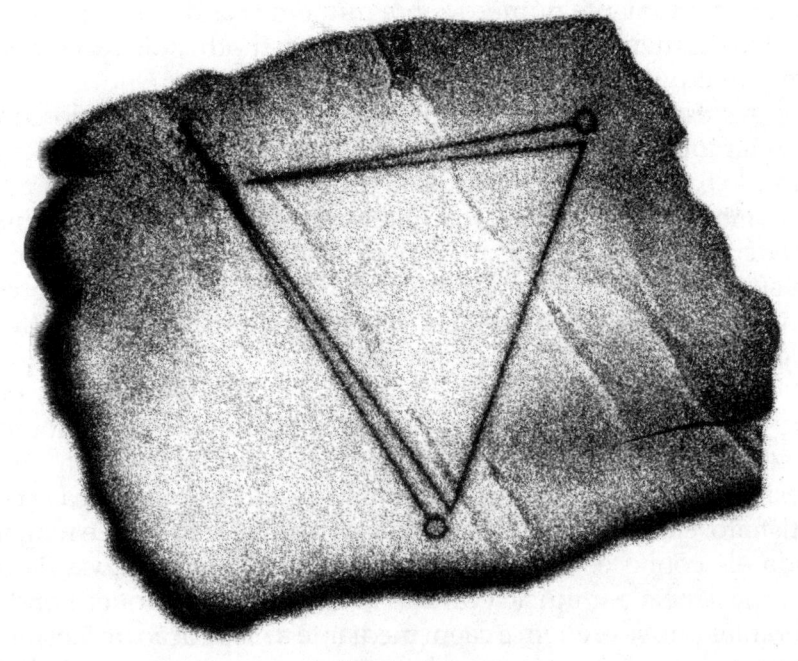

O selo de Azathoth.

Com referência à face de Azathoth, nada existe escrito, a menos que o escritor mentisse, pois nenhuma criatura viva pode olhá-lo e suportar seu terrível calor e radiação negra, que é similar aos raios não vistos que reverberam de ferro aquecido, que atingem e ferroam a pele ou enrugam e chiam ao fogo quando muito próximo. Somente Nyarlathotep, que não tem uma face ele mesmo, fitou no interior da fisionomia do deus idiota e até mesmo ele fica com a vista turva momentaneamente pela ação de muita luz vinda de seu fogo e precisa se virar após um instante.

Azathoth não recebe nenhum suplicante em seus corredores negros de ângulos esquisitos e desagradáveis e portas estranhas, nem nunca ouve as preces nem a elas responde. Ele emite a música da flauta infinitamente, assim como infindavelmente devora sua própria substância, pois sua fome é insaciável. Nada é tomado de fora para dentro de seu corpo, e nada é expelido, pois ele consome seus próprios dejetos de acordo com o costume de idiotas. A música somente emite som para fora a partir dele, ainda que não tenha nenhuma substância nem forma; sua aparência surge da sempre presente respiração que a permeia e a porta consigo; em si mesma, a música é somente número sobre número e, assim, não pode ser verdadeiramente dito que proceda de Azathoth, pois como pode um número possuir movimento através do espaço?

A despeito da indiferença de seu deus, membros do culto de Azathoth emulam sua música e o acompanhamento da dança, girando e revolvendo-se no vento que eles criam com suas próprias movimentações de giros, flautas pressionadas em seus lábios e seus olhos virados em direção ao céu. A dança é seu êxtase; a música em si, sua prece. Desta forma, buscam a unidade com o centro de todas as coisas. Eles usam como um voto de sua fé o selo do deus idiota acima de seus corações.

Homens perguntam no mercado, em conversa ociosa, por que o mundo foi criado. Não há resposta, pois o mundo foi feito sem pensamento por um idiota para quem bom e mau são a mesma coisa. Ele tem fome e alimenta-se, ainda que nunca esteja satisfeito; ele toca flauta e escuta, mas não vê. De tristeza e mágoa, nada ele conhece; nem jamais sentiu felicidade. Ele toca flauta com paciência e a música de sua flauta flui para fora em ondas vibrantes que se erguem e caem mediante a respiração do Cosmos, e as notas preenchem seus padrões e movem-se inexoravelmente até o último dia, quando a fúria de seu meio-irmão será expressa e chegará o silêncio.

Os homens sábios do Tigre, versados nos modos das estrelas, colocaram Azathoth na esfera do Sol, porque ambos se encontram no centro das coisas, o deus no centro da criação e o Sol no centro dos corpos errantes dos céus. Como o Sol é quente e brilhante e sua face é cegante em sua radiação que brilha negramente. Eles deram a ele o quadrado numérico do Sol, com seis fileiras e seis colunas, cada uma fazendo a soma de 111 e a soma de todas é 666. Este é o número da Besta dos Cristãos e foi sabiamente escolhido, pois a Besta deverá se anunciar no último dos dias.

Os magos fazem o selo do deus que é formado nesse quadrado em um encanto sobre uma placa de ouro e usam-no para atrair dinheiro e coisas materiais e para garantir a saúde do corpo, com base no raciocínio de que todas as coisas vêm a ser a partir da música de Azathoth. Portanto, esse quadrado deve trazer à tona virtudes substanciais, como a vitalidade da carne e o aumento de riqueza. Seu raciocínio é falho, pois, como o deus cria, ele destrói.

Shub-Niggurath, Correspondente à Esfera de Vênus

Não há fim para a fecundidade da terra. Seu útero dá à luz monstros não vislumbrados por aqueles que vivem sob o Sol, e suas entranhas que se retorcem fervilham com criaturas brancas e cegas. Estes são os filhos de Shub-Niggurath, a qual é chamada de Cabra Com Mil Jovens por aqueles que não se atrevem a dizer seu nome. Ela é do gênero de uma mulher, cujo útero traz à tona vida carnal sobre a terra ou sob ela? Aqueles que a adoram com imagens frequentemente a representam com a cabeça de uma cabra; esta não é sua verdadeira aparência, que é bestial, mas diferente de qualquer besta conhecida pelo homem, ainda que a imagem da cabra tenha sido escolhida como apropriada em razão do cio deste animal, o qual é notório.

Suas estátuas são negras, feitas de pedra e frequentemente de tamanho humano, embora algumas sejam menores para a conveniência de serem carregadas naquelas terras onde sua adoração é severamente punida. Elas mostram a deusa de pé, quatro chifres saindo de sua cabeça peluda, sua boca rosnadora com dentes selvagens como aqueles de um lobo. Seus braços e suas mãos são os de uma mulher, mas suas pernas e pés são de cabra. Ela nunca está nua, seu torso coberto com inúmeros seios redondos para amamentar sua progênie incontável, mas o que é mais chocante para aqueles que lutam para suprimir seu culto é que seus órgãos genitais são escancarados e expostos. Por isso seus adoradores expressam que Shub-Niggurath é o útero da noite do qual todas as criaturas de pesadelo descendem.

Nos tempos antigos, o grande Cthulhu deitou-se com ela e deu cria a seus exércitos que derrocaram as Criaturas Antigas, pois ela não dá à luz um único ser como uma mulher, nem a muitos, como os camundongos, mas sim a miríades e miríades de filhos que saem de seu útero, o qual nunca se fecha. Faz eras desde a última vez que ela dormiu com seu primo e a maioria de seus filhos está morta ou buscou moradia nas profundezas sob o oceano e sob a superfície, pois eles odeiam a luz do Sol e, sendo da mesma substância que os Antigos, não podem facilmente suportar os raios nocivos das estrelas que atualmente mantêm Cthulhu aprisionado em R'lyeh. Quando as estrelas estiverem certas e as trevas cobrirem a Terra, eles emergirão de seus poços e lagos profundos e do oceano e realizarão a vontade dos Antigos como o fizeram no início das coisas.

Seus ritos são êxtases selvagens de orgia durante os quais irmão se deita com irmã, mãe com filho, pai com filha e os bebês concebidos deste modo ilícito são sacrificados à cabra prolífica e seu sangue é consumido com o vinho, de forma a produzir intoxicação e visões. Assim, os corpos também são fervidos em grandes caldeirões e sua carne consumida pelos farristas, os quais não reconhecem nenhuma restrição de lei e praticam qualquer ultraje contra a religião. Eles estão acostumados a se encontrar em cavernas durante as horas da noite tanto para maior segurança contra a detecção quanto graças ao fato de que os lugares profundos são os ventres do mundo, sagrados para Shub-Niggurath.

Com pigmentos vermelhos, azuis e amarelos, eles pintam suas faces e seus corpos, pois realizam a adoração nus, ao modo da deusa. Sobre suas costas, pintam o selo dela. Os homens dançam com seus membros viris inflamados e eretos e as mulheres dançam de forma obscena, abrindo e fechando seus joelhos dobrados de modo a expor seus genitais, além de sacudir as cabeças e seios enquanto gritam a invocação da deusa à batida de tambores e ao som grave das flautas. Ao redor de fogueiras ardentes, eles dançam. As chamas erguendo-se mais altas do que suas mãos elevadas e os homens ferem seus braços, produzindo cortes com

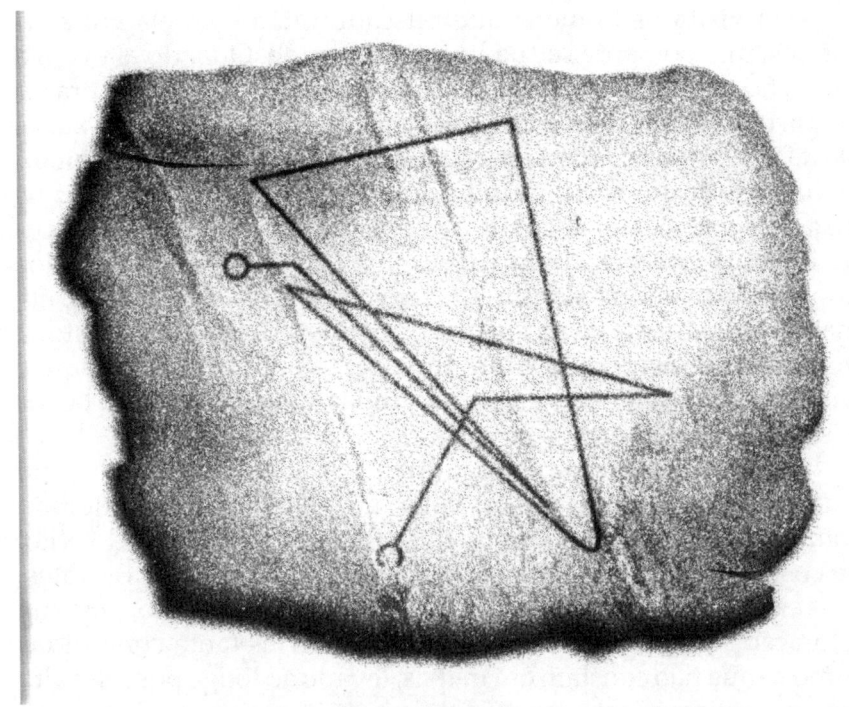

O selo de Shub-Niggurath.

lâminas, e respingam o sangue nas coxas das mulheres, de modo a torná-las mais férteis.

As mulheres gritam essas palavras na língua dos Antigos, *Iä! Shub-Niggurath! Iä! Iä!* Suas vozes que ecoam nas cavernas lembram o ganido de cães, pois não há nada de humano no som. Quando os adoradores começam a copular, é a mulher que monta sobre o homem, em honra da supremacia da deusa como o ventre da criação. Os livros teológicos dos hebreus fazem uma alusão velada a esta prática em suas fábulas referentes a Lilith, que era a esposa de Adão antes de Eva e que tinha com ele união por cima em vez de sob ele. E os babilônios tinham histórias similares de um demônio feminino de luxúria que paria estranhas crianças da semente que ela roubara de homens que dormiam na escuridão da noite. Na verdade, Lilith não é outra senão Shub-Niggurath, ainda que os escribas dos hebreus não se atrevessem a escrever seu nome.

Ela visita os homens que buscam união com ela em seus sonhos, mas somente se sua luxúria é grande. Quando ela vem à cama, faz pressão sobre o peito de seu amante e obtém seu prazer na parte superior de seu corpo dormente e, a partir deste êxtase, ela dá à luz monstros de uma espécie inferior, aqueles que habitam os lugares desertos do mundo e ficam à espera para matar os viajantes sob a Lua. A partir da semente dos Antigos, seu ventre dá à luz grandes abominações, mas a partir da semente dos homens, ela produz seres malfazejos inferiores. Em sonhos, ela mascara sua forma de modo que os homens dela não se afastem; mas quando visita seus adoradores, ela vem como realmente é sua aparência e eles lhes dão boas-vindas alegremente com beijos bestiais, pois ela torna sua virilidade eterna.

A adoração de Shub-Niggurath é maior nas terras do Líbano e ao redor do mar salgado da ilha, mas ela também é adorada com orgia e sacrifício ao longo dos afluentes superiores do Nilo, na costa oeste do Mar Vermelho, e entre os rios Tigre e Eufrates. Mas estes são somente os centros principais de seu culto, pois sua adoração se espalha por este mundo em terras tanto conhecidas como as que não constam em mapas, levado ao longe por seu culto errante conforme este se move de um lugar para outro lugar, em caravanas. Isso foi a causa de muito infortúnio e incontáveis mortes misteriosas, visto que seus adoradores devem ter carne humana para seus sacrifícios durante seus mais altos ritos; e onde os bebês não podem ser encontrados, eles usam a carne dos viajantes, pois o desaparecimento de um viajante causa menos investigação do que o de um morador local.

Os magos deram a Shub-Niggurath a esfera de Vênus como sua harmonia natural, porque Vênus é uma deusa notada por sua concupiscência, a qual traz fertilidade aos animais e às colheitas. Contudo, o poder de dar vida de Vênus é benéfico, ao passo que aquele da cabra prolífica é pernicioso e ilícito. Como um encantamento para proteger-se dela durante o sono, eles entalham em uma placa de cobre o selo da deusa formado no quadrado numérico de Vênus, o qual tem sete fileiras e sete colunas, cada uma das quais soma 175, e o total de todos os números do quadrado é 1.225. Alguns eruditos professam a crença oposta de que o selo da cabra prolífica atrai a deusa à cama, e ambas as opiniões são verdadeiras, dependendo de como o selo é empregado, pois se estiver colocado com a parte entalhada voltada para baixo contra o peito, ele atrai, mas com o entalhe voltado para cima, repele.

Um homem jovem do Iêmen que desejava punir um rival no amor por uma mulher subornara um servo do rival para que enterrasse o selo dessa deusa sob o local de dormir de seu mestre com o entalhe voltado para baixo. No período curto de apenas um único ciclo lunar, o rival encontrava-se tão atordoado pelas visitas noturnas de Shub-Niggurath em seus sonhos que sua carne definhava e ele enlouqueceu. A mulher ofereceu seu amor ao pretendente remanescente, o qual desfrutou desse amor por algum tempo, até que a virada na roda da fortuna a roubasse de seu abraço.

Nyarlathotep, Correspondente à Esfera de Mercúrio

De todos os senhores dos Antigos, somente Nyarlathotep tem a aparência completamente semelhante à de um homem. As formas dos Antigos não são fixas, mas expressam sua natureza por meio de uma harmonia entre a forma e a intenção. Como é possível para eles mudar sua aparência nos limites deste acordo, Nyarlathotep opta por vir até seus adoradores como um homem de altura superior à média, que é humano em todos seus aspectos, exceto por um: que ele não tem face, mas somente um negrume onde deveria ser visto um rosto. Como o rosto de Azathoth é sombriamente brilhante e fulgura para fora, assim é a face de Nyarlathotep, seu meio-irmão. É um vácuo que capta para seu interior tanto calor como luz e nunca os libera.

Por que ele vem na forma de um homem, não se sabe, mas pode ser para ter melhores transações com a espécie humana, visto que, supostamente, ele desfruta da companhia dos homens quando eles bebem vinho e empreendem-se em jogos de azar, e dos corpos de mulheres com quem ele se deita em luxúria. Ele fala tal como um homem, entretanto, sua voz tem a frieza que jaz entre as estrelas, e uns poucos desejam ouvir sua risada sardônica, pois então haverá morte. Os homens são para ele como os brinquedos para uma criança: com eles terem relações durante algum tempo e, em seguida, jogam-nos fora e pisoteam-no para o interior da terra. Ainda assim, ele ensina grandes mistérios àqueles que o adoram, mas sempre levando a obras malévolas, pois sente deleite na perversidade.

Aqueles que moram no Espaço Vazio e buscam conhecimento nas tumbas e cavernas da terra, às vezes veem Nyarlathotep caminhando sozinho, cruzando as areias, como se estivesse perdido em pensamentos, envolto da cabeça aos pés em um rodopiante manto negro com capuz, uma rede sobre seu rosto, anéis reluzindo nos dedos de suas mãos como muitas estrelas. É perigoso abordá-lo nesses momentos. Suas transações com os homens são de sua escolha, e sua paciência é breve. Com uma única palavra, pode queimar a carne desde os ossos, de forma que o esqueleto de um homem desavisado permanece em pé um momento antes de entrar em colapso com um ruído seco a seus pés. Ainda assim ele é caprichoso e pode ser adequado a seu capricho ensinar um segredo ao tolo audacioso que dele se aproximar e com ele falar.

Quando ele aparece, está com frequência tocando flauta, e o motivo é que ele esteve com seu meio-irmão Azathoth no centro do Universo e, através da passagem aberta que Yog-Sothoth ainda não selou, pode ser durante um tempo ouvida a vibração de tênues notas que fazem erguer os pelos da nuca. Ele não é tão molestado em sua vinda a nosso mundo como os outros Antigos, embora o motivo seja desconhecido. Talvez a forma humana que ele usa em parte o proteja contra o veneno das estrelas. Qualquer que seja o motivo, ele serve aos Antigos como seu mensageiro entre os homens. É ele quem mantém os verdadeiros deuses de nossa raça reféns em Kadath no deserto frio ao sul, e quem os priva de suas mentes e faz com que dancem à flauta de Azathoth.

Um necromante recentemente lançado em grandes terras desoladas veio a um homem alto vestido com um manto todo preto que estava parado no topo de uma duna entre as estrelas, cabeça levantada para o lado como se estivesse ouvindo música, embora nenhum som quebrasse o silêncio da noite, exceto o vento. Sua face fazia sombra nas profundezas de seu capuz e suas costas estavam viradas. Encorajado por seu descuido, o morador do deserto subira o declive da duna com a faca puxada, com sua intenção de cortar a garganta do estranho e roubar seu manto e suas botas. Quando

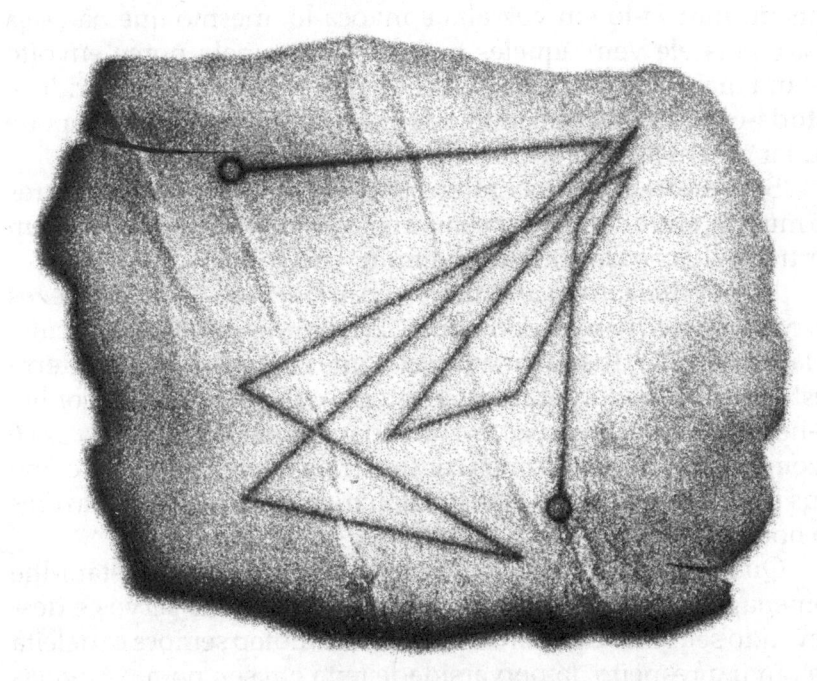

O selo de Nyarlathotep.

ele levantou a faca, descobriu que não conseguia se mover. O estranho virou-se e o fitou, e ele emitiu um grito, pois não havia nenhum rosto no capuz, somente duas estrelas resplandecentes. Durante uma dezena de batidas de coração, as estrelas trespassaram sua alma e esfolaram-na, abrindo-a. O estranho virou-se sem emitir uma palavra e foi embora, caminhando, e o morador caiu de joelhos e chorou pela perda de tão extraordinário vazio.

Nyarlathotep é um trapaceiro que pode, temporariamente, utilizar qualquer forma para iludir a inteligência daqueles para quem ele aparece. Deleita-se em mentiras e má orientação e, por diversão, corromperá os pensamentos, de forma que é insensato confiar demais em seus ensinamentos, pois algumas vezes são confiáveis e preciosos, mas são em outros momentos, fatais se diligenciados. O mais sábio dos Antigos, com a exceção de Yig, que é o mais sábio de todos, ele conhece o saber da magia não apenas deste mundo como de muitos outros. É denominado por seus adoradores o Mensageiro Formado de Miríades, mas por seus detratores é conhecido como o Caos Que Rasteja. Nem um nem outro se atrevem a falar seu nome sem terrível necessidade, pois pronunciá-lo em voz alta é invocá-lo, mesmo que não seja visto, pois ele vem àqueles que o chamam pelo nome envolto em um manto de sombras, de modo que ele seja desconhecido, e estuda-os para ficar sabendo de seus propósitos. Então ele pode ajudar ou amaldiçoar, de acordo com seu humor.

Seus adoradores encontram-se em segredo nos altos lugares do mundo, entre as estrelas, e invocam-no por palavras que podem ser traduzidas para o idioma comum:

"*Nyarlathotep! Nyarlathotep! Nyarlathotep! Aï!* Três vezes invocamos seu verdadeiro nome. Esteja presente neste círculo, pela autoridade de seu potente selo, que é marcado sobre a terra neste local sagrado para seus mistérios. Por este selo, reconheça-nos como seus fiéis servos. Atenda às solicitações que a você fazemos, para que possamos continuar a viver e prosperar como seus agentes na Terra, e faça funcionar sua vontade nos afazeres do homem. *Aï!*"

Quando ele está presente em seu trono, eles prestam-lhe homenagens, oferecendo-lhes suas crianças e seus servos e descrevendo seus atos de vilania, pois Nyarlathotep sempre se deleita em ouvir a respeito da perversidade feita em seu nome. Aqueles que ele toma para si, marca-os com a unha de seu dedo, sendo que o mero toque dele na pele queima como gelo e deixa uma ferida que se cura com uma cicatriz angulosa. As marcas são feitas na cabeça, exceto pelas nações em que esta prática é de conhecimento dos seus governadores que perseguem este culto e, então, podem ser colocadas em alguma parte secreta do corpo que fica oculta sob os mantos. Caso ele opte por isso, pode tornar a marca invisível a todos, exceto àqueles que lhe devem serviço.

É sua diversão que seus veneradores adorem-no com um beijo sobre seu ânus, tanto como uma degradação de suas almas como pelo fato de que o ânus significa corrupção e este é o último ato de Nyarlathotep para pôr fim ao universo e trazer morte a todos. Eles juram obediência a ele e sofrem, de forma que seus nomes sejam anotados em livros como um registro de sua fidelidade, livros os quais são mais perigosos para o culto quando descobertos e, por este motivo, são mantidos profundamente ocultos. Cada homem que o adora, e cada mulher e cada criança, faz um acordo formal em obedecê-lo em todas as coisas e de oferecer a ele seu primeiro filho. Por isso não se quer dizer uma oferenda de sacrifício, embora possa isso ter sido escrito, mas uma dedicação do primogênito em serviço a Nyarlathotep e, desta forma, os números de seus seguidores sempre aumentam.

O local principal de sua adoração encontra-se entre os reinos das florestas ao norte e na ilha de Albion, entretanto, ele é forte também nas catacumbas de Roma e Constantinopla. Nas profundezas da África, ele é adorado, assim como nas planícies voltadas para dentro e terras que não constam dos mapas, além do oceano a oeste. Os povos do leste não conferem a ele grande serviço, pois preferem idolatrar Yig, e os cultos destes deuses não prosperam na mesma região, pois os adoradores fazem guerra uns contra os outros até que somente reste um.

Graças ao fato de ele ser o mais sábio dos Antigos, além de um trapaceiro e o mensageiro e arauto desses deuses, os magos do Tigre ligaram-no à esfera de Mercúrio,* o mais rápido dos planetas dos deuses do Olimpo, aquele que é mais versado em termos de discurso e na arte da escrita. Eles utilizavam como um encanto o selo do deus inscrito em uma placa de eletro** formado sobre o quadrado numérico de Mercúrio, tendo oito fileiras e oito colunas, cada uma com uma soma de 260, e o número total desse quadrado é 2.080. Era sua crença que o quadrado, quando utilizado sobre o coração, desviaria a ira de Nyarlathotep, como um símbolo de poder sobre seu ir e vir, mas seria insensato colocar muita fé na eficácia desse encantamento.

---

* N.T.: Segundo círculo infernal ou de Mercúrio.
** N.T.: Eletro: liga de metal, composta de ouro e prata.

Dagon, Correspondente à Esfera da Lua

E asserção de nossos cartógrafos que os oceanos do mundo sobrepujam, em sua extensão, as terras, de modo que é pouco imaginar que outro dos senhores dos Antigos preferiria as profundezas do oceano por habitação. O poderoso Cthulhu tem seu lar em R'lyeh, no oceano localizado a leste e distante ao sul das costas da longínqua Catai, mas Dagon tem a reputação de habitar um profundo abismo no chão do oceano, cuja localização é desconhecida. Acredita-se que a raça que ele criara a sua imagem e semelhança, a qual morava sob as ondas e servia a seus desígnios, tem seu maior número no oceano oeste, além dos Pilares de Hércules. Por este motivo, alguns especularam que Dagon reside no oeste, entretanto, comentadores mais sábios não apresentam nenhuma opinião a respeito desse assunto.

Entre os homens, ele é adorado com muito mais fé pelos descendentes dos canaanitas,* os quais, em tempos passados, construíram ídolos que enraiveceram os hebreus, conforme é registrado nos textos sagrados daquele povo. Os Profundos, como seus parentes moradores do oceano são chamados, são amigáveis

---

* N.T.: Canaã, ou Kná'an (כנען), em hebraico padrão: Kná'an; em hebraico tiberiano: Kəná'an / KYná'an; grego: Χανααν, Khanaan) é um termo antigo para designar a região

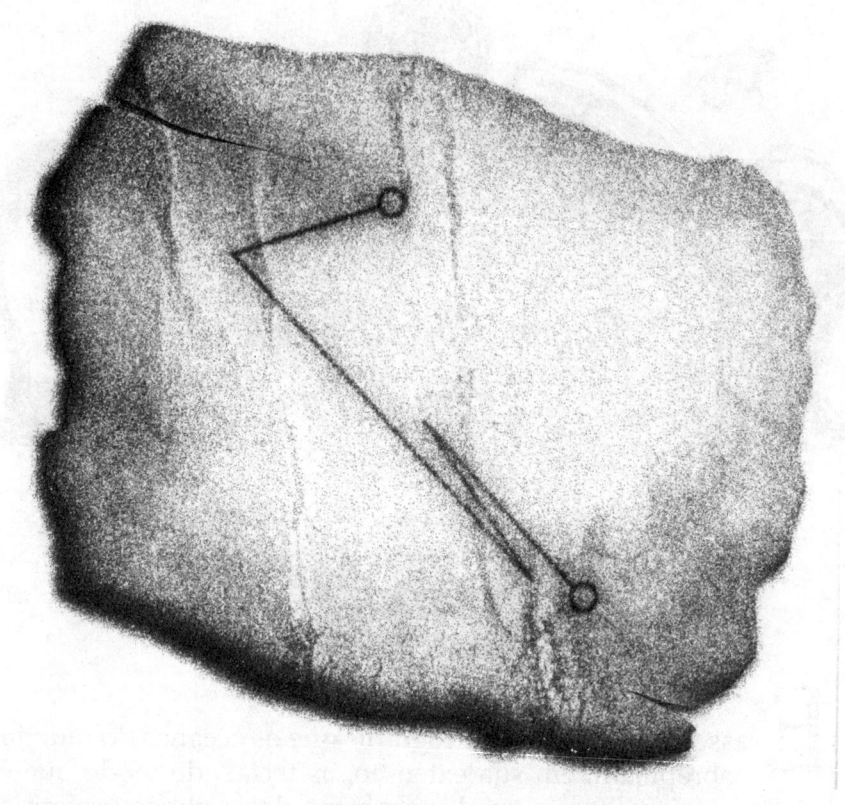

O selo de Dagon.

com relação aos homens caso sejam tratados com cortesia, além de terem ajudado os canaanitas na captura de grandes provisões de peixes em suas redes, em parte para aumentar a riqueza daquela nação, assim como para causar inveja aos povos vizinhos.

---

que corresponde ao atual Estado de Israel, incluindo a Cisjordânia, a Jordânia ocidental, o sul da Síria e o sul do Líbano. A cidade canaanita de Ugarit foi redescoberta em 1928 e muito do conhecimento moderno sobre os cananeus advém das escavações arqueológicas nessa área. Comparada com os desertos circundantes, Canaã era uma terra de fartura, onde havia uvas e outras frutas, mel e azeitonas. Daí que tenha sido visto como a "terra prometida" e "onde corre leite e mel" por Abraão, originário da região no atual Iraque. Canaã também é o nome de um personagem bíblico, filho de Can, neto de Noé, ao qual se atribui a origem dos cananeus. Do ponto de vista bíblico, Canaã é a terra entregue por Deus ao seu povo, desde o chamado de Abrão (este depois chamado Abraão), o qual habitava em Ur dos caldeus. Deus chama Abraão e diz a ele que deveria ir a uma terra chamada Canaã. Inicia então a peregrinação de um povo até uma terra chamada terra da promessa ou terra prometida, Canaã. Levam-se dezenas e dezenas de anos até que os descendentes de Abraão conquistem esta terra. Canaã passa então a ser denominada terra de Israel. Há referências históricas de que os hebreus e canaanitas sejam o mesmo povo.

Pelo tratado com os Profundos, os canaanitas ofereceram como voto de confiança suas filhas em casamento e, entre os cultos de Dagon, esta prática continua. Os Profundos admiram a beleza de mulheres e o deleite de dormir com elas. Para recompensar esse prazer, adornam suas noivas com joias magníficas e habilidosamente formadas, pois são maiores em termos de habilidade do que quaisquer outros seres de nosso mundo em fazer os ornamentos de metais e joias preciosas.

Nos países ao norte de Hiperbórea,* ele é conhecido como Kraken e nos livros dos hebreus, como Leviatã. Ele dorme e sonha, não aprisionado em uma tumba como Cthulhu, pois as léguas** de água acima de sua cabeça protegem-no do veneno das estrelas, mas jazendo na parte mais profunda do abismo que lhe serve como casa sob o lodo que o cobre. Às vezes, acorda e viaja no chão do oceano para visitar seus filhos e determinados locais sagrados em ilhas ou além de promontórios onde os membros de seu culto humano fazem oferendas, as quais são por eles lançadas nas ondas do oceano enquanto entoam seu nome em canto. Até a linha da mais baixa maré ele pode aproximar-se da costa, mas não além disso, pois as estrelas o repelem. É capaz de suportar os lugares rasos somente durante curtos períodos de tempo e, em seguida, deve retirar-se para as profundezas. Isso não é uma grande inconveniência, pois os Profundos servem como suas mãos e olhos nos oceanos, além de seus adoradores entre os homens como suas mãos e olhos sobre a terra.

Seu corpo é vasto, coberto com grandes escamas prateadas. Suas mãos são aquelas de um homem, entretanto de dedos mais longos e com membranas natatórias entre eles. O mesmo é verdade com relação a seus pés, cujos dedos delgados, também providos de membranas natatórias, lembram uma grande cauda quando ele junta suas pernas e nada com poderosas braçadas. Isso fez com

---

* N.T.: De acordo com a tradição da Mitologia Grega, os Hiperbóreos eram um povo mítico vivendo no extremo norte da Grécia, próximo aos Montes Urálicos. Sua terra, chamada de Hiperbórea (do grego ýõåñ, hiper, "super" ou "além"; e âüñåéá, bóreia, "norte"; traduzido como "além do bóreas" [bóreas, o vento norte]), era perfeita, com o sol resplandecente 24 horas por dia. Os gregos pensavam que Bóreas, o deus do vento norte, vivia na Trácia. A Hiperbórea, portanto, era uma nação desconhecida, localizada na parte norte da Europa e da Ásia. Exclusivamente entre os Olímpios, apenas Apolo era venerado pelos Hiperbóreos: o deus passava os invernos junto a esse povo. Esses últimos enviavam presentes misteriosos, embalados em palha, que primeiro chegavam a Dodona e depois eram passados de povo em povo até chegar ao templo de Apolo em Delos (cf. Pausânias). Teseu e Perseu também visitaram os hiperbóreos.
** N.T.: Légua: unidade de medida equivalente a 6.600 metros.

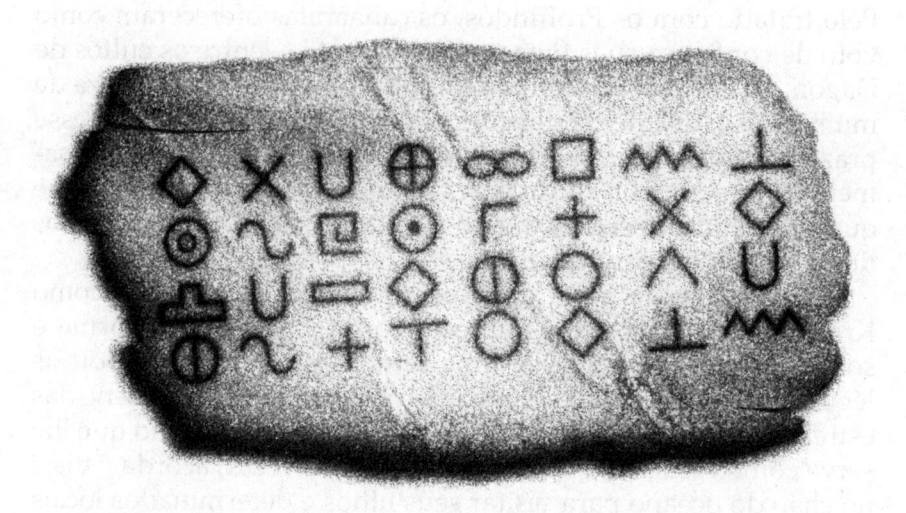

Hieróglifos no pilar negro de Dagon.

que alguns comentadores escrevessem de forma errônea que ele não tem pernas. Sua cabeça é similar àquela de um golfinho e se junta ao corpo sem um pescoço. Em sua testa em forma de cúpula, há um único olho maior em tamanho do que o escudo redondo de um guerreiro e, sendo desprovido de uma cobertura, nunca se fecha, até mesmo quando dorme. Ao emergir nos baixios, caminha em posição vertical e curvado para a frente com seus longos braços arrastando-se na água. Sua voz é mais profunda do que o maior dos sinos e pode ser ouvida por muitas léguas quando ele fala por sua boca, a qual é ampla e disposta na parte inferior de sua cabeça.

    Alguns artistas desenharam este deus na forma de uma mulher nua até a cintura, com a cauda de um peixe. É um erro vulgar fruto da ignorância, ainda que seja verdade que, como os peixes do oceano, o membro sexual de Dagon seja oculto dentro de seu corpo e sua reputação seja de emergir somente quando copula com Shub-Niggurath. Em aparência, ele não é nem macho nem fêmea, mas uma mistura de ambos. Aqueles que o tenham visto com seus próprios olhos atestam ser seu corpo translúcido, de forma que a luz da Lua passa através deste como em um cristal enevoado, pois se aventura no ar somente sob a luz da Lua, nunca sob o calor do

Sol. O motivo para a aparência aquática de seu corpo é o fato de ser composto não de carne comum, mas de substância carregada além da esfera das estrelas fixas. Não estando sujeito nem à idade, nem à decadência, ele é imortal.

Aqueles gerados nas filhas de homens que são dadas em casamento aos Profundos compartilham em parte dessa longevidade, sendo de idade mais avançada do que alguém de raça não mista, mas com anos de vida a menos do que as crias puras de Dagon.

Quando nascem, lembram um bebê humano, mas, conforme a idade passa, adquirem os atributos de peixe de seus pais até um ponto em que estejam mais em casa no mar do que na terra. Eles abominam a secura do ar e sempre fazem suas moradas próximo ao oceano onde o vento é pantanoso e salgado. Por seus olhos aquosos você pode reconhecê-los e também pela umidade pálida de suas faces. Conforme ficam mais velhos, suas bocas ficam mais amplas e suas vozes se tornam profundas, além de que, quando falam, um murmúrio é ouvido em suas gargantas.

Os cultos de Dagon adoram como sagrado um pilar de cor negra, o qual dizem ser a fonte de seu poder. Cada culto mantém, além de sua estátua, um pequeno simulacro desse pilar, cujo original repousa sob o oceano no abismo onde ele dorme. Seus lados são cobertos de hieróglifos de um idioma que não é encontrado em nenhum outro lugar do mundo, pois é específico para os Profundos. Aqueles que viram as réplicas do grande pilar submarino retiraram um certo número de seus símbolos pondo em perigo a si mesmos, pois esta é considerada a mais terrível violação ou blasfêmia pelos adoradores de Dagon, os quais caçam os violadores e, impiedosamente, lhes punem com a espada.

Os magos do vale do Tigre associam Dagon à esfera da Lua, mediante reflexão de que a Lua controla as marés e é feita de uma composição aquosa, além de que Dagon nunca é visto caminhando, exceto sob os raios lunares, além de ser confinado pelo local onde a maré alcança sua mais baixa vazante, como se fora por uma barreira que não pode ser cruzada, além disso, a Lua é prateada, lembrando a cor de suas escamas, e a luz da Lua é translúcida como sua carne. Eles usam como forma de encantamento a Dagon, entalhado em uma placa de prata, o selo do deus formado no quadrado numérico da Lua, composto de nove linhas e nove colunas, cada uma das quais soma 369, e a soma total do quadrado é 3.321. Supõe-se que o quadrado garanta boas capturas de peixe e sorte quando se viaja por água, embora, na verdade, essas coisas sejam realizadas sob a condescendência dos Profundos, os quais são caprichosos em seus favores.

O Grande Selo dos Antigos, Conhecido como o Selo Antigo

Profundamente gravado no estrado de pedra circular no centro da câmara estrelada dos portais da alma, que é encontrado no coração da cidade sem nome sob Irem, está um emblema de modelo curioso, diferente de qualquer outro, cujo uso completo é desconhecido para os homens. Vem sendo chamado por alguns de o Selo Antigo, mas por outros de o Grande Selo dos Antigos. Os viajantes de alma que fazem sua jornada a R'lyeh podem vê-lo no portão fechado da casa de Cthulhu, onde ele reside dentro de sua tumba sonhando. Sua forma pode mais prontamente ser representada do que descrita, no entanto, é algo como um ramo e um tanto quanto como o padrão em uma prova de Geometria, com ângulos e círculos dispostos em um relacionamento preciso. Foi representado de forma falsa em diversos trabalhos por escritores que nada sabiam a respeito de sua verdadeira forma. Ibn Schacabao ousou desenhá-lo claramente em dois de seus manuscritos, porém, de forma deturpada, pois faltavam as esferas e outras marcas menores, de maneira que ficou desprovido de poder. Aqueles que têm esta representação completa possuem um tesouro sem preço.

Saiba você que Yog-Sothoth é o portão e a chave, mas o Selo Antigo é a trava. Criado pelas Criaturas Antigas em guerra com

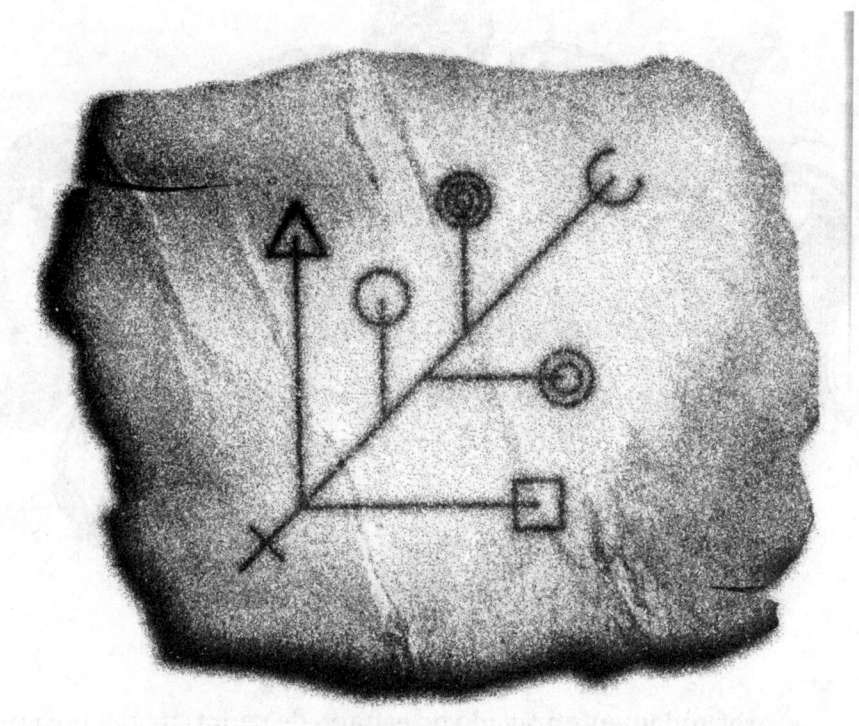

O Grande Selo dos Antigos.

Cthulhu e sua cria incontáveis eras antes da criação do homem, ele tem o poder de impedir a passagem dos Antigos ou seus filhos quando colocados em qualquer limiar. Um chefe de família que inscreva de forma correta este selo sobre sua porta pode dormir protegido da incursão dessas criaturas não naturais, pois não somente este impede que as crias dos Antigos entrem na casa, como também fortifica suas janelas e paredes contra sua malignidade, de modo que o interior fica preservado contra todos os desígnios de entrarem por trás desta barreira invisível.

  O selo foi entalhado no estrado na câmara iluminada pelas estrelas para impedir a entrada dos Antigos e, durante éons, cumpriu sua função, pois habitantes sagazes nas câmaras inferiores afirmam que nenhuma cria daquela raça cruzadora de espaço jamais passara através dos portais da alma. Para os homens comuns e outras criaturas, este não apresenta nenhuma barreira, mas somente contra a passagem dos Antigos ou daquelas criaturas engendradas dos Antigos. É, de certa forma, eficaz contra os adoradores humanos dos sete senhores, pois esses homens estão em constante pavor no que se refere ao seu poder e fogem da mera visão deste, embora pudessem cruzá-lo, caso se atrevessem.

Nenhum homem compreende o trabalho do Selo Antigo. Pode ser que, em suas proporções e em seus ângulos, concentre a mesma influência de banimento brilhando abaixo das estrelas, que há eras impeliu os Antigos para longe da superfície de nosso mundo, da mesma forma que, surpreendentemente, os cristais polidos e espelhos arqueados capturam e concentram o calor do Sol e fazem com que surja o fogo tanto da madeira como de outras coisas combustíveis.

Quando desenhado sobre o anel do círculo ritual, ele serve como uma proteção efetiva contra Nyarlathotep, o qual não consegue perceber, nem mesmo com sua sabedoria arcana, o que transpira de dentro do círculo ou obstrui o progresso do trabalho. Usado ao redor do pescoço, como um amuleto, protege o viajante contra os filhos vorazes de Shub-Niggurath criados de semente humana que assombram os locais ermos e esperam pela presa. Até mesmo as entradas de sonhos são seladas e, assim, nenhuma cria dos Antigos pode entrar na mente de quem usa o amuleto. Aqueles que invocam os sete o evitam, pois ele torna todas suas preparações nulas e frustra todas as suas artes.

Está escrito que, após a paz ter sido estabelecida entre as Criaturas Antigas e as crias de Cthulhu, e este ter se ocultado do veneno das estrelas até sua tumba em R'lyeh, a qual ainda estava acima das ondas, três membros da Raça Anciã vieram a R'lyeh em segredo e colocaram o selo sobre sua tumba, de forma que, depois de acordar, ele ficaria preso por incontáveis eras, pois eles previram o afundamento da cidade com suas artes astronômicas e puseram o selo lá, na véspera do cataclismo. Desse modo, pensaram frustrar Cthulhu, pois ele não pode acordar de seu sono de morte até que a porta seja aberta, e o selo não pode ser aberto nem por ele nem por suas crias. Mesmo com toda sua sabedoria não consideraram o surgimento de nossa raça, até aquele momento não criada por eles, e isso prova que, em algum momento no futuro, a ingenuidade do homem pode destravar o portão que torna impotente a força do deus.

O Rio Subterrâneo A'zani*

Após exaurir os recursos na cidade sob Irem e todos que podem ser juntados aos poucos por meio da viagem através de seus portais e do intercâmbio com os moradores das profundezas que assombram suas câmaras abobadadas e vastas, corredores com muitos pilares, o viajante deve descer mais profundamente na terra, pois não há nenhuma saída acima fora do alcance da bruxa I'thakuah que sempre espera e escuta. Nos limites mais inferiores dos corredores a oeste, além de uma escadaria de pedra banhada em esplendor ofuscante que reflete luz das paredes com o brilho de ouro batido, encontra-se uma grande porta de bronze fundido que se move livremente e sem ruídos em sua dobradiça, embora não tenha recebido graxa alguma por incontáveis eras. Além desta se encontra uma galeria e, mais além ainda, um canal corta a rocha sólida pelas águas de um antigo rio que secou há muito tempo, conquanto, para alguém que fique em pé e segure a respiração, o eco distante de suas águas estrondosas ainda pode

---

* N.T.: O rio A'zani não é fisicamente localizado. É um rio espiritual de trevas similar a um sistema de transporte (de espécies). É traiçoeiro e somente navegado por aqueles que têm habilidade para tal tarefa.

ser ouvido. O rio foi denominado A'zani pela raça reptiliana ou assim é relatado por seus descendentes, os quais ainda rastejam atravessando a escuridão pelo empoeirado leito coberto de pedregulhos daquele curso d'água.*

Em tempos antediluvianos, o curso do A'zani era impassível, pois sua corrente de água oscilante enchia completamente os espaços cavernosos que se entrelaçam e retorcem sempre a oeste nas profundezas sob as areias do deserto em direção ao Mar Vermelho. Servia de meio de vazão para as potentes fontes que se erguiam sob Irem, as quais, no passado distante, eram muito mais poderosas do que nos tempos em que os homens habitavam o local. Com a passagem das eras, sua corrente d'água foi se tornando escassa até quase se extinguir e, por fim, desapareceu completamente, deixando somente a passagem convoluta, como a pele oca e caída de alguma grande serpente. No local onde o fluxo d'água corrente forçava seu caminho para o interior das cavernas que já existiam nas profundezas, o caminho é alto e amplo e o som de asas pode ser ouvido na escuridão suspensa, como o suave som de morcegos, mas estas criaturas não são morcegos. Em outros locais, os cascalhos carregados pelas águas foram lançados em pilhas em forma de ladeiras, de modo que o caminho é suficientemente estreito para que um homem precise abaixar sua cabeça.

O visitante da cidade sem nome, afortunado o bastante em ter uma pedra de isqueiro e material facilmente inflamável, capaz de encontrar madeira para atear fogo, deve preparar tochas a partir da gordura de ratos, para iluminar o leito de rio seco mais próximo da cidade, pois é próximo ao seu antigo lar em que os degenerados descendentes da raça reptiliana correm e se movem com rapidez em suas quatro patas providas de garras, suas cabeças baixadas próximo ao solo farejando sua presa, que consiste em ratos, cobras e uma abundante espécie de aranha branca não encontrada em nenhum outro lugar. Estas aranhas são do tamanho da mão de um

---

*N.T.: Além disso, há uma possível comparação ou até mesmo equiparação deste rio com o conhecido rio subterrâneo da Mitologia – e fisicamente localizado – o Estige. O rio Estige é um dos rios do inferno clássico. Os outros são o Aqueronte, o Flegetonte, o Letes e o Cócito. O Estige é um rio pantanoso que cerca a cidade de Dite. É também o quinto círculo onde ficam submersos os iracundos. O rio Aqueronte localiza-se no Épiro, região do noroeste da Grécia. O nome do rio pode ser traduzido como "rio de aflição" e acredita-se que seja um afluente do rio Aqueronte, este localizado no mundo dos mortos. Nele se encontra Caronte, o barqueiro que leva as almas recém-chegadas ao outro lado do rio, às portas do Hades. No Inferno de Dante, o rio Aqueronte forma fronteira com o Inferno na região chamada de Anteinferno. Seguindo a tradição da mitologia grega, Caronte é quem transporta almas no rio em direção ao Inferno.

homem com os dedos estirados; elas aferram-se em massas numerosas às paredes e aos tetos da passagem e movem-se rapidamente pelo leito coberto de pedregulhos buscando seu próprio alimento na forma de vermes e besouros. Difíceis de serem evitadas sem a iluminação de uma chama, correm ao redor por todos os lugares e fazem o som de um galho seco rachando quando se pisa nele. Suas presas não são venenosas, mas suas picadas são dolorosas por causa de seu tamanho.

Um homem sem uma tocha que tiver consumido sua provisão seca de aranhas que habitam o fungo branco da segunda visão terá sinais insuficientes para guiá-lo ao longo do curso do rio, somente a descida geral leve do leito, pois tanto sobe como desce, mas com maior frequência cai do que sobe e a tênue umidade do ar com salitre que adentra o canal por sua abertura perto do oceano; a agitação do ar é apenas perceptível na parte final da jornada ao longo do rio. Ele se encontrará envolto pelas trevas, rastejando sobre todos seus membros como o fazem os seres reptilianos, eternamente importunados pelos corpos peludos e as picadas intermitentes das aranhas, as quais, contudo, servem como uma fonte conveniente de alimento e umidade, pois seus corpos são cheios de água.

Os seres reptilianos andam desnudos, além do que a maioria perdeu a habilidade de falar, seja em seu próprio idioma ou no dialeto da antiga Irem. Temem entrar em sua cidade, mas permanecem próximos às portas de bronze que se abrem na passagem que conduz ao rio e cultuam ou adoram as próprias portas como deuses. Alguns, pouco mais velhos do que o restante, são capazes de conversar na estranha modulação rítmica de Irem, tendo-a aprendido por meio de observação; pois essa raça lembrava os crocodilos do Nilo que têm vida longa e, dentre aqueles que moram nas profundezas do A'zani, está um pequeno número que se lembra do idioma do homem. Pouco há para ser aprendido por intermédio de conversa com esses anciões, os quais sofreram a estupidificação da mente comum à extrema idade, mas conseguem falar o nome do rio e descreverão com satisfação como nossa raça foi enganada para construir Irem acima de sua cidade oculta.

Próximos aos portões de bronze estão dispostos, em grupos de famílias, esquifes de madeira de seus mortos honrados. Alguns poucos ainda devem ser encontrados nas câmaras da própria cidade, mas a maioria foi movida para além dos portões. Os moradores das profundezas dizem que era costume dessa raça preservar os corpos de seus mortos como os egípcios. Vestiam-nos com os mais finos adornos e as mais refinadas roupas, colocando-os dentro de sepulcros com tampas de vidro através das quais os cadáveres poderiam ser visualizados por sucessivas gerações de relações sanguíneas. Quando a raça, em sua decadência final, fugiu da cidade e foi morar no leito seco do rio, eles não poderiam suportar a separação de seus ancestrais e carregaram seus esquifes para além das portas. Somente os corpos dos mortos que não tinham nenhum ente familiar vivo foram deixados para trás.

Muitas dessas tumbas serão encontradas violadas, com seu conteúdo roubado para alimentação. Os seres reptilianos inclinaram-se à prática de consumir a carne seca dos mortos de outras sequências de ancestrais diretos que não as deles, embora não corromperão seus próprios ancestrais diretos dessa forma. A vida social da raça consiste em tentativas por parte de grupos familiares em roubar das tumbas de outras famílias, que as guardam como a suas próprias vidas, pois quando todos os túmulos de uma família estiverem violados e os cadáveres roubados, é crença declarada dos anciões que a família desafortunada inevitavelmente perecerá. Embora isso possa não passar de uma fábula, a crença assim o faz e, dessa forma, os números dessa raça sempre diminuirão.

Um viajante passando recentemente ao longo do leito do rio acabou presenciando pela luz da tocha uma batalha entre dois clãs rivais, cada um com um grupo de vinte ou mais. Uma grande família havia tomado uma posição defensiva perante seus mortos honrados, mas em razão da constante necessidade de caçar alimentos, seus números ficaram enfraquecidos. O outro clã subjugou os defensores em uma investida de membros secos arrastando-se e mandíbulas trincando, e conseguiu conquistar (como prêmio) diversos dos esquifes de seus rivais enquanto a batalha era travada, mas antes que pudesse espoliar seu conteúdo, os caçadores retornaram e sua força vigorosa possibilitou aos defensores recuperarem seus preciosos cadáveres dissecados. Um observador pensaria ser uma vitória de nações, tão clamorosas eram as ululações guturais dos vitoriosos, os quais pareciam perder o poder da fala articulada em sua excitação. Tal é a patética existência dessa outrora magnífica raça de construtores e eruditos.

Nas cavernas maiores, as criaturas semelhantes a morcegos, eternamente não vistas, podem ser ouvidas precipitando-se das alturas em asas que roçam suavemente e agarram, com gritos agudos, sua presa para levá-la além da luz da tocha até os tetos, onde é consumida. Os sons de sua mastigação são claramente ouvidos, ampliados pelas rochas ecoantes, e assim também são os sons dos ossos e das caveiras de sua presa ouvidos chocando-se nos cascalhos e seixos rolados abaixo. Tais criaturas não são grandes o bastante para carregar um membro da raça reptiliana nem um ser humano, mas em suas tentativas, suas garras deixam profundos talhos, pois são afiadas como adagas e abrem cortes através da pele dura dos répteis tão facilmente como se fora por pele sem proteção. Quando atacam podem ser mortas, tendo ossos finos e asas frágeis, mas seu sangue é venenoso e causa náusea, o que as torna inúteis para servirem como alimentos. O bastante da espécie é morto, pois somente atacam em duplas ou trios de cada vez, nunca sozinhas, além de que seus ataques são infrequentes.

As criaturas reptilianas também tentarão matar o viajante para obtenção de alimento, visto que nunca há comida suficiente nas cavernas e passagem para todos que lá moram; a expressão vocal do grito *Ië! Nyarlathotep!* as manterá a distância. Todos tremem em terror com este nome, da mesma maneira que um cão recuará quando um homem fizer um gesto de atirar uma pedra, mesmo se nenhuma pedra estiver em sua mão e, assim, pode-se concluir que este era o senhor dos Antigos conhecido como o Caos que Rasteja, o qual os conduzira das câmaras de sua cidade subterrânea para o interior das cavernas do rio.

Depois de um dia de progresso, a raça reptiliana é deixada para trás, e, após muitos dias mais, é sentida a brisa do oceano nas faces e o aroma de sal é detectado. É uma tarefa fácil avançar seguindo essa brisa, que leva a um fosso nas pedras da costa desolada do Mar Vermelho. Siga a costa em direção ao norte e chegará a um pequeno porto oceânico, onde uma passagem acidentada pode ser arranjada por uma soma razoável ou umas poucas narrativas do viajante com relação ao antigo canal cortado pelos egípcios no promontório do Mar Vermelho, e a partir dali a jornada pode ser empreendida por via terrestre a Mênfis.

Mênfis,* Cidade das Múmias

Há aqueles que nada sabem a respeito das raças que habitavam este mundo antes da criação do homem, que escrevem dizendo que Mênfis é a primeira cidade, mais antiga do que todas as outras, ainda mais ancestral do que Irem das mil torres. Um andarilho que vê suas ruínas se erguendo entre suas ruas e seus campos seria persuadido com relação à verdade desta afirmação na ausência de outro saber, pois tão grandes são as pedras esculpidas que parece quase impossível que tenham sido talhadas pela mão do homem. Na história mais primitiva da Terra Negra, como era chamada por causa do negrume de seu solo, Mênfis era a principal cidade dos povos; no entanto, essa honra, em tempos posteriores, foi conferida a Tebas e, embora sua grandeza tenha

---

* N.T.: Mênfis, a capital dos Reinos antigo e Médio, era o mais importante centro urbano do Egito antigo, 35 quilômetros ao sul do Cairo; fundada por Menés com o nome de Muro Branco, foi a capital do reino do Egito durante todo o antigo Império. Mênfis permaneceu como a maior cidade autenticamente egípcia das eras das dominações estrangeiras. A fundação de Alexandria, depois da invasão dos Árabes e a fundação de Fustat (a antiga Cairo) marcaram sua decadência. Residência real, dedicada ao deus Ptah, era sem dúvida a cidade mais populosa do Egito antigo. Seu território tem mais de trinta quilômetros de extensão e inclui as pirâmides mais famosas.

diminuído, os segredos mais primais continuam ocultos entre suas catacumbas e tumbas.

Antes da chegada dos cristãos ao Egito, o deus Ptah* era adorado nessa cidade. Seu nome significa "o artesão" ou "entalhados nas pedras", e evidências de seu culto encontram-se disseminadas ao redor de todas as edificações do local, pois nenhum povo no mundo amava tanto entalhar imagens e palavras nas pedras. Ele tem disposição benigna, ainda que não seja utilizado com desrespeito, pois seu poder se deixou ficar em sua terra natal, assim como terríveis infortúnios caíam sobre as cabeças daqueles que zombavam dos deuses. Os egípcios acreditavam que os céus eram suportados por uma grande placa de ferro batida pelo martelo deste artífice, os quais o enalteciam com os títulos de Pai dos Inícios e Senhor da Verdade.

Nenhuma outra raça humana toma tanto cuidado ao lidar com os cadáveres. Por intermédio de suas artes, eles buscavam preservar o corpo dos recém-falecidos para a eternidade e, por meio de esforço e estudo constantes, durante incontáveis gerações, foram tão bem sucedidos que tumbas de séculos atrás, com os corpos de nobres e honrados escribas, podem ser descobertas que, quando desembrulhados, parecem estar dormindo, tão bem estão protegidos contra os vermes.

A substância principal utilizada no processo de preservação é a *mumia*,** da qual os corpos envoltos derivam seu nome. Ibn Betar afirma ser esta muito semelhante ao betume da Judeia, que é tirado do Lago Asphaltites, onde é encontrado se acumulando sob a água. Outros ingredientes comumente utilizados eram: um sal denominado *Natrum muriaticum*,*** mel, óleo de cedro e espe-

---

* N.T.: Na mitologia egípcia, Ptah, Tanen, Ta-tenen, Tathenen ou Peteh é o deus criador e divindade patrona da cidade de Mênfis. É um construtor. Ao contrário de Seker, outro deus construtor, Ptah está associado às obras em pedra. Ápis era seu oráculo. Mais tarde, foi combinado com Seker e Osíris para a criação de Ptah-Seker-Osiris. Seus filhos incluem Nefertem, Mihos, Imhotep e Maahes. Em alguns mitos, criou Rá. Nas artes, é representado como um homem mumificado em cujas mãos segura um cetro adornado com ankh, was e djed (símbolos da vida, força e estabilidade, respectivamente).

** N.T.: Na tradição da Ásia, mumia ou mummy (múmia) é um remédio. Eis sua derivação: a palavra em inglês *mummy* vem do persa e do turco *moum*, o que significa literalmente "uma substância viscosa e suave com a consistência de um bálsamo". Uma palavra relacionada é do persa-urdu, *mom bee's-wax* – cera de abelha. Destas raízes vem para o árabe *mum*, "cera" e *mumiya* "um corpo embalsamado" e para o inglês, *mummy* – "corpo humano preservado", sendo múmia o equivalente em português.

*** N.T.: *Natrum muriaticum* é um remédio homeopático, atualmente, conhecido como sal de mesa ou cloreto de sódio.

ciarias, tais como mirra em pó, cássia e olíbano. Essas substâncias preservadoras não prevaleceriam na ausência de uma preparação cuidadosa do cadáver, o qual tem todos os órgãos internos extraídos, incluindo o cérebro, que é removido pelos embalsamadores do crânio através do nariz com ganchos de ferro. As entranhas são colocadas em jarros sagrados nos quatro cantos do mundo e arranjadas dentro da tumba próximo ao cadáver, o qual é cuidadosamente envolto em todas as suas partes com faixas de linho ou seda. As múmias mais antigas são sempre envoltas com linho, entretanto, aquelas criadas durante a regência dos ptolomeus são frequentemente envoltas em seda importada do Leste.

Na era atual, a prática da mumificação foi quase abandonada. Homens idosos que viram seu florescimento na juventude observaram-na sumir aos poucos, limitando-se a somente duas oficinas em que ainda é feito de forma ativa, pois os filhos e as filhas de casas abastadas preferem preservar seus falecidos dessa tradicional maneira, a despeito da condenação por parte dos cristãos, os quais colocam seus cadáveres não tratados para apodrecerem no solo. Aqueles desprovidos de riqueza não mais podem pagar para a preservação de seus mortos, porém, com frequência, colocam o corpo com bandagens, envoltos em lençóis enrolados, nas antigas catacumbas onde as múmias de incontáveis gerações de seus ancestrais se encontram empilhadas em nichos entalhados nas muralhas de pedras.

Sob a regência cristã, a reverência aos mortos foi relegada à indiferença. Comerciantes judeus contratam homens para saquearem as catacumbas e abrirem os corpos em busca de sua *mumia*, a qual é vendida como um potente remédio em muitas terras. Ela é retirada dos crânios e dos estômagos e vendida localmente no mercado a um preço baixo, pois tão abundantes são os cadáveres antigos que não se consegue prever o fim desse recurso. O renomado médico El-Magar escreveu a respeito de suas muitas virtudes, em particular de sua potência em curar feridas, em que se destaca em comparação com outros remédios. É aplicada diretamente à parte ferida do corpo ou transformada em pó e consumida, dependendo da doença. O betume comum não possui suas virtudes de cura, pois determinados sais e humores orgânicos do cadáver, com o decorrer do tempo, sangram seu caminho para dentro da *mumia* e fortificam-na.

Não se deve pensar que toda espécie de *mumia* é igualmente potente. Quanto mais antiga, mais poderosa é, e aquela retirada do cadáver de um grande guerreiro ou de um rei tem grandes virtudes tanto referentes à cura como para outros usos, em relação a que for extraída de um homem comum. Foi por essa substância, a *mumia*, que as tumbas dos Faraós foram pilhadas pelos necromantes em eras passadas. Que as tumbas continham grande riqueza de ouro e preciosas gemas era somente um incentivo adicional, no entanto, a *mumia* do rei era o prêmio principal para aqueles cientes de suas muitas virtudes.

    Uma história divertida pode ser relatada aqui, a qual funcionará como alerta aos viajantes. Conta-se que, uma vez, os traficantes de *mumia*, tendo exaurido os locais usuais onde esta era encontrada, saquearam uma catacumba que havia sido utilizada para sepultar os corpos de uma colônia de leprosos há muitos séculos. A substância foi comercializada até longas distâncias, mas também foi vendida na praça do mercado aos curandeiros e cidadãos comuns de Mênfis. Menos de um ano depois, foi observado que muitos daqueles que haviam comprado esse remédio maculado haviam contraído a temida doença e o judeu mercante responsável por sua distribuição foi dilacerado por mulheres enfurecidas pelo destino de seus maridos e de seus filhos na base do poço comum que pode ser visto na praça até os dias de hoje. Dessa forma, o poeta foi compelido a escrever: *Evite os médicos como se fossem a própria peste, pois a peste é menos perniciosa, além de não extorquir nenhuma taxa por seus serviços.*

Referente às Tumbas dos Feiticeiros

Toda a terra do Egito, desde o Delta** até as Cataratas, é infestada de feiticeiros e necromantes. Isso não deveria ser uma causa de surpresas quando se considera que a religião das Criaturas Antigas desse local era composta de artes mágicas para comunicação com os deuses, e sua coerção em serviço dos homens. Os deuses do Egito não foram meramente adorados, mas foram manipulados, e até mesmo criados, pelas artes dos sacerdotes, cuja habilidade em magia nunca foi igualada por ninguém de nossa raça desde seu tempo. Maior ainda do que a magia dos sacerdotes era aquela dos magos os quais moravam sozinhos e separados do restante do mundo no deserto, a alguma distância do rio e dos locais verdes que são as habitações dos homens; seus únicos servos, um aprendiz e os espíritos familiares, unem-se em obediência a eles.

As tumbas dos feiticeiros são profundas, pois era um medo constante que, após a morte, os homens e outras criaturas dos desertos mexessem em seus ossos. A arte da Necromancia é dependente do uso dos corpos dos mortos e das coisas ligadas àqueles corpos, e nenhum cadáver é mais potente em termos de magia do que aquele de um feiticeiro, motivo pelo qual são altamente privilegiados. Grande é o poder da múmia de um faraó, mas maior ainda é o poder da múmia de um feiticeiro, a qual não era feita como as múmias dos nobres e homens comuns do Egito, mas a partir de diferentes substâncias que preservavam não a carne, mas a alma e o espírito. Por esse motivo, eles fizeram com que seus corpos fossem colocados nas aberturas da terra, sob as catacumbas, até mesmo sob as minas.

As mais baixas cavernas não são locais adequados para os olhos verem; suas maravilhas são bizarras e aterrorizantes. Maldito é o solo onde os pensamentos mortos rapidamente se tornam novos e estranhamente incorporados, e o mal é a mente que nenhum crânio aprisiona. Sabiamente disse Ibn Schacabao ao escrever que *Feliz é o túmulo em que nenhum feiticeiro foi colocado e feliz é a cidade à noite cujos feiticeiros são todos cinzas*. Pois é desde tempos antigos considerado que a alma em pacto com um diabo não foge de sua casca mortal, mas nutre e instrui os próprios vermes conforme eles a corroem, até que da decadência surge vida abominável e os sombrios seres que se alimentam de carniça das profundezas tornam-se ardilosos e protuberantes monstros para encherem a terra de pragas. Grandes feridas são abertas onde os poros naturais do solo deveriam ser suficientes e as criaturas que deveriam rastejar aprendem a caminhar.

O corpo de um feiticeiro é tornado impotente somente por um meio: deve ser queimado, até virar cinzas, a céu aberto durante a luz do dia, até mesmo os ossos e os dentes; suas cinzas devem ser coletadas com cuidado e espalhadas de modo sábio ao vento antes do pôr do sol. É para evitar esse destino que os feiticeiros selecionam suas tumbas em prontidão para suas mortes, pois, embora sua vida possa ser prolongada pelas artes além da contagem dos homens, eles são mortais e, por fim, devem morrer. No desdobramento comum dos eventos, isso acontece e eles são capazes de selecionar entre os homens um receptáculo vivo para o qual transferem sua essência e este é geralmente seu aprendiz, o qual se prepara para a entrega de sua carne por intermédio de anos de estudo, pois o feiticeiro que tiver passado para um receptáculo humano perde parte de suas lembranças e deve reaprender sua sabedoria nas artes arcanas.

No caso de um infortúnio repentino e violento clamar a vida de tal sábio sem a devida preparação, seu espírito sem descanso não dormirá, mas para sempre buscará reanimar a si mesmo e fará uso de qualquer receptáculo vivo que puder remodelar para servir a seus propósitos, o que ele faz por uma forma de instinto, visto que o sopro de morte inesperada destrói a mais alta razão que permanece presa ao cadáver, deixando somente fome e cólera que jamais podem ser apaziguadas. Quando um hospedeiro da espécie certa não puder ser encontrado, outro é feito a partir de alguma forma inferior de vida que esteja convenientemente próxima, pois a carne decadente nunca fica sozinha, uma vez que as criaturas verminosas não conseguem resistir a seu sabor. Alimentar-se de um feiticeiro é adquirir em parte suas virtudes, mas servir-se demais deste como alimento é ser tomado por seu espírito incansável e moldado por sua vontade ardente. Seu espírito espera pelo hospedeiro adequado que ele possa modificar para adequar-se a seus propósitos; se nenhum puder ser garantido, ele usa o que está à mão, embora isso possa acarretar uma perda de consciência mais alta por muitas gerações de transmigrações. As criaturas assim feitas, desafortunadas e monstruosas além da possível descrição, estão para sempre famintas e devem ser evitadas.

A oeste de Mênfis encontra-se oculta uma tumba de um grande feiticeiro que, em vida, usava o nome de Nectanebus, o qual era o último rei de puro sangue egípcio nessa terra. Embora fique a menos de um dia a cavalo além das cercanias da cidade, é tão bem escondida que um exército buscando sua entrada não conseguiria encontrá-la em um ano de busca. Somente alguém que saiba de seu local pode encontrá-la e somente alguém que tenha visitado a tumba pode saber de sua localização, a menos que seja levado lá primeiramente por um guia. O feiticeiro escolhia essa tumba em razão do fato de não ser um local usual para o enterro dos reis e assim passaria eras sem ser violada. Ou tal era o intento dele, pois quem pode prever os caprichos do tempo e as mudanças de fortuna durante o ciclo de séculos? A tumba foi encontrada e é de conhecimento de uns poucos que tomaram parte desse raro festim e por meio disso obtiveram sabedoria; e todos aqueles que visitaram suas profundezas até este tempo eram sábios nos modos da Necromancia, pois ela ainda contém nada além de um único cadáver.

Há poucos guias à tumba dentre os vivos, mas as areias do Egito rastejam com as sombras dos mortos que veem tudo que ocorre sob a Lua com seus olhos pálidos e sem brilho. Eles temem entrar na tumba, a qual na verdade não guarda nada de valor para eles, mas podem ser induzidos a levar o viajante até a entrada com a devida persuasão, pois a dor em sua intensidade sempre tem mais poder que o medo, uma verdade conhecida por todos os homens que já sofreram em sua pele os insultos do torturador. O caminho para baixo é íngreme e cortado com orifícios ocos, mais similares às ranhuras de uma escada de mão do que aos degraus de uma escadaria; a escuridão é absoluta, uma queda fatal. Tendo alcançado o fundo do eixo artificial, o progresso continua em direção à inclinação mais gradual de uma caverna natural, no final da qual está uma câmara alta o suficiente para que se possa ficar de pé.

O feiticeiro deitou-se em uma caixa entalhada de cedro, a qual é disposta dentro de um sepulcro de pedra. As tampas de ambos os receptáculos foram quebradas pelos martelos e se encontram em pedaços no chão da caverna. Linho embrulha seu cadáver, exceto os pés e as mãos, as quais se cruzam em seu peito e parecem arranhar o ar em sua nudez. Oito dedos estão faltando. O último tomado fora o dedo maior da mão esquerda, na qual somente o dedo indicador e o polegar permanecem; a mão direita não tem nenhum. Os dez dedos dos pés também foram removidos. As extremidades mostram as marcas de dentes e parecem corroídos à luz incerta de uma lamparina. Aqueles que vieram tomaram o que precisavam, mas temiam tirar demais, pois o poder de Nectanebus é lendário.

A caverna é seca e sem vida e fora escolhida por essas qualidades, pois o feiticeiro estava determinado de que ele deveria ressurgir na carne de um homem. Sua tristeza angustiosa pode apenas ser imaginada quando seu aprendiz, em quem ele confiava, depois de colocar seu cadáver dentro da tumba em segredo, fugiu, para nunca retornar, temendo a perda de sua própria mente mais do que a fúria de seu mestre. Se a vontade do feiticeiro provou ser forte o suficiente para lidar com a morte de tamanha profundeza dentro da terra, não se pode saber, mas é certo que não possuía o poder de compelir o retorno do aprendiz e, dessa forma, a potência do cadáver permanecera não diminuída durante eras, assim como a fome de seu espírito permanecera insaciada. Ao ficar em pé do lado do sepulcro, a fome e a fúria podem ainda ser sentidas, mas uma mente resoluta com habilidade nas artes de barreiras mágicas pode resistir por tempo suficiente de modo a adquirir uma parte da sabedoria e das memórias do rei.

Sobre a virilha da múmia, há um disco de pedra verde entalhado em sua face com o Selo antigo. Este não foi perturbado, pois nenhum visitante à tumba foi ousado o suficiente para desvirá-lo, embora o prêmio que este oculta seja grande. Ao redor da borda estão entalhados hieróglifos que podem ser lidos por alguém que seja versado na escrita antiga, e seu significado é o seguinte:

O osso e a carne que não possuem nada escrito são vis,
Mas, atenção, a escrita de Nectanebus está sob o Grande Selo,
E, atenção, – ela não está sob o Pequeno Selo.

É mais sábio deixar esse selo não perturbado, caso você se aventure a ir até esse local, pois lá ainda restam dois dedos, e o nariz e as orelhas estão intactos.

O Fantástico Modo dos Gatos e Seu Culto

E m nenhuma outra terra o gato é tratado com maior veneração do que no Egito, pois, quando mortos, era costume fazer com que esses animais fossem mumificados, e tão frequente era essa prática que eles eram encontrados em todas as locais de descanso dos mortos, enquanto em vida eram respeitados de forma similar pelas pessoas comuns e por nobres. Desse modo, o ato de matar um gato é considerado uma forma de assassinato, e o homem que cometer tal ato é evitado ou até mesmo apedrejado até a morte. Sob a regência dos bispos, os cristãos buscaram colocar um ponto final nessa idolatria bestial, e os gatos mortos não mais são mumificados. No entanto, o respeito que um egípcio tem em relação aos animais vivos desta espécie não diminuiu. Ainda se crê que os gatos tenham o poder de compreender a fala humana, entretanto o idioma antigo da terra ou a linguagem dos gregos, ou ambos, nunca seja utilizado.

A proibição da matança de gatos é fácil de ser compreendida, quando se leva em consideração que a região do Nilo perto do Delta é a terra de cultivo mais fértil em todo o mundo, produzindo colheitas pródigas de grãos que, inevitavelmente, seriam diminuídas por camundongos e ratos, além do que essa praga se multiplicaria sem restrição, não fosse pelos inúmeros gatos a caçá-los.

Permitia-se que entrassem e saissem das casas, das lojas e das igrejas sem restrições; e caso um gato fosse ferido por uma carroça ou por algum outro infortúnio, sempre alguém pegaria o animal e cuidaria dele até que ele morresse de seu ferimento ou se recuperasse.

Os gatos têm a segunda visão sem necessidade alguma de consumir as aranhas brancas do deserto. Quando um gato para e olha fixamente com intenção em um local que parece vazio, é certo que esteja olhando para um fantasma ou alguma outra criatura que passa despercebida pelos homens. Logo, onde quer que um gato esteja presente, nenhum espírito pode entrar sem ser observado, e é por esse motivo que os feiticeiros utilizam os gatos como observadores contra intrusos vindos de outros reinos. Os espectros da noite ressentem-se dessa atenção e têm inimizade com os gatos. É verdade, também, que os gatos vêm através dos encantos da magia, de forma que nenhum bruxo é capaz de mascarar sua identidade nem passar invisível no local onde um gato observa. De todos animais, os sentidos dessa criatura são os mais sutis. Embora os olhos de um gato não sejam mais aguçados do que os de um falcão, nem seus ouvidos mais afiados que os de um cão, ele vê e ouve coisas que vão além desta existência material que nem o falcão nem o cão podem ouvir.

Outro talento possuído por esse notável animal é a habilidade de entrar e sair novamente do mundo dos sonhos com muito mais facilidade que o homem tem de adentrar uma habitação ou sair dela. Aqueles perdidos em sonhos são, às vezes, conduzidos de volta a nosso mundo pelos gatos que passam, os quais têm uma afeição por nossa raça e estão sempre dispostos a ajudar quando tratados com dignidade e bondade. O homem que dorme com um gato em sua cama, dorme seguro, pois tem um guia constante para removê-lo dos entrelaçamentos intricados de seus pesadelos. Foi escrito que os gatos sugam a respiração de bebês quando dormem e dessa forma privam-nos da vida, mas essa é a prática de Shub-Niggurath e de suas filhas, as quais os gatos tentam afastar do berço da criança; e nisso são eles, por vezes, bem-sucedidos, além de nada ser conhecido a respeito do fato e, às vezes, eles falharem em sua tentativa e serem encontrados sobre o corpo da criança, sendo acusados de assassinato por mães ignorantes.

A deusa de todos os gatos é Bast [ou Bastet],* representada na forma de um gato ou, às vezes, de uma mulher com a cabeça de um gato. Ela é cultuada principalmente em Bubástis,** na sétima província do Baixo Egito, onde seu culto subsiste até os dias de hoje a despeito de esforços ardorosos por parte das igrejas em erradicá-lo, pois, embora seu culto seja jovial e alegre, os bispos cristãos odiavam-no por sua mácula pagã e sempre tentavam destruí-lo. Os adoradores da deusa passam sem serem vistos a maior parte do ano, no entanto, no festival de Bast na primavera, regozijam-se e divertem-se uns com os outros e com as pessoas da cidade, cantando, tocando instrumentos musicais e caminhando pelas ruas. O que mais inspira horror ou desgosto aos cristãos é a prática das mulheres, que, periodicamente, erguem suas saias e revelam suas partes mais íntimas em extravagante exibição, vista como luxuriosa, com os joelhos separados. Elas fazem isso em honra à deusa dos gatos, a qual retira seu poder da Lua.

Os adoradores de Bast podem ser reconhecidos por sinais sutis, pois muitos têm uma cicatriz na forma de uma Lua crescente em alguma parte de seus pescoços e é costume deles cortarem suas unhas de forma a ficarem pontiagudas; eles o fazem de forma sutil para atrair pouca atenção, no entanto a marca é universalmente reconhecida pelos cidadãos comuns e mercantes da cidade, que conferem aos adoradores de Bast um grande respeito e reduzem os preços de suas mercadorias quando percebem esse sinal. Isso levou alguns a adotarem a moda, mesmo que nunca tenham feito parte do festival. Quando o corte das unhas é muito óbvio, os padres podem induzir os guardiões da cidade a capturarem o transgressor e arrancam suas unhas desde a raiz, como forma de punição por seu pecado, mas a prática continua não diminuída.

O templo de Bast uma vez estivera no centro da cidade e era renomado em todo o mundo por sua pureza e perfeição; há muito foi demolido e uma igreja foi erguida sobre suas fundações. Essa modesta igreja serve a duas funções: durante o dia, é a casa de Deus para os cristãos; durante a noite, porém, os adoradores de Bast

---

* N.T.: Na Mitologia egípcia, Bastet, Bast, Ubasti, Ba-en-Aset ou Ailuros (palavra grega para "gato") é uma divindade solar e deusa da fertilidade, além de protetora das mulheres grávidas. Também tinha o poder sobre os eclipses solares. Era a esposa de Ptah, com quem foi mãe de Nefertum e Mihos. Era também a deusa dos gatos, que por vezes eram mumificados em sua honra. A esta deusa é tradicionalmente consagrado o dia 15 de abril.
** N.T.: No "domínio de Bastet", descobriram-se imensos cemitérios de gatos, dedicados à deusa.

encontram-se em uma câmara secreta atrás do altar, onde há uma estátua da deusa em pedra verde que lembra jade, na postura sentada sobre suas ancas em um pedestal cúbico de pedra negra. Essa estátua, resgatada da destruição do templo e preservada em segredo, tem o peso de um gato vivo e é perfeita em todas as suas proporções, de modo que parece viva e até mesmo mover-se nas chamas bruxuleantes das lamparinas a óleo pelas quais a câmara é iluminada. Seus olhos são joias de um azul-pálido colocadas em seus centros com cruzamentos de forma oval pontiagudos, tão bem efetuados pelo escultor que parecem ter a capacidade da visão. Sobre sua cabeça está um crescente lunar em pedra branca translúcida denominada pedra da lua e é da delicada cor variável do interior das conchas marinhas.

    Os cultuadores da localidade de Bast põem oferendas de leite e de carne aos pés do pedestal que sustenta a estátua, as quais são consumidas pelos gatos vivos que vêm e vão na câmara por pequenas entradas na base das paredes. Depois de apresentarem suas oferendas, eles fazem preces silenciosas perante a deusa, sob suas mãos e seus pés, então partem com supremo decoro e suprema solenidade, em contraste com seu comportamento durante o festival da primavera. Diz-se, por parte dos membros do culto, que as preces entoadas à deusa dessa maneira nunca são recusadas.

O Enigma Interpretado da Esfinge

A jornada Nilo a partir da região do Delta é agradável e monótona, a menos que os pequenos barcos a vela utilizados pelos egípcios sejam molestados por crocodilos ou por um tipo de grande besta conhecida nos livros sagrados como o beemonte,* cujas mandíbulas podem cortar o corpo de um homem em duas partes. Essa criatura jaz em espera sob a água e fica de sentinela aguardando os barcos. Caso o piloto desavisado não veja o nariz dessa criatura se projetando acima da superfície e singre até muito perto de seu local de descanso, ela ataca com súbita ferocidade, virando de cabeça para baixo a embarcação e matando todos os que caírem na água, de modo que o rio corre vermelho com seu sangue. Os egípcios temem-no mais que ao crocodilo e se afastam de suas habitações. Ela alimenta-se tanto de plantas como de carne de homens e raramente se aventura na terra, pois é toda inchada e se move de forma desajeitada sobre suas pernas grossas; ainda que, na água, viaje levemente e possa atravessar distâncias em instantes quando enraivecida.

---

* N.T.: Beemonte: Animal gigantesco descrito na Bíblia, que é provavelmente o hipopótamo. Figurativamente, algo opressivo ou monstruoso.

O beemonte é descendente das criaturas malignas criadas pelos Antigos, pois a Raça dos Anciões não moldou todas as formas de vida que ora habitam este mundo. A maioria foi criada por eles, juntamente com a espécie humana; no entanto, uns poucos foram obra de Cthulhu, o qual, nos primórdios, fez experimentos com muitas formas em seu esforço de gerar exércitos de guerreiros que poderiam ser de valia em suas batalhas contra as cidades da Raça dos Anciões. Assim, todas as criações de Cthulhu são perniciosas e de disposição malévola, além de serem inimigas das criações dos Anciões. Elas parecem não ter um lugar natural em nosso mundo, mas, ao contrário, parecem ter sido impostas a nosso mundo por meio de uma vontade maléfica, ou para aqui tomarem seu próprio lugar por meio da força ou perecerem. O ser octópode habitante do oceano é desta maneira uma abominação, como fica prontamente aparente, pois quem viu a besta, que não tem ossos, mas somente um corpo flexível que pode assumir qualquer forma ou cor, além de oito pés que se retorcem e movem-se serpenteantes como vermes, e não sentiu em seu coração que se trata de uma criatura alienígena, não natural para este mundo?

Em um árido deserto denominado Gizé, não muito distante do rio, está o maior ídolo já entalhado em pedra, conhecido para o vulgo como a Esfinge, embora o verdadeiro e secreto nome deste deus seja Harmakhis. É algo similar à Esfinge descrita nas histórias fabulosas dos gregos, e não há dúvida de que o ídolo em si tenha sido a causa dessas fábulas. Em forma, tem o corpo de um leão agachado com a cabeça de um homem, de nobre e imponente aspecto. Observa o crepúsculo da manhã, como tem observado durante incontáveis eras, pois suas origens são desconhecidas, de tão antigo que é o monumento. A cabeça é feita à imagem de Quéfren, um faraó do Egito que fez com que uma das pirâmides que se elevam no planalto não muito longe da própria Esfinge fosse construída.

Quéfren encontrou-a tão danificada pelas intempéries com o passar dos anos que sua face original não poderia ser reconhecida e, então, fez com que seus artífices colocassem sua própria imagem na cabeça, a qual, por este motivo, parece não natural com relação ao corpo. Poucos sabem o que a face original da Esfinge lembrava, e é melhor assim, pois o conhecimento assombraria seus sonhos e faria com que acordassem com gritos de terror em suas gargantas. É sussurrado em lugares sombrios por criaturas não totalmente humanas que a grande estátua uma vez portara a verdadeira imagem de Nyarlathotep, o qual é comumente suposto como possuindo mil máscaras, mas não uma imagem de si mesmo. Por meio desse monumento, o senhor das trevas dos Antigos marcou um lugar sob a terra onde o poder é concentrado.

Ela é antiga; mais antiga do que as pirâmides ou os templos, até mesmo mais ancestral do que o próprio Nilo, o qual fluía por um curso diferente quando a Esfinge fora moldada por mãos inumanas e uma selva suntuosa cobria o planalto sobre o qual se curvava. Há homens sábios que disseram ser esta a mais antiga imagem entalhada neste mundo, e isso pode ser verdade, pois é mais antiga do que qualquer trabalho feito por um homem, e ainda mais antiga do que as obras de outras raças que compartilhavam a Terra depois que a mudança das estrelas tornou nosso mundo inadequado para os Antigos. Pode ser que os monumentos da Raça dos Anciões em sua grande cidade distante no gélido sul tenham sido feitos antes de Nyarlathotep ter moldado a Esfinge, mas disto ninguém tem conhecimento, pois nenhum homem os viu.

Os gregos contam a história de uma criatura que eles chamam de Esfinge, a qual tem a cabeça e os seios de uma mulher e que para os viajantes no meio do caminho em uma estrada na montanha solitária e exige que eles deem a resposta a um enigma que ela propõe. Aqueles que falham na tentativa, ela devora. Todos os que tentaram fracassaram, até que por fim o herói, Édipo, deu a resposta correta e a Esfinge, em desgosto e desespero, arremessou-se da margem em direção ao abismo. A resposta ao enigma é bem conhecida, no entanto não é bem compreendida: ela tem dois significados, um para as crianças e outro para os sábios.

A Esfinge dos gregos fazia a seguinte pergunta aos viajantes: Que animal anda em quatro patas pela manhã, duas patas ao meio-dia e três à noite? A resposta dada por Édipo foi o homem, o qual, na manhã de sua vida, rasteja sobre seus quatro membros; no meio-dia de sua virilidade, caminha sobre as duas pernas; mas, ao anoitecer de sua idade avançada e débil, deve buscar a ajuda de uma bengala e, desta forma, caminha com três pernas. A Esfinge, em desespero, destruiu a si mesma, interpretando mal a percepção do herói, o qual adivinhara a superfície da verdade, contudo, não havia penetrado em seu âmago.

A raça dos homens foi feita pelas Criaturas Antigas como objeto de escárnio para dela zombarem e estudá-la por diversão, ainda que eles não nos tenham criado com os nossos semblantes de hoje. Mas, no início, nossos corpos eram bestiais e peludos e nós progredimos pelo caminho com a ajuda de nossos braços, que eram mais longos e mais potentes do que são no presente. Com o passar do tempo, nossos corpos mudaram sua forma e tornaram-se eretos e quase sem pelo. Sem dúvida, as Criaturas Antigas teriam achado nossas formas atuais bem menos divertidas e teriam nos exterminado; no entanto, encontravam-se em declínio e haviam sido forçadas a ir até as águas ao sul de nosso mundo e não tinham tempo para brincar com a forma de nossa raça. Em algum momento no futuro distante, nossa forma será diferente da que é vista nesta era e seguiremos sobre três pernas em vez de duas. Pois o enigma da Esfinge não se refere a um homem somente, e sim a toda a espécie humana.

Quão infantis são as narrativas nos livros sagrados de Adão e Eva no Jardim, onde está escrito que o homem é a mais bela de todas as criaturas, sendo criado à imagem de Deus. O homem foi feito à imagem de uma besta peluda e rastejante para a diversão dos chefes supremos não deste mundo, e nossa forma atual não passa de um sonho que dará lugar a algum horror não conjecturado que aterrorizaria mulheres e crianças, caso pudesse ser visto, mas que se encontra piedosamente oculto nas brumas turvas do tempo futuro. Nossos corpos continuam a mudar graças ao fato de terem sido criados de forma imperfeita e não pode haver estabilidade ou descanso na imperfeição. É sabido que as próprias Criaturas Antigas em si mesmas seguem por aí em três pés que são de forma triangular. No entanto, tal especulação não pode ser adotada nesta obra, pois em seu fim jaz a loucura.

Os Ressurrecionistas nas Minas dos Tesouros dos Reis

Na **Esfinge há uma porta que leva a** um túnel em declive que se estende por 326 passos sob as areias do planalto. A localização dessa porta é oculta tanto fisicamente, por intermédio da arte dos antigos pedreiros egípcios, quanto pelos encantamentos de má orientação que transtornam a mente de qualquer homem comum que por acaso encontre seu mecanismo, de forma que ele esquece e deixa de ver o que está diante de sua face. Aqueles que disso são cientes e podem resistir ao turvamento da mente por tempo suficiente para atravessar esse portal, são, por meio do mais solene juramento e horrendos presságios, comprometidos a nunca revelarem sua localização nem o modo pelo qual é aberto. A maioria dos escribas, tendo ouvido rumores a respeito dessa porta, localiza-a entre as patas da Esfinge, mas uma dica somente pode ser dada na observação do fato de que Nyarlathotep não era um deus do sol nascente.

No final do corredor inclinado, encontra-se uma porta de bronze revestida com folha de ouro malhada, de forma que brilha como o próprio Sol à luz de tochas mantidas nas mãos daqueles que se aproximam. A porta de bronze, como o túnel diante desta e as câmaras que dentro deste se encontram, são obra de trabalho humano. Quaisquer que fossem os antigos corredores que se encontravam sob a Esfinge antes da chegada de nossa raça a este mundo foram obliterados pelo trabalho repetido de gerações de artífices com o decorrer de eras, pois esse local nunca sofrera negligências, mas sempre fora o refúgio dos adoradores de Nyarlathotep, os quais estudam os modos de feitiçaria e os segredos da morte.

Além das portas está uma longa câmara que é perpetuamente iluminada por lamparinas a óleo dispostas nas paredes. Uma fileira de 11 Pilares de pedra corre para baixo em cada lado do caminho central, de forma que há 22 Pilares no total, suportando o baixo teto, o qual é pintado de azul e salpicado com numerosas estrelas de ouro. Os Pilares não possuem as formas egípcias comuns de lótus ou papiros, mas são quadrados e negros, feitos de um tipo de pedra não nativa da região. Em cada um deles está cortada profundamente uma letra, ou ainda um número, na escrita antiga dos hebreus, pois os judeus usam suas letras para designar os números, não tendo números deles mesmos similares àqueles que temos.

Acima desses números, encontram-se placas douradas um pouco maiores do que a palma de uma mão, as quais foram marteladas e erguidas pela arte do ourives para apresentarem cenas que contêm fantásticas figuras em exibição significativa, de forma que cada placa transmite uma lição composta não de palavras, e sim de signos ou emblemas. Essas imagens são diferentes de quaisquer outras representações existentes no mundo e são conhecidas somente daqueles que caminharam pelo corredor cheio de Pilares, pois nenhuma pista de sua existência foi jamais mencionada além do portão da Esfinge. Com relação às imagens sobre as placas, é tanto ilegal como imprudente escrever. Deixa lhe ser revelado somente que algumas das figuras são humanas, outras mais antigas do que nossa raça.

Na extremidade mais distante de cada uma das câmaras, encontra-se uma pequena porta de madeira de cedro sem adorno algum. Um sacerdote de Nyarlathotep fica em pé vigilante ao lado dela e somente admitirá alguém que possa fazer o sinal sagrado de sua ordem com sua mão. A mais leve hesitação ou o mais leve erro na apresentação do sinal resulta em morte, pois sobre o dedo indicador da mão direita do sacerdote encontra-se uma pequena lança embebida no veneno do escorpião negro dos desertos, cuja mera gota no sangue causa putrefação e morte dentro de uns poucos momentos. O escorpião é somente uma das criações de Nyarlathotep, que o colocou no mundo para seu prazer; com o passar das eras, sua forma dividiu-se e sofreu mudanças, mas o escorpião negro dos desertos permanece não mudado desde sua criação pelo Caos que Rasteja, além do que seu veneno é igual era nos tempos antigos.

Os sacerdotes de Nyarlathotep que utilizam esse local de poder andam cobertos por mantos e capuzes negros, além de manter suas faces envoltas em um véu de seda negra em imitação de seu mestre, o qual usa essas vestimentas quando caminha rumo ao exterior pelo mundo sob a Lua. Eles podem ver o lado externo suficientemente bem através da seda, mas suas faces não podem ser identificadas por ninguém que os olhe e raramente falam, mas se comunicam uns com os outros por meio de elaborados gestos que para eles são uma linguagem. Entram velados e partem da mesma forma, de modo que ninguém sabe a identidade do homem que está a seu lado.

A câmara além é larga e quadrada. Em seu centro, descansa uma cópia menor da Esfinge em pedra negra, exata em seus detalhes, exceto pelo fato de que sua cabeça não é a de Quéfren, mas sim a de Nyarlathotep. Ela olha fixamente para baixo sobre o homem que atravessa a porta de cedro como se fosse afrontada por sua presença, e a expressão em sua face, como se esta palavra pudesse ser de forma correta aplicada para descrever sua aparência, é sardônica e maligna, embora sem nenhum traço de característica humana que tornaria sua expressão familiar. Os sacerdotes indicam com sua linguagem de sinais que ela mostra os verdadeiros linimentos da grande Esfinge antes de se tornarem erodidos pelas areias de eras e então removidos ao comando de Quéfren.

A face não pode ser descrita em nenhuma língua humana, pois nossa raça não possui palavras adequadas para a tarefa. É suficiente escrever que é de certa forma similar à face do deus Set, embora as representações daquele deus sejam nada além de uma vaga sombra da imagem original que tiveram como base. As imagens de Set não capturam o horror maligno da face sobre a Esfinge menor, nem o sentido de que ela está ciente e observando, ou sua expressão de supremo desprezo. Ante esse olhar fixo, os sacerdotes prostram-se em adoração, em primeiro lugar causando cortes em seus braços com facas na crença de que deixar fluir o sangue humano seja um ato bem-vindo pelo deus. Em consequência disso, o chão da câmara em frente à estátua é manchado de sangue e, embora seja lavado diariamente, nunca pode ficar completamente limpo.

    Conduzindo para longe desse local de adoração, está um amplo corredor na parede atrás do ídolo e, dispostas em suas laterais, estão outras passagens que se abrem em câmaras cheias de múmias roubadas das tumbas reais do Egito. Não somente os reis e as rainhas estão presentes nessas câmaras, mas seus filhos e suas relações de sangue. Quando os invasores de tumbas ignorantes do valor da múmia de reis descobriram os locais de enterro dos mortos reais, tomaram para si o ouro e outras coisas preciosas que as tumbas continham e deixaram os cadáveres como coisas sem valor; mas para os sacerdotes de Nyarlathotep, os quais seguiam seus passos não vistos e não ouvidos, as múmias eram o que havia de precioso e com o ouro eles não se importavam, pois o ouro é uma substância mundana, mas o cadáver é algo do próximo mundo.

    Não há maiores necromantes sobre a Terra do que os sacerdotes desse culto. Qualquer viajante em busca de estudo da Necromancia deve vir até a Esfinge ou sua educação ficará eternamente incompleta. A admissão é difícil de ser obtida, mas com provas suficientes de habilidade e ganhando a confiança daqueles que realizam transações no mercado para o culto, é possível conseguir, mas somente atando-se a alma em serviço de Nyarlathotep e suas obras das trevas. Todos que entram no portão da Esfinge portam a marca de Nyarlathotep em seus corpos, onde permanece até a morte e, de fato, dura além da morte, pois nunca pode ser expurgada. O que é revelado nestas páginas é proibido e permanece a ser comprovado se o poder do Caos que Rasteja pode atravessar as areias de Gizé a Damasco para atingir o escritor que traiu seu juramento.

Os Sais Essenciais e Seu Uso

Os **necromantes de Gizé preocupam-se não** com os cadáveres de homens comuns, mas somente fazem uso daqueles de sangue real ou de feiticeiros. Pois os nobres, quando são revividos e se faz com que falem, podem ser capazes de descrever os locais onde se escondem livros raros e ouro enterrado, e os feiticeiros, de ensinarem seus métodos, embora, com frequência, aconteça que sejam relutantes em revelar seus segredos e devam ser encorajados com fogo e lâmina. Deste modo, o culto tornou-se tanto opulento com antigos tesouros quanto o repositório da sabedoria perdida ao mundo. Não se deve com eles gracejar, visto que seu poder e seus agentes chegam a terras distantes, de forma que um homem marcado para a morte em seu conselho está predestinado.

Quando um cadáver é escolhido para a ressurreição, ele é primeiramente cortado em partes de tamanho conveniente e fervido em água limpa em um caldeirão de cobre durante um dia e uma noite completos. Durante esse tempo, o caldeirão é constantemente mexido com uma longa concha de madeira, de modo a impedir que as substâncias se acumulem no fundo deste. Os envoltórios de linho também são postos no recipiente juntamente com a carne, pois contêm uma medida dos sais essenciais que o processo é destinado a extrair. A *mumia* é amaciada e tornada fluida por meio do calor, de modo que, gradualmente, se torne liquefeita e surja ao topo da água. O acólito a zelar pelo recipiente retira a substância periodicamente deste, com o uso de uma pequena colher de prata, e armazena-a em um receptáculo de pedra para futuros propósitos.

No final da fervura inicial, depois que toda a *mumia* tenha emergido e sido escumada do recipiente, as faixas de linho que atam o cadáver são retiradas e, limpas e brancas, como se fossem recentemente lavadas em lavanderia, são descartadas. Permite-se que o fogo arda em chamas até os últimos momentos, para que o calor seja reduzido, e um elixir é adicionado à água, com a propriedade de amaciar e dissolver osso, dentes, unhas e cabelo. Dessa forma, o cadáver é liquefeito. Quando isso tiver sido realizado, o fogo é alimentado com madeira e se torna quente novamente e a água no recipiente, que já foi consideravelmente reduzida por meio desses processos, pode evaporar completamente.

O que permanece no fundo do caldeirão é um material branco, cristalino, de uma quantidade que pode ser carregada nas palmas de duas mãos. Os sacerdotes de Nyarlathotep raspam essa caldeira, utilizando supremo cuidado para remover os últimos traços e trituram-no até obterem uma finura uniforme em gral de cristal de rocha, com o uso de um pilão de cristal. O pó branco resultante dessa operação contém os sais essenciais do homem ou da mulher cujo cadáver fora fervido, e é desse pó que o corpo vivo pode ser reconstituído e feito para servir como uma casa para a alma, a qual é chamada de volta para sua antiga carne por intermédio de palavras de poder. Os sais podem ser mantidos durante muitos anos em um recipiente vedado sem que perca sua potência. Há uma câmara nas catacumbas abaixo da Esfinge que contém nada além de prateleiras de garrafas, cada uma delas cheia com os sais essenciais de um ser humano.

Um homem ressuscitado a partir de seus sais é, em todos os aspectos, como ele era em vida, salvo pelo fato de que o processo de purificação dos sacerdotes remove dessa carne renovada a doença ou ferimentos que tenham causado sua morte. É um grande choque para a alma ser retirada de seu repouso e ser reanimada, como consequência, os ressuscitados são frequentemente insanos e gritam incessantemente ou lançam-se com força e ímpeto contra as paredes, fazendo com que seja necessário controlá-los para que o questionamento possa ser feito. O processo de interrogação pode levar semanas, pois os mortos não entregam seus segredos com facilidade e, quando o cadáver utilizado for antigo, sua linguagem pode soar estranha aos ouvidos modernos, além de conter muitas palavras desconhecidas que cessaram de ser usadas e passaram pela memória sem deixar rastros. Os sacerdotes são especialistas nos dialetos perdidos de seus ancestrais e têm habilidades em todas as artes de tortura, de modo que pouco impede seus propósitos, exceto a loucura total ou uma contaminação dos sais.

Quando os sais são contaminados com a essência de outros seres viventes, como às vezes acontece quando, sem o conhecimento dos sacerdotes, a múmia tiver sido o local de proliferação de besouros, camundongos ou outros vermes, a revitalização dos sais produz um monstro que é em parte homem e em parte o que quer que tenha corroído seu cadáver. Monstros nascidos dessa forma raramente fornecem fontes confiáveis de informações. Quando os sacerdotes descobrem que falta da faculdade da fala, ou que seu modo de falar é enlouquecido e bestial, eles comumente destroem-nos sem maiores interrogações, pois, embora a memória do homem possa permanecer intacta, as partes verminosas de sua natureza reanimada inibem sua expressão.

Os feiticeiros são tratados com um cuidado maior, pois em suas mãos, em seus olhos e em suas línguas está a habilidade de projetar a morte sobre aqueles que os chamam de suas tumbas. Em consequência, quando os sais de um feiticeiro conhecido são reanimados, o primeiro ato dos sacerdotes é o de arrancar-lhes os olhos com pinças de ferro, atar suas mãos em luvas de couro pesado que tornem impossível o movimento e amordaçar sua boca. Quando se demandam respostas de um feiticeiro, a mordaça é momentaneamente removida; no entanto, uma faca é segurada contra sua garganta enquanto ele fala e uma única palavra em falso resulta em seu retorno ao túmulo. É perigoso interrogá-los e, a despeito de todas essas precauções, consequências desafortunadas já resultaram da tentativa.

Uma história é contada dentre os acólitos mais jovens do culto, os quais ainda não aprenderam a virtude da discrição, referente à reanimação do feiticeiro Haptanebal, que era grande acima das Cataratas antes da união dos dois Egitos. Há muito tempo seu cadáver foi carregado a Gizé e posto para jazer sob a Esfinge, no entanto, com o decorrer dos anos, sua identidade foi esquecida, até que foi confundido com o corpo de um escriba da corte real e passou pela reanimação sem os cuidados extremos usualmente utilizados com relação a feiticeiros. A história conta que cinco dos sacerdotes foram consumidos por fogo espontâneo em seus corpos, antes que o sexto, o qual, muito por acaso fora afortunado o suficiente de modo a estar parado em pé atrás do feiticeiro e além do campo de sua visão, conseguiu matá-lo com uma espada.

O perigo residente em reanimar um feiticeiro poderoso é sempre grande, entretanto igualmente grandes são os prêmios que podem ser obtidos a partir deste por meio de interrogatórios feitos com habilidade, preparados antecipadamente com relação aos riscos e para os resolutos de coração. Os feiticeiros, com frequência, levam seus segredos mais preciosos para o túmulo, pois são incapazes de confiar tais poderes a outros homens, até mesmo àqueles aceitos como seus discípulos ou seus próprios filhos. Ao partilhar sua sabedoria com cuidado, alguns teriam permanecido vivos sob a Esfinge durante diversos anos e, até mesmo, teria sido concedida a eles uma medida limitada de liberdade quando tivessem ganhado confiança parcial dos sacerdotes, os quais permanecem ainda cautelosos com relação à fraude e ao engano. No entanto, nunca lhes é permitido que deixem as catacumbas, pois suas habilidades são poderosas demais para serem liberadas em nossa era, que esqueceu os maiores efeitos da magia.

Aqueles que serviram a seus propósitos são assassinados de maneira eficiente, por meio de estrangulamento, com uma corda em volta do pescoço, e seus corpos são queimados. Em seguida, as cinzas são coletadas e depositadas no Nilo, onde são carregadas pela corrente até o oceano. É possível reanimar o mesmo cadáver duas vezes, por intermédio da sujeição de sua carne ressuscitada ao processo de putrefação e redução que fora utilizado para separar seus sais essenciais. Todavia, isso é raramente feito, visto que, raramente, há necessidade disso. Aqueles que são reanimados pelos sacerdotes de Nyarlathotep nunca têm a permissão de morrer, exceto por algum infortúnio, até que tenham lhes oferecido todo seu conhecimento e os sacerdotes estejam convencidos de que não tenham mais nada de valor a ser concedido.

O Vale dos Mortos

Tebas* é uma cidade de monumentos, tanto para os homens como para os deuses. O banco leste do rio é pleno de templos, obeliscos e grandes estátuas. Os templos, embora muito arruinados com o passar do tempo e a negligência, estão conectados pelas avenidas magnificentes alinhadas com figuras entalhadas e se refletem em lagos e lagoas artificiais, os quais dão à cidade uma grandeza não encontrada em outras cidades de nossa raça. No banco do lado oeste do Nilo, estão enterrados os mortos reais em túmulos suntuosos. Muitas das tumbas da necrópole foram pilhadas pelo culto dos reanimadores, ainda que outras permaneçam ocultas sob as areia, esperando serem descobertas.

Para aqueles possuidores da segunda visão, as ruas de Tebas iluminadas pela Lua não estão vazias, mas sim cheias de solenes multidões. Os fantasmas caminham em silêncio ao longo das avenidas que unem os templos, procissões imponentes, filas de padres portando turíbulos de incenso diante dos vagões fechados que

---

* N.T.: Tebas é uma cidade do antigo Egito (chamada Uaset em antigo egípcio), capital do reino durante o Império Novo, em cujas proximidades se ergue hoje a cidade de Luxor.

continham as estátuas dos principais deuses e deusas da terra, pois esta era a prática dos sacerdotes, a de ostentar por meio do desfile seus deuses diante do povo, embora eles sempre os mantivessem cuidadosamente ocultos por trás das cortinas dos carrinhos de mão que eram seus suportes para os templos e em seu regresso.

O grande deus de Tebas era Amun,* o qual por vezes é representado como um homem, ou um homem com a cabeça de um carneiro, e, com menos frequência, como o próprio carneiro. Para ele foi erigido o maior de todos os templos no nosso mundo, o templo de Pilares que rebaixa o orgulho daqueles que passam por suas pedras de pavimentação salpicadas de areia, pois cada um dos Pilares é dez vezes a altura de um homem, e estão tão proximamente espaçados que parecem pressionar para baixo aqueles que caminham entre eles. Nem mesmo os monumentos dos Antigos podem diminuir sua grandeza.

Nas profundezas secretas desse templo, em tempos antigos, a primeira estátua de Amun foi preservada. Ela tinha o dom da vida, pois era uma magia dos sacerdotes dessa terra a de animar a estátua de Amun no templo e induzir uma espécie de sombra da noite ou essência espiritual a habitar a estátua, a qual expressava a personalidade e o propósito do próprio deus. O ignorante escreveu que Amun habitava a estátua, mas essa afirmação é falsa. Ela era hospedeira de seu emissário, o qual falava e agia com o conhecimento e o poder do deus, mas a morada do deus se encontrava em algum outro local. Ele ainda sonha em Kadath, no frio deserto, com os outros deuses deste mundo.

Um viajante de outras terras que era necromante aprendeu com os *ghouls* de Tebas a lenda de que uma grande provisão de objetos preciosos estava enterrada sob o solo do templo dos Pilares. A riqueza do templo havia sido enterrada com pressa pelos sacerdotes de forma tal que não seria possível pilhar tais tesouros durante uma das numerosas invasões do Egito — quem eram os invasores não é preservado na lenda. Em razão de algum infortúnio, as coisas preciosas nunca foram desenterradas. Pode ser que os invasores tenham matado todos os sacerdotes que tinham o preciso conhecimento da localização do esconderijo secreto. Como ficaram sabendo de sua localidade, os ghouls não revelaram.

---

* N.T.: Uma antiga transliteração do nome de um deus egípcio, hoje preterida em favor de Amon.

O viajante contratou dois trabalhadores que estavam acostumados à labuta sob a Lua e nos quais poderia confiar que não falariam de seus afazeres, e começou o empreendimento de desenterrar o tesouro. Depois de diversas horas de escavação, depararam-se com a estátua de Amun. Seu tamanho era da altura de um homem, além de ser feita em bronze com folha de ouro. O valor do objeto era insignificante, pois não tinha nenhuma joia preciosa nem grandes quantidades de ouro nem de prata, além do fato de que, na aparência, era bastante comum, exceto por um detalhe: seu enorme falo era obscenamente ereto. Isso fez surgirem pilhérias vulgares da parte dos trabalhadores, entretanto o viajante rapidamente fez com que voltassem ao trabalho de escavação e ficou à parte, para examinar a estátua mais de perto.

Ele apresentou uma expressão de surpresa entre os dentes, pois suas habilidades em Necromancia revelaram que a estátua estava viva. As centenas e centenas de anos em que ela havia descansado sob as areias secas do templo não haviam extinguido sua identidade. O espírito presente no corpo de bronze percebeu o viajante depois de muitos minutos passados, como se estivera acordando de um longo descanso. O viajante sentia uma pergunta em sua mente, como a coceira de um inseto caminhando sobre sua pele.

Onde se encontram os sacerdotes do templo?

Ele enviou seus pensamentos para a estátua pelos olhos desta. *Mortos, todos mortos e tombados em cinzas.*

Ele sentiu a ciência do espírito no bronze expandir-se conforme este olhava para a frente; para isso não eram necessários olhos físicos, mas era capaz de perceber todas as direções de uma só vez.

Desolação, desolação, o fim dos dias; a glória de Deus apagada como uma tocha de bambu na água do rio, e o teto da casa está caído.

Com um grito de lamentação, o espírito voou para cima por meio da coroa da cabeça da estátua e fugiu lastimosamente, no céu noturno. Um dos trabalhadores ergueu a cabeça para perguntar ao viajante o que havia causado o estranho som. Perdido em seus próprios pensamentos, o viajante não respondeu, o homem deu de ombros e continuou a escavar.

Embora trabalhassem até uma hora antes da primeira luz da aurora aparecer, não encontraram nenhum outro tesouro. Talvez estivesse muito profundamente enterrado para que fosse desenterrado em uma única noite. O trabalho não poderia continuar durante uma segunda noite sem a certeza de serem descobertos pelos habitantes da cidade, então, com arrependimento, o viajante ordenou que a estátua vazia e sem vida de Amun fosse lançada de volta para dentro do poço e que o buraco fosse preenchido. Pela manhã, não havia nenhum traço do trabalho noturno.

 O vale localizado no banco oeste do Nilo que guarda as tumbas das casas nobres de Tebas é uma terra desolada, de areia e rocha, circundada por altos despenhadeiros e íngremes declives. Buracos no solo revelam onde os ladrões haviam saqueado os locais de sepultamento no passado distante, pois, embora os arquitetos das tumbas tivessem sofrido muito para ocultar suas localizações, sempre houve trabalhadores que sabiam os lugares em que ouro estava escondido, e cuja cobiça era mais poderosa do que seu medo dos deuses. As tumbas que permanecem não perturbadas são bem ocultas e enterradas profundamente, e pode ser que nunca sejam encontradas por meios naturais.

 O viajante é sábio de somente explorar o vale dos mortos sob a luz do Sol, nunca durante a noite. O vale é habitado por espectros vampiros que não conseguem passar da barreira de seus limites, mas, dentro dos limites das colinas que se erguem em forma de torres, estão eternamente em busca de sangue fresco, pois se alimentam da essência vital que é mantida no sangue corrente. Eles não bebem o sangue em si, não tendo lábios de carne para sugá-lo, mas se nutrem com os humores exalados do sangue, momentos após jorrar da pele. Eles não possuem nenhuma parte física, ainda que, de alguma maneira, sejam capazes de cortar a pele para que o sangue flua e, dessa forma, se alimentarem. Os cortes desses espectros são inferiores à extensão de um dedo e são facilmente tomados por engano pela mordida de algum inseto noturno. Eles são rasos e, tão afiadas são as garras dos espectros que os fazem, que acabam por não causar dor, sendo somente passíveis de serem notados pela umidade do sangue que deles sai.

 O perigo vindo desses espectros pareceria ser leve, pois um espectro não pode produzir mais do que um único corte na pele dentro do espaço de muitos minutos, além do que o sangue que jorra deste não passa de algumas gotas. No entanto, o aroma de sangue fresco os atrai de suas tumbas como os insetos que picam são atraídos pela respiração, além de compelir uma horda invisível ao redor do viajante desavisado que se aventura no vale à noite, cada espectro fazendo um novo corte em alguma parte de sua pele, sem que a roupa possa protegê-lo de tais ferimentos.

Dentro de pouco tempo, o infeliz viajante encontrará a si mesmo ensopado de sangue da cabeça aos pés. Em razão do fato de os cortes não causarem dor alguma, a umidade é sua primeira ciência de seu perigo. Se ele for afortunado e robusto de corpo, perceberá o perigo antes da perda de sangue tornar seus membros fracos. Os espectros compelem uma massa não dividida ao redor de sua presa que sangra, alimentando-se de sua essência vital. Individualmente ou em parcos números, eles não podem ser detectados, exceto com o uso da segunda visão, mas quando se alimentam em uníssono em centenas, suas formas exercem uma pressão sobre a pele que é sentida como um abraço suave que aperta a carne por todos os lados, e torna os movimentos difíceis.

Há somente uma defesa contra os espectros vampiros e esta é a fuga súbita. Eles movem-se rapidamente, mas não com a velocidade de um homem correndo, e o viajante que mantiver tanto seus sentidos como seu equilíbrio pode distanciar-se, contanto que ele possa achar forças para lutar e atravessar seu círculo conforme eles se alimentam. É perigoso atravessar o chão do vale, pois este é coberto com rochas soltas que giram sob os pés. Caso o viajante tropece e caia, os espectros estarão sobre ele em um momento e dificilmente ele encontrará as reservas de forças para recuperar-se e ficar em pé, fugindo de seu alcance uma segunda vez.

Aqueles que seguem um curso sinuoso para buscar seu abraço e conseguem escapar de seus ardis o fazem sob a luz da Lua que mostra o caminho a seu olhar fixo e exaltado conforme prosseguem na fuga. Os viajantes que se deparam com os espectros durante a fase negra da Lua estão condenados, visto que não é possível, sem iluminação, correr pelo chão do vale coberto de rochas, ainda que evitem tropeçar. Uma lanterna ou tocha é insuficiente, visto não lançarem essas luzes artificiais com sua incandescência longe o suficiente à frente, de modo a propiciar uma forma de aviso sobre os obstáculos que se encontram no chão. Muitos são os homens que adentraram o vale dos mortos à noite somente para servirem como carne para os chacais no primeiro brilho da aurora, pois o que os espectros deixam para trás, os chacais e os falcões que se alimentam de cadáveres em decomposição consomem.

Cadáveres Errantes sobre a Segunda Catarata

Após muitos dias navegando além de Tebas, o rio Nilo torna-se difícil de ser percorrido, com seu curso quebrado por uma série de cataratas que necessitam de viagem por terra ao redor das águas turbulentas. Entre as cataratas, o progresso é feito rio acima em pequenos barcos facilmente virados pelos crocodilos que ficam à espera destes, como ficam por uma vaca descuidada que vem à beira do rio beber água. Com rápidos impulsos de suas longas caudas, essas terríveis bestas podem parcialmente se erguer da água para arrebatar e pegar um homem de dentro de um barco e o que levam para baixo nunca é recuperado. Por esse motivo, os donos dos barcos prendem penas da asa do pássaro conhecido como íbis* à proa, pois se acredita dentre aqueles que realizam transações comerciais ao longo do rio que a íbis e o crocodilo são inimigos mortais e que este teme a íbis. Isso não passa de uma

---

* N.T.: As íbis são aves pernaltas com pescoço longo e bico comprido e encurvado para baixo. São na maioria dos casos animais gregários, que vivem e se alimentam em grupo. Vivem em zonas costeiras ou perto de água, ricas nos seus alimentos preferenciais: crustáceos e moluscos. O grupo está distribuído pelas regiões quentes de todos os continentes. De acordo com a tradição popular em alguns países, a íbis é a última ave a desaparecer antes de um furacão e a primeira a surgir depois que a tempestade passa. No Egito antigo, a íbis era objeto de veneração religiosa e associada ao deus Thoth.

fábula, pois homens foram arrancados de barcos que portam a pena de íbis e, até mesmo, com penas similares atadas ao redor de seus pescoços.

Acima da Segunda Catarata, os homens que moram ao longo do Nilo não são mais egípcios, mas sim uma raça negra que possui seus próprios costumes e deuses. Alguns de nossos eruditos acreditam que, a partir dessa região do Nilo Superior, a rainha de Sabá veio e visitou Salomão em Jerusalém para sentar a seus pés e aprender sua sabedoria, mas a verdadeira localização da terra de Sabá foi esquecida. Os deuses dos povos são muitos e selvagens, de acordo com sua natureza, pois as pessoas usam pouca roupa e falam em uma língua gutural, além de serem hostis aos estranhos em seus vilarejos até que sejam aplacados com presentes. O principal dentre os deuses é Bes, um selvagem gordo e pequeno que fizera seu caminho até Tebas como um indício de boa fortuna. Ele não tem nenhum laço sanguíneo com a linhagem dos deuses egípcios, mas é um intruso vulgar em sua terra.

A despeito de sua falta de graças sociais e da ausência de notáveis monumentos em pedra que atestariam suas habilidades como construtores, a raça negra acima da Segunda Catarata gerou feiticeiros tão poderosos como qualquer um no mundo. Eles idolatram Yig na forma viva de uma grande serpente ou dragão que tem 30 passos* do nariz à cauda e esmaga cavalos e bois em suas espirais antes de engoli-los completamente. Essa besta é maior do que o basilisco,** mas não tem veneno algum e confia somente em sua força para matar a presa. Eles também adoram a Tsathoggua,*** um deus dos Antigos, embora não seja um de seus sete senhores, o qual é adorado com maior frequência

---

* N.T.: Passo: medida de comprimento (0,762 metro).
** N.T.: O basilisco é uma serpente fantástica. Plínio, o Velho, o descreve como uma serpente com uma coroa dourada. Durante a Idade Média era representado como tendo uma cabeça de galo ou, mais raramente, de homem. Para a heráldica, o basilisco é visto como um animal semelhante a um dragão com cabeça de galo. O basilisco é capaz de matar com um simples olhar. O único jeito de matá-lo é fazendo-o ver seu próprio reflexo em um espelho. Os basiliscos são inimigos mortais dos grifos. O parente mais próximo do Basilisco é a cocatrice, um réptil alado com pernas e crista de galo. Nasce de um ovo de galinha chocado por um sapo.
*** N.T.: Tsathoggua (*The Sleeper of N'kai*) é um personagem fictício dos Mitos de Cthulhu. Ele é a criação de Clark Ashton Smith e faz parte de seu ciclo Hiperbóreo. Tsathoggua (ou Zhothaqquah) é um Grande dos Antigos, um ser divino do panteão. Sua primeira aparição como ídolo odioso foi no conto de Smith *The Tale of Satampra Zeiros*, escrito em 1929 e publicado em novembro de 1931, na edição de *Weird Tales*. H.P. Lovecraft tomou emprestada a entidade para sua história *The Mound* (1940).

em regiões quentes e úmidas onde a lama é fértil e espessa com criaturas rastejantes.

De todos os Antigos, Tsathoggua é o mais malicioso, exceto somente por Nyarlathotep. Sua forma é aquela de um grande sapo com a cabeça de um homem, tendo uma boca com uma abertura ampla e comprida, além de olhos bulbosos. Em termos de poder, ele se iguala ou sobrepuja os senhores, mas em alguma era distante, ele fora lançado de seu meio e compelido a morar sozinho e à parte nas profundezas mais baixas das galerias subterrâneas arqueadas de Zin, ficando cada vez mais gordo e mais obsceno nos rios de sangue derramados em seus altares por seus adoradores inumanos fanáticos. O motivo para sua expulsão do círculo de senhores não pode ser dito, pois revelá-lo é morte certa, porém essa é a causa da fome infinda e constante do deus, além de ter relação com a queda do Dragão no Poço Sem Fundo sobre o qual nada mais pode ser sugerido.

Muito tempo depois de a raça inumana que os idolatrava nas profundas cavernas haver decaído até o ponto de barbaridade negligente, as estátuas negras de Tsathoggua foram descobertas abandonadas em seus templos nas galerias subterrâneas de Zin por homens que se aventuraram a ir lá e foram carregados para cima, por fim alcançando a superfície da terra, onde o culto do deus sapo aumentava seu poder nas Terras Negras. O sangue espesso de sacrifícios derramado ante o olhar fixo e maligno de sua estátua é utilizado para criar um licor dos deuses, vivo e animado pelo deus e sujeito a sua vontade. É insensato aventurar-se dentro de um templo de Tsathoggua, pois esse sentinela viscoso nunca dorme.

Os xamãs da raça negra de Khem, como eles denominam a terra em sua própria língua, têm o poder de controlar os corpos dos mortos, mas não da mesma maneira como os sacerdotes de Nyarlathotep em Tebas, pois os sacerdotes da Esfinge ressuscitam as múmias daqueles mortos há tempos para uma vida natural, de forma que suas almas retornam a sua carne e sejam, em todos os aspectos, como eram antes da morte; mas os xamãs acima da Segunda Catarata são somente capazes de fazer levantar os corpos daqueles recentemente mortos e animar seus corpos de um modo não natural, por meio da invocação de espíritos demoníacos feitos pelo poder de Tsathoggua para morar nessas casas de carne decadente. Os corpos continuam a ser corrompidos depois de receberem uma aparência de vida, de forma que seu tempo de uso é limitado e, por fim, caem em uma massa pútrida, ainda que se movam e estejam conscientes, pois o espírito habitando o cadáver não partirá até que o corpo tenha ficado incapaz de realizar qualquer movimento.

Os demônios chamados para entrar na carne morta dão a seus receptáculos uma grande força e são obedientes aos xamãs que os invocam, pois somente os xamãs têm conhecimento para destruir esses espíritos infernais, embora outros magos sejam capazes de chamá-los ou bani-los. Os xamãs usam tais mortos que caminham sem firmeza para realizarem seus propósitos dentre seu povo e é certo que um homem que insulta um xamã, ou recusa-se a pagar a oferta esperada, será visitado na noite por um dos invólucros possuídos e será morto. Essa prática comum levantou grande ódio entre as pessoas comuns contra os xamãs, mas o terror impede-os de agir para livrarem a terra desses ultrajes. Cada vilarejo ao longo do rio tem seu próprio chefe, seu próprio xamã e seu aprendiz, mas o xamã governa o chefe, o qual não pode impor as leis sem sua cooperação.

Nesse lugar, a Cristandade não tem nenhuma fortaleza, nem é a fé do Islã conhecida dentre aqueles dessa raça selvagem. Há uns poucos espalhados que praticam os modos de Moisés, pois a fé dos hebreus espalhou-se desde a terra da Etiópia que se encontra ao leste, onde durara por séculos. Como as leis de Moisés se estabeleceram tão longe no sul de Jerusalém é um mistério, mas muitos afirmam que a rainha de Sabá, quando retornara de sua visita a Salomão, trouxe sua fé e instituíra sua prática. Os amuletos dos hebreus podem ser vistos ao redor dos pescoços das pessoas comuns, as quais não têm nenhuma compreensão do que as letras representam e, com maior frequência, é o nome de Deus com quatro letras, denominado pelos gregos *tetragrammaton*,* o que simplesmente quer dizer quatro letras.

Durante o dia, os mortos possuídos jazem em caixas ou em buracos rasos sob a terra, o que não os incomoda, visto não terem necessidade de respirar e serem imunes ao desconforto.

---

* N.T.: Tetragrama é uma palavra ou nome que tem quatro letras. Do grego antigo Tetragrámmaton: τετραγράμ, que significa "quatro letras", é a expressão escrita constituída de quatro letras ou sinais gráficos, destinada a representar uma palavra, acrônimo, abreviatura, sigla e também a pauta musical de quatro linhas do canto-chão. É comumente utilizado no sentido definido pelo Tetragrama YHVH, que algumas religiões e crenças definem como sendo o nome misterioso de Deus.

Quando o xamã que os criou deseja enviá-los para realizarem sua vontade, ele os invoca por meio de um pequeno apito feito a partir do osso mais fino do antebraço humano. Os xamãs consideram esses apitos como objetos preciosos e nunca os removem do fio ao redor de seus pescoços. Eles podem produzir três notas que são fracas e de tom alto, como os gritos de pássaros arrojados, mas por meio da variação da extensão e da ordem das notas, os sons que eles fazem são infinitos em número. Para as pessoas comuns dessa raça, nenhum som na noite é mais aterrorizante do que o assobio de um xamã.

Depois que o cadáver andante for chamado de seu repouso, o xamã leva-o até a casa ou outro lugar onde se deve encontrar a vítima pretendida e oferece ao cadáver um objeto que esteve em contato próximo com a carne do homem que o demônio possuidor deve matar. Aparos de cabelo e de unha são mais frequentemente utilizados, no entanto, uma vestimenta manchada de suor, uma sandália ou até mesmo um pedaço seco de excremento também servirão. A partir do contato que este objeto teve uma vez com a pessoa, o demônio habitante do cadáver sabe quem ele deve matar e procede diretamente ao homem desafortunado; nem irá qualquer oposição ou subterfúgio tirá-lo de seu propósito, pois, embora se mova de forma desajeitada, nunca se cansa nem cessa de perseguir sua intenção até que tenha realizado o desejo do xamã.

Um jovem guerreiro que tinha ofendido o xamã de seu vilarejo recusando-se a pagar-lhe a oferta de ouro requerida conseguiu evitar seu destino durante 11 dias por meio de constante voo, durante os quais ele não pausava nem para comer nem para dormir. Entretanto, na 12ª noite a exaustão o atingiu e sobrepujou-o, e o cadáver andarilho invocado pelo xamã, muito putrefeito e deformado pelos longos dias passados deitado no chão sob o Sol e caminhando nas trilhas sob a Lua e cheio de besouros e vermes rastejantes, estrangulou-o em seu sono de forma que o jovem exaurido acordasse para a morte.

Somente os próprios xamãs são imunes aos assassinos que criam, pois uma determinada música tocada no murmúrio do osso envia o demônio que habita o cadáver para longe com um grito espectral, e a carcaça humana vazia desaba no chão. Dessa forma, os xamãs não podem fazer presa de sua própria espécie, mas todos os outros — do mais inferior mendigo até o rei da região — estão a mercê de seu desprazer. Consequentemente, eles são tratados com um respeito exagerado e adquiriram uma dignidade que é um tanto quanto cômica por parte dos líderes de sua raça, pois eles andam usualmente nus e sem se lavar, com seu cabelo longo emplastrado com lama e com suas faces pintadas. Mesmo assim, é invariavelmente o rei que se prostra perante o líder dos xamãs, não o xamã-chefe que rasteja aos pés do rei. Os líderes da região utilizam as artes dos xamãs para descobrir seus inimigos e matá-los e, em nenhuma outra terra, é o assassínio por artes mágicas tão assiduamente praticado.

    Um viajante a Khem, versado nas artes da Necromancia e resoluto de coração, fará bem em capturar e abduzir um desses xamãs e, por meio de tortura, aprender a música que separa o demônio de sua casca morta. Depois de matar o homem e tomar o apito de osso do seu pescoço, ele irá, desse ponto em diante, ser capaz de investigar as práticas e os segredos dos xamãs sem temor de que um cadáver vitalizado seja enviado para matá-lo. Mesmo assim, precauções devem ser tomadas para impedir a admissão ao local de dormir sem levantar nenhum alarme, pois é prática furtiva dessas criaturas não naturais rastejarem sobre sua presa enquanto eles dormem, por isso todos os xamãs dormem apenas enquanto seu aprendiz acorda e observa.

Os Mercados de Livros de Alexandria

Aqueles que partem do Egito por via marítima comumente o fazem cruzando o porto de Alexandria, estabelecido pelo conquistador grego de mesmo nome durante sua ocupação dessa terra. Nos dias dos césares, esta era a grande cidade do Egito, mas em recentes gerações sua grandeza pereceu e seu porto foi enchendo-se de limo, ainda que, a despeito dessa negligência, permaneça o portão para muitos que vêm ao Egito das terras distantes atravessando o oceano. Em outras cidades do Nilo, os estrangeiros são observados com desconfiança e os moradores locais evitam a comunicação com eles, mas em Alexandria uma dúzia de línguas diferentes podem ser ouvidas por um homem que fique parado de pé na praça do mercado. A língua mais comum da cidade ainda é o grego, pois a cidade foi construída pelos gregos e colonizada por eles, e muitas famílias antigas e honoráveis que serviram às administrações de Ptolomeu ainda permanecem.

A história da grande biblioteca de Alexandria — que continha mais livros do que qualquer outra biblioteca no mundo, era a maravilha dos eruditos, que viajavam de cidades distantes para estudar seus manuscritos, e que sob as agressões dos romanos foi queimada e todos seus livros, perdidos — é tão bem conhecida que não precisa ser repetida. Em um aspecto, a história da biblioteca é imprecisa, pois quando foi queimada, nem todos seus livros foram destruídos. Muitos escribas e nobres da cidade correram para dentro do edifício em chamas antes do colapso de seu teto e salvaram exércitos de preciosos pergaminhos e rolos de papiros. Até mesmo depois da passagem dos séculos, estes ainda podem ser encontrados nessa cidade, oferecidos para venda pelos gregos e judeus que realizam transações com livros raros e, em alguns, a fuligem e marcas de queimaduras das chamas ainda são visíveis.

A mais rara dessas obras, da qual mal se sussurra algo, visto que tão poucos que comercializam livros sabem de sua existência, é um pergaminho de papiro em um rolo de fêmur humano polido escrito no idioma dos Antigos, embora suas letras sejam gregas. É uma cópia de um livro mais antigo do que a raça humana e neste está descrita a história dos Antigos e de sua guerra contra as Criaturas Antigas, mas seu assunto somente não é o que o torna tão precioso. Cada linha do idioma dos Antigos é traduzida por uma linha na língua grega escrita imediatamente abaixo da primeira. Por meio do estudo desse pergaminho, é possível aprender as palavras de poder na língua dos Antigos, e é por esse motivo que a obra é mais buscada do que qualquer outro livro por homens versados na sabedoria arcana.

O judeu que possui o pergaminho não o venderá, pois se tornou seu ganha pão. No entanto, por uma extraordinária quantia em ouro, ele permitirá que eruditos cuidadosamente selecionados copiem o texto durante o curto período de um dia e uma noite. Ele não está disposto a permitir que sua preciosa obra permaneça durante mais tempo do que isso fora de seu cofre. Nem permitirá a alguém que pague por esse privilégio contratar um escriba para a realização do trabalho, mas o próprio erudito deve pegar pena e papel e fazer a cópia com suas próprias mãos sob cuidadosa observação, em um local que é fortificado contra a intrusão de ladrões. Ninguém que copia do pergaminho sabe de sua localização, visto que esta é uma parte de seu acordo, que sejam conduzidos com os olhos vendados e sozinhos ao local onde o trabalho é realizado. Eles vão à meia-noite e retornam à meia-noite da noite seguinte, com o tanto da obra que forem capazes de transcrever, pois o trabalho é longo e difícil e é o desprazer de muitos que pagam o preço que eles devem deixar antes de terem completado suas cópias.

Cada homem que reproduz o pergaminho faz um potente juramento de nunca revelar seu conteúdo ou sua existência a qualquer outro, pois o proprietário deste não deseja que seu preço seja diminuído por competição; mas a razão que ele apresenta é a de que o trabalho é muito perigoso para que se corra o risco da corrupção de seu conteúdo por meio de repetida transcrição de cópias imperfeitas.

Para selar seu juramento, os compradores da obra imprimem as impressões digitais de seus polegares em um contrato em pergaminho utilizando seu próprio sangue. Há aqueles que, em terras distantes, riram deste juramento e tentaram vender cópias da obra, mas eles invariavelmente encontram o infortúnio e quaisquer cópias que fizeram são rapidamente perdidas ou destruídas por eventos aparentemente naturais. De fato, é um grande risco até mencionar a existência do livro, de forma que entre os poucos espalhados pelo mundo que sabem de sua existência, raramente se encontra alguém disposto a falar sobre ele.

Aqueles que buscam essa obra e possuem a riqueza em ouro para comprá-la, pois o dono dela não aceitará nenhum pagamento que não seja feito em ouro, deve investigar a respeito dela na cabana que se localiza na rua que se estende diante do antigo templo de Hermes, o qual, atualmente, não passa de uma ruína, visto que as vigas de cedro de seu teto caíram depois de séculos de negligência. O sinal da cabana é o Pavão Verde, e o proprietário não responderá a nenhuma pergunta sobre o livro, mas se for mostrado a ele ouro suficiente para atender ao preço requisitado e tiver motivos para acreditar que sua investigação é merecida, ele falará com um homem que é capaz de entrar em contato com o proprietário do livro, o qual você nunca encontrará cara a cara, nem jamais saberá seu nome. Até que a questão seja decidida, você deverá arrumar um espaço na cabana e se cuidar para dormir sob seu teto a cada noite.

Se sua solicitação de comprar uma cópia de um dia da obra for rejeitada, você deve fugir de Alexandria, pois se ficar mais tempo, certamente será assassinado, e três dias de espera é o suficiente para decidir a questão. No entanto, se o dono aceitar sua oferta de pagamento, você não saberá disso até a meia-noite na segunda ou na terceira noite depois de falar com o mantenedor da cabana, quando um homem que tem sua face velada o acordará de seu sono e aceitará seu pagamento em ouro e, então, colocará um capuz sobre sua cabeça e o guiará até a casa onde o livro deve ser copiado.

Pergaminho, penas e tinta da mais fina qualidade esperarão por você lá, tudo mais do que suficiente para suas necessidades. Uma lamparina arde na mesa quando você adentra a sala onde o trabalho será realizado, mas mediante sua solicitação, até três lamparinas serão fornecidas, e os assistentes mantêm-nas cuidadosamente enfeitadas e cheias de óleo. A janela da câmara fica sempre com as venezianas fechadas, de forma que você não consegue saber se é dia ou noite. Antes de ser permitido a você ver ou tocar o pergaminho, um dos atendentes trará uma bacia de água límpida na qual você deverá lavar suas mãos, além de um pedaço de pano de linho para secar seus dedos.

O pergaminho é carregado em uma pequena caixa de marfim entalhado presa com dobradiças e fechos de prata. Os assistentes não dirão, ou não sabem, se a caixa foi feita ao mesmo tempo em que o pergaminho, ou se foi feita em um período posterior a isso para o fim de contê-lo, mas as formas aterrorizantes entalhadas em sua tampa e nas suas laterais são diferentes de quaisquer das bestas que caminham na superfície da terra nesta era e equiparam-se a descrições de criaturas similares contidas no texto do livro. O pergaminho em si é bem preservado, não apresentando nenhum sinal de fragilidade que com tanta frequência atinge antigos rolos de papiros expostos aos raios do Sol, e suas tintas não estão descoloridas, mas tão brilhantes e claras como no dia em que foram usadas para escrevê-lo. Na parte superior, encontra-se um curioso dragão convoluto em vermelho, verde e dourado, cujo corpo rasteja para baixo, para o canto esquerdo do papiro até sua parte inferior. As letras em grego não são em geral pequenas, mas bem formadas, tornando uma questão fácil lê-las para alguém que tenha boa visão.

Nem mesmo por um instante você estará sozinho com o precioso rolo de pergaminho. Nem pelo mais mísero momento será tirado de você o olhar fixo de pelo menos um dos dois assistentes enquanto você fica sentado à mesa e, em uma febre de pressa, busca fazer uma réplica de tudo, ainda de modo a evitar erros na transcrição. No entanto, os assistentes, embora sejam bem armados e estejam sempre vigilantes, não são versados nas artes da magia. Com um feitiço pouco conhecido murmurado sob a respiração, eles podem ser embalados em um transe acordado no qual acreditarão em qualquer coisa que lhes possa ser dita, como se tivesse realmente acontecido.

Uma história é relatada por alguém que tem verdadeiro conhecimento do assunto e em cujas palavras se pode confiar, de que não há muitos anos um necromante de outras terras lançara esse feitiço sobre seus sentidos e assim conseguira, à meia-noite, deixar a câmara selada com o pergaminho original em suas mãos, ao passo que sua cópia recentemente feita permanecera sobre a mesa. Os enfeitiçados assistentes viram, conforme ele desejava que eles vissem, o pergaminho sobre a mesa e a cópia em sua mão, mas o inverso era a verdade. Em razão de o necromante não ter violado seu juramento de que ele não faria cópias de sua própria cópia da obra, nenhuma consequência fatal caiu sobre ele.

O dono do pergaminho da cidade de Alexandria nunca falou da substituição e deve-se presumir que, a partir daquele dia até hoje, aqueles que pagam em ouro pelo direito de transcreverem essa obra em texto a partir de um embuste com base nas folhas do pergaminho desse esperto escriba e não a partir do original, do qual se diz estar mantido em segurança oculto em algum lugar em Damasco. Que inferno! O necromante foi descuidado em sua escrita das letras gregas, visto que ele sabia de antemão que deixaria a câmara com janelas fechadas juntamente com o original, e sua cópia continha numerosos erros na pronúncia da língua dos Antigos que a tornam uma obra de pouco valor, além de ser uma curiosidade dispendiosa.

Os Zigurates e os Observadores do Tempo

Tendo exaurido as possibilidades e a hospitalidade do Egito, aquele em busca de sabedoria arcana faz bem em virar sua face para o norte através do oceano e dali para o leste, para o vale entre os rios Tigre e Eufrates, onde estão os monumentos e as cidades da Babilônia, que era grande sob as estrelas quando o mundo era jovem. Essa região é uma planície árida da qual se erguem em intervalos os templos dos antigos, erigidos sobre montes de pedregulhos que os elevam acima da terra circundante. Os montes não são naturais, mas o resultado de incontáveis gerações de habitação humana, cada qual construída sobre as cinzas daquela que existira antes desta, mudo testemunho de que esta terra foi o local de moradia de nossa raça por mais tempo do que qualquer outra.

Os templos têm a forma de pirâmides que diferem daquelas dos egípcios no fato de que seus lados não são polidos, mas sim com degraus em uma multiplicidade de níveis, cada um menor do que o abaixo deste. Nem são eles locais de sepultamento de reis, mas sim câmaras de religião. Sobre seus topos planos, eram realizadas adorações sob o céu noturno, pois essas pessoas adoravam as estrelas como seus deuses e buscavam diligentemente uma compreensão de seus padrões e movimentos, de forma que

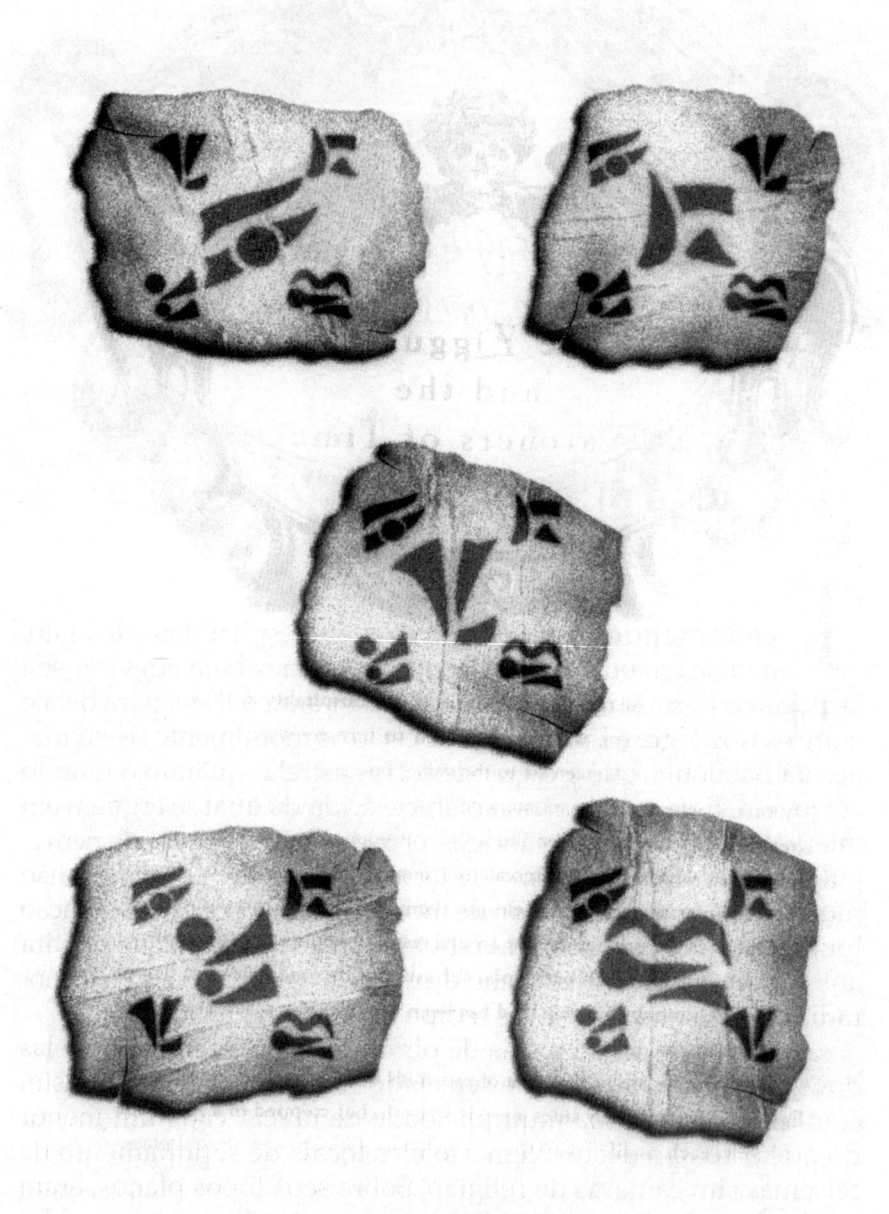

Os selos dos zigurates.

nenhuma raça fosse mais versada na arte de Astrologia. Foram eles que deram os nomes às estrelas e que em primeiro lugar predisseram suas viradas cíclicas.

Seus deuses são aqueles dos céus, mas seus demônios são aqueles da terra e dos locais sob a terra, e eles excedem em seu conhecimento desses seres malevolentes. Cada zigurate* é construído no topo de um portal para as regiões inferiores e age como seu selo, impedindo o escape das criaturas maléficas das profundezas para o mundo superior, onde eles devastariam a terra e brutalmente matariam todos os que tentassem se opor a eles. Pelos poderes dos deuses superiores esses portais são selados, no entanto, somente por tanto tempo quanto os deuses forem adorados e o sacrifício for oferecido. A maioria dos zigurates caiu em desuso e foi abandonada, até mesmo pelos cultos dos deuses antigos que lembram seu propósito, e as travas sobre os portões inferiores decaíram e perderam sua força, de modo que, de vez em quando, nos momentos em que a Lua está negra, as criaturas malévolas abaixo rastejam para cima em direção às planícies e seguem em busca de presas.

Cada zigurate extrai força perniciosa das profundezas da terra e, por sua própria forma e certos sinais entalhados em pedras dispostos neste em um padrão preciso, ele projeta sua potência acumulada em um raio que não atravessa nenhum espaço comum tal como os homens o conhecem, mas sim os golfos do tempo. Os raios do tempo são projetados próximo a grandes fogueiras iluminadas nos topos desses templos. Um raio não pode ser enviado para fora durante mais do que alguns minutos e somente em longos intervalos, pois isso consome a força acumulada em seu zigurate durante um período de tempo de anos e o zigurate deve, então, ser deixado na terra sem cultivo para restaurar seu potencial. E este é o motivo pelo qual os babilônios fizeram muitos desses monumentos, colocando-os onde quer que os portões para as regiões infernais sob a terra dessem abertura a sua força negra,

---

* N.T.: O *Zigurate* (mais corretamente, em português seria "uma" Zigurate, pois o substantivo é feminino nas antigas línguas do Próximo Oriente) é uma forma de templo, comum aos Sumérios, Babilônios e Assírios, referente à época do antigo Vale da Mesopotâmia e construído como pirâmides terraplanadas, com o formato de diversos andares construídos um sobre o outro, tendo o diferencial de que cada andar tinha uma área inferior à plataforma ínfera sobre a qual fora construído — as plataformas poderiam ser retangulares, ovais ou quadradas, com número variando entre dois e sete.

de forma que eles não teriam raios com os quais penetrar o véu do tempo quando necessário.

Os homens da planície foram ensinados a fazer os zigurates por seus deuses mais secretos e reverenciados, os quais são uma raça de destruidores do tempo conhecidos para os babilônios como os Guardiões. É prática desta raça divina perscrutar através do tempo tanto no passado como no futuro, buscando sabedoria secreta e formando raios para carregarem-nos de uma era a outra. Em sua própria língua, eles denominam-se a Grande Raça, e seu mundo é denominado Yith. Não são nativos de nossa esfera terrestre, mas vieram há longas eras em forma intangível por meio de uma espécie de voo da alma através das estrelas e habitavam os corpos das criaturas que encontravam, fazendo daquelas formas as suas próprias, pois eles são tão antigos que a forma de seus corpos originais, caso de fato tenham sido ligados a uma carne, foi esquecida até mesmo pelos próprios *yithianos*.

Histórias a respeito dos Guardiões abundam, tornando fácil a tarefa de extraí-las dos lábios dos jovens sacerdotes nas lojas de vinhos, onde eles diariamente se encontram para praticar idolatria e jogos de azar, pois não há homens santos mais libertinos ou lascivos em todo o mundo do que aqueles que moram entre os grandes rios. Eles não falarão de seus deuses enquanto estiverem sóbrios, mas depois que ficarem bêbados, eles se vangloriam de seus poderes e de sua comunicação íntima com esses seres estranhos. Pelo preço de algumas taças de vinho, irão alegremente expor sua história completa, à medida que seja de conhecimento de sua religião.

Os sacerdotes contam como a Grande Raça fugiu da destruição de seu próprio mundo, embora qual cataclismo havia causado seu fim nunca tenha sido revelado àqueles que os adoram. Nas brumas primais de nosso passado, suas almas fugiram pelos vastos desertos de espaço e estabeleceram moradia nas maiores e mais fortes criaturas então viventes em nosso mundo que eram compatíveis com suas mentes. Diz-se que o corpo desses seres é similar a um cone com longos braços tenazes que lembram aquelas de um escorpião e, acima deste, está uma pequena cabeça redonda ao longo de um pedúnculo em separado, do qual se estende uma boca que se projeta na forma similar à de uma trombeta. Eles raramente são vistos por aqueles que os adoram, pois os *yithianos* preferem ainda viajar no tempo em um estado não corpóreo e assumir o corpo de alguma forma conveniente de vida quando chegam a seu destino.

Há muito, eles foram adiante no tempo até a terra de Babilônia e habitaram os corpos de homens, que são lembrados no texto hebreu da criação intitulado Bereshit como os filhos de Deus, pois mesmo que isso tenha ocorrido em nosso passado distante, era um tempo futuro para os *yithianos*. Eles não carregavam nenhuma ferramenta física nem armas através do tempo, não tendo o poder de mover coisas materiais dessa forma sem a ajuda dos zigurates, mas sua sabedoria era superior àquela de qualquer homem e, por fim, eles vieram a reinar sobre a terra, pois os corpos de seus hospedeiros se tornaram imortais em razão da sua presença. Para seu prazer, além de para atender a seus propósitos na era da espécie humana, eles se casaram com as mais belas mulheres de nascimento nobre e originaram em seus ventres filhas e filhos, criando uma nova raça que era na aparência exterior na forma do homem, mas, em seu interior, possuíam uma parte da vasta inteligência de seus pais.

Os filhos dos Guardiões foram poderosos guerreiros e com vida longa. Eles realizaram guerras contra os povos de todas as terras vizinhas e forçaram-nos à subjugação a um rei, que era o líder dos Guardiões habitando nossa era. Em números, os Guardiões eram poucos, mas seus filhos multiplicaram-se e tornaram-se muitos. Eles aplicaram suas grandes mentes à sabedoria dos Guardiões, a qual fora livremente concedida a eles. Desse modo, tornaram-se mestres não somente de guerra como também do trabalho com metal e criação de ornamentos, além do uso de encantamentos e no conhecimento dos céus. Conforme sua sabedoria aumentava, assim também acontecia com sua perversidade, e ninguém pode se equiparar ao seu deleite na perversão e abominação.

Essas questões são escritas no livro de Enoch,* o profeta, o qual entrou em um dos raios dos zigurates e nunca mais foi visto nos tempos de nossa história, ou assim ensinam os sacerdotes degenerados que ainda acendem fogueiras no topo desses monumentos e fazem portais para conceder oferendas aos Guardiões. Enoch escreveu a verdade, mas ele não escreveu tudo que sabia e não sabia tudo a respeito dos atos dos *yithianos* entre os homens. Ele velou suas palavras nas conversas de sua fé para torná-las

---

* N.E.: Sugerimos a leitura de *O Livro de Enoch – O Profeta*, Madras Editora.

menos estranhas e não se atreveu a escrever o verdadeiro nome dos Guardiões, os quais são claramente inscritos aqui.

Depois que a riqueza e os povos de todas as terras entre os rios foram subjugados pelos filhos dos Guardiões e suas gerações, a construção de zigurates teve início. Por sua sabedoria, os Guardiões selecionaram os locais de poder e inspecionaram a construção das torres de pedra e de blocos e a colocação dentro de suas paredes dos selos que eram capazes de direcionar a força acumulada, quando ativados pelo calor do fogo. O propósito primário dos zigurates é o do transporte de objetos materiais através do tempo. Embora estivesse dentro da capacidade dos *yithianos* projetar suas almas no futuro e habitar os corpos de homens, não estava no limite de sua capacidade carregar as coisas que eles cobiçavam em nossos tempos até sua era antiga ou trazer seus estranhos corpos cônicos à frente até nosso tempo.

Isso os zigurates permitiram que eles fizessem, mas somente por breves períodos de minutos e somente pela passagem de um único ser ou carga de substâncias preciosas do peso de um cavalo. Uma vez utilizado, um zigurate deve ficar inerte durante anos antes que seu potencial de projetar um raio de tempo seja novamente ganho. Essas limitações frustraram grandemente os Guardiões, os quais desejavam viajar livremente e ter transporte livre entre seu próprio tempo e nosso tempo. Por esse motivo, eles conceberam um grande zigurate mais alto e mais amplo do que qualquer um que já havia sido feito, com o intento de que possuísse uma força tão vasta que seu raio brilharia através dos anos incessantemente, não necessitando de nenhum período de restauração, e fazê-lo como se fosse uma porta aberta cruzando o tempo, mas esta ambição provou ser sua derrocada.

A Torre de Babel e a Queda dos Observadores

A **história do grande zigurate de eternidade** é narrada no livro da criação dos hebreus, os quais a receberam dos babilônios durante seu cativeiro após a queda do Primeiro Templo. No entanto, não é bem contada e há muitas coisas a serem adicionadas à narrativa antes de poder ser compreendida pelos sábios. Os hebreus denominaram-na Babel, uma palavra que utilizavam para dizer *muitas línguas*. Entretanto, no idioma de Yith, *babel* significa "o portal infinito", pois assim o monumento tão altaneiro, maior do que qualquer coisa já vista feita pelas mãos do homem, foi denominado pelos Guardiões.

As criaturas de Yith são uma raça paciente, como convém aos mestres do tempo. Durante o curto espaço de tempo de diversas gerações humanas, tais criaturas prepararam as fundações da torre, tendo-na por meio de suas artes localizado na terra entre os rios possuidores das maiores confluências de forças subterrâneas lá convergindo em linhas poderosas como raios de uma roda. Mais gerações passaram enquanto eles transportavam selos burilados de seu próprio tempo distante através dos raios dos portais inferiores. Estes foram feitos de uma estranha pedra a não ser escavada na era dos Guardiões, pois as colinas de onde vieram há muito tempo haviam afundado sob as ondas do oceano.

Com grande cuidado, os selos foram inseridos no corpo do zigurate, conforme seus cursos escalavam até as nuvens. À medida que os selos se multiplicavam em número, eles tiravam poder da terra, e o zigurate por completo começou a brilhar com estranhas cores e a pulsar com um tom profundo como o baixo canto de muitas vozes.

Os trabalhadores comuns que colocavam as pedras em seus lugares começaram a olhar com temor uns para os outros e alguns largaram no chão suas ferramentas e recusaram-se a trabalhar, mas os descendentes arrogantes dos Guardiões chicoteavam-nos com açoites e assassinavam com espadas quem não se levantasse, de forma que pelo medo que criaram nos corações desses indivíduos, o terror das estranhas cores e das poderosas criaturas foi sobrepujado, completando o trabalho. Na noite em que o portal da eternidade devia ter sido aberto, todos os Guardiões, dos quais se diz serem em número de 200, no livro de Enoch, o profeta, agruparam-se na base do zigurate e a eles juntaram-se seus filhos dentre os homens, assim como os descendentes deles até a décima geração, pois todos desejavam presenciar a maravilha do portal.

As cores que emitiam luz trêmula sobre as pedras do zigurate estavam cegantes, assim como o profundo parasita de dentro de seu corpo podia ser sentido por meio das sandálias nas solas dos pés, ou assim narram as crônicas dos sacerdotes que adoram os zigurates inferiores em nossa era. O próprio rei, que era o líder dos Guardiões e de longa data, posicionou a tocha para que os gravetos entrassem em atrito e assim acendessem o fogo no altar. Como esperado, um feixe de luz branca ascendeu em direção aos céus e, onde este feixe se ergueu das chamas, o portal através do tempo foi aberto.

Tão grande era a aclamação das centenas de pessoas reunidas para presenciar o evento que poucos notaram o mais profundo ruído surdo e prolongado dentro das pedras abaixo deles, nem a luz bruxuleante que começara a dançar ao longo do raio ascendente. Conforme o rumor aumentava, ficando mais alto, os gritos de vozes foram se tornando pouco audíveis ou incompreensíveis e, por fim, transformaram-se em uma fala ininteligível. Até mesmo o rei, o qual estava parado de pé mais próximo ao altar, teve dificuldade em manter-se de pé e, por fim, foi atirado ao chão de joelhos sobre ele, com uma expressão de perplexidade. Um grande relâmpago, centenas de vezes maior do que qualquer outro que o mundo já houvesse presenciado, precipitou-se em direção ao chão, ao longo do feixe ascendente de luz e cortou seu caminho para o centro do zigurate através de suas pedras, derretendo-as com seu calor. Todos ficaram cegos e surdos e muitos nos locais mais altos de adorno da estrutura foram instantaneamente lançados de lado para encontrar a morte.

O ruído retumbante na terra ficava mais alto conforme as pessoas fugiam para baixo na escada que serpenteava em uma espiral ao redor dos quatro lados em declive da torre, empurrando aqueles que bloqueavam seus caminhos pela borda abaixo. Por fim, o zigurate foi dividido como se por uma espada de fogo, e suas pedras caíram em uma cascata ensurdecedora. Todos os que permaneceram em confusão sobre suas alturas foram mortos, assim como a maioria daqueles ocupantes de seus níveis intermediários. Somente uns poucos escaparam da morte pela chuva de pedras, aqueles que haviam fugido rapidamente das alturas e os que se encontravam no nível mais ínfimo, os quais eram da décima geração dos filhos dos Guardiões, cujo sangue era o mais fraco e que não haviam tido o mérito da honra de obtenção de um lugar mais alto no zigurate.

O crepúsculo da manhã revelou uma ruína em forma de fumaça de pedras enegrecidas e centenas carbonizadas, além de cadáveres desnudos, cujas vestimentas haviam sido queimadas e jaziam espalhadas sobre a planície. Os Guardiões não mais existiam. Dos mais fortes de seus filhos, somente uns poucos viviam e dentro do período de um mês, todos os que haviam ficado em pé defronte ao zigurate estavam mortos, pois o relâmpago que havia despedaçado a torre enviara ao sangue de todos que estavam em seus níveis uma espécie de veneno que tirava sua força e fazia com que seu cabelo caísse. O governo da terra foi lançado em completa confusão, pois não restou ninguém para liderar. Aquelas pessoas subjugadas pelos Guardiões recomeçaram seus antigos costumes e seus idiomas e retornaram a seus antigos lares. Assim foram dispersos os povos da planície e, dessa forma, sua grandeza se perdeu. Onde eles haviam sido uma nação sob a regência dos Guardiões, eles tornaram-se muitas nações.

Essas coisas aconteceram incontáveis gerações antes do surgimento da Babilônia, ainda que a queda do grande zigurate seja descrita em uma das placas de ouro no corredor com Pilares sob a esfinge. Ela apresenta a torre separada por um raio e dois dos Guardiões lançados abaixo de suas alturas. Somente um homem que tenha ouvido a respeito da história da queda de Babel compreenderia seu verdadeiro significado.

A tendência do fogo sobre os zigurates menores continua até mesmo em nosso tempo, embora a ignorância daqueles que coletam madeira para as fogueiras seja tão grande que somente os padres sabem a que propósito servem. Os raios ainda são enviados através do tempo ao mundo antigo onde habitam os *yithianos* em seus corpos primordiais e oferendas de bolos e vinho são passadas através dos portais acima das chamas. Entretanto, durante muitas eras nada emergiu daqueles portais. A Grande Raça é sempre paciente e pode ser que esteja meramente esperando pelas condições adequadas a seus propósitos antes de, uma vez mais, enviar suas almas à frente no tempo, pois o envio da alma não requer nenhum portal. Por quanto tempo eles hão de esperar, nenhum homem pode dizer.

As Ruínas da Babilônia

Não é seguro caminhar à noite entre as ruínas da Babilônia, onde os fantasmas da cidade uivam sua afronta ao vento, o que faz com que pareçam ecos de seus gritos quando a cidade foi destruída e transformada em um deserto para as feras e como até mesmo as mulheres e os bebês foram subjugados pelas espadas de seus conquistadores. As pedras de fundação são quase tão antigas como aquelas dos zigurates na planície; tocá-las é sentir seus anos, o que faz com que as pedras do Egito pareçam recentemente escavadas, exceto pela pedra da Esfinge. Nenhuma habitação comum está de pé onde uma vez florescera a Babilônia. Poucos se aventuram a andar lá sob o Sol, e menos ainda têm a coragem de entrar nos ossos caídos de seus portões sob a Lua. A terra está completamente entregue à morte e ao passado, além de criaturas de propósito maléfico.

Quando a Babilônia foi derrubada, suas muralhas e seus templos foram trazidos abaixo até a última pedra ou o último bloco e seus poços foram cheios com areia, mas os esgotos que se encontram sob a cidade não foram destruídos e, em parte, permanecem como eram, embora estejam secos. Esses canais são um trabalho de maravilhosa habilidade comparável com a ingenuidade dos romanos, pois a lama e os dejetos da cidade não fluem em sarjetas abaixo do centro das ruas como ocorre na maioria de nossas cidades modernas, mas em grandes túneis sob a terra que protegiam os habitantes de seus maus cheiros e ocasionaram a remoção dos ratos para o subsolo onde eles causavam pouco problema. Esses túneis são arqueados e altos o suficiente para que um homem alto por lá caminhe ereto. Em alguns lugares, são tão largos que não podem ser medidos por braços estendidos. Lugares onde o teto caiu apresentam um tênue e intermitente brilho durante o dia e, sob a luz do luar, raios oblíquos servem mais como guia do que como iluminação.

    Sob o centro da cidade, encontra-se uma profunda e ampla cisterna ou poço de captura, que coletava os dejetos mais pesados e impedia que estes obstruíssem os túneis menores que carregavam o escoamento para longe das muralhas da cidade. Sem dúvida alguma, quando a Babilônia era habitada, esta era periodicamente limpa e esvaziada. Atualmente, serve como local de morada de uma estranha criatura da qual se pode dizer que seja o monarca da Babilônia, visto que nenhuma outra criatura impura da noite se atreve a contestar sua primazia. É uma das crias de Shub-Niggurath e é mais antiga do que a própria cidade. Seu corpo com escamas reluz com a vermelhidão de cinzas quentes e agonizantes. Em tamanho, é igual à maior das casas e, em forma, lembra o grifo, exceto pelo fato de que sua cauda é barbada e todas suas quatro pernas são providas de garras. Ela mantém as grandes asas negras sem penas, mas similares ao couro como as asas de um morcego, dobradas ao longo de suas costas curvadas e, visto que seu alimento não é encontrado nos túneis nem nas ruínas da cidade, essa criatura utiliza essas asas para voar para longe através do céu noturno buscando a presa.

    Na verdade, é um monstro terrível e deve ser evitado, exceto pelo mais audaz dos viajantes buscando sabedoria arcana que não pode ser aprendida em circunstâncias mais plácidas. Para aqueles que possuem o segredo para mantê-la presa, é uma fonte de conhecimento e, por esse motivo, ela não tem uma cabeça, mas sim sete e essas cabeças se estendem em pescoços alongados a partir de seus ombros desajeitados e mudam suas formas constantemente; sempre o número de cabeças é sete, mas nunca são as mesmas sete cabeças. Suas faces e formas transformam-se umas nas outras conforme são observadas, tornando-se ora a cabeça de um homem de idade avançada, ora a cabeça de um soldado, ora a cabeça de uma criança e ora de uma meretriz, ou virgem, ou sacerdote, ou escravo, pois essa besta come carne humana e não busca nenhum outro tipo de alimento.

    É a natureza dessa besta capturar almas e mentes daqueles que ela consome e retê-las consigo mesma. Cada alma expressa a si mesma por meio da projeção de sua cabeça e, quando aquela cabeça é formulada, ela é capaz de responder a qualquer pergunta que se possa fazer a esta, pois se lembra de todo seu conhecimento adquirido durante a vida. A mais forte das almas daqueles consumidos por essa criatura projeta suas cabeças com mais frequência, mas não consegue sustentar sua projeção por mais tempo do que a alma mais fraca, o que não ultrapassa uma décima parte de uma hora, de forma que as cabeças constantemente se mesclam na carne escamosa da besta e mudam para outras cabeças. As almas falam independentemente da besta, mas não podem agir de acordo com suas próprias vontades.

    É frustrante buscar uma resposta complexa à questão da Necromancia a partir da cabeça de um feiticeiro, somente para vê-la afundar e ser substituída pela cabeça de uma criança que chora. O número de cabeças na besta é incontável, tamanha é sua idade. Ela não consegue impedir que as cabeças falem, mas tenta matar e consumir o viajante que lhes questiona. Suas armas são suas garras negras afiadas, mais longas do que os dedos estendidos de um homem e um bico cinza curvado que está disposto na base dos pescoços abaixo das cabeças mutantes. Ela vê pelos olhos daqueles que ela fizera ser parte de si mesma e ouve com seus ouvidos, mas come com sua própria boca que é incapaz de articular a fala, ainda que possa emitir guinchos lancinantes de raiva como aqueles de um falcão, porém muitas vezes mais alto. Se ela possui consciência própria, completamente independente das mentes daqueles que ela consumiu, não fica evidente a partir de suas ações, as quais são aquelas de um animal que não pensa. Mesmo assim, é extraordinária e esperará o viajante relaxar em sua vigilância e, em seguida, tentará atacá-lo.

    O Selo Antigo gravado em um disco de ouro e usado ao redor do pescoço mantém a besta a distância. Ela respeita o Selo Antigo por ser algo associado aos Antigos e, embora o selo não possa lhe causar danos nem até mesmo restringi-la de nenhuma forma material, ela o teme como o lobo teme a própria vista da fogueira de acampamentos, mesmo não tendo sofrido nenhuma queimadura. O viajante que não for afortunado de possuir o talismã do selo se arrisca ao desmembramento o tempo todo em que ele permanecer nos esgotos a menos que saiba como fazer o Sinal Antigo com a mão, pois este quando feito com a mão abranda a raiva da besta quase tão bem quanto a marca gravada do selo.

 O verdadeiro modo de fazer esse sinal é o de cruzar o dedo mais longo da mão direita no topo do terceiro dedo e tocar a ponta do primeiro dedo contra a ponta do polegar. O polegar e o primeiro dedo unidos são projetados para a frente enquanto seguram o dedo menor na vertical e os dedos do meio cruzados em um ângulo intermediário. Com prática, este sinal pode ser formado em um instante sempre que a criatura exibir agressão, além de ser mantido por quanto tempo se fizer necessário.

 A proteção oferecida pela exibição do sinal é efetiva até mesmo em escuridão total; de alguma maneira que não pode ser sondada, a besta sente sua presença quando não consegue ser vista pelos olhos. Talvez as linhas e junções dos dedos do sinal mudem a verdadeira forma e textura do espaço em si, de modo que a besta possa sentir sua forma, como acontece com as marcas gravadas do selo; esta é uma questão de conjetura, entretanto é certo que o sinal resguarda a vida de alguém que se aventure a entrar nos esgotos sob a Babilônia e não deve ser omitido, visto que adentrar tais túneis na ignorância dessa marcação é morte certa.

 Entre nos esgotos próximos aos restos do portão leste através do poço que se encontra entre os dois Pilares caídos, um dos quais foi quebrado em três partes. Abra seu caminho em direção oeste ao centro da cidade, onde se situa a cisterna seca na qual a criatura mora. Você saberá que está próximo quando ouvir os gritos e murmúrios de suas cabeças, pois elas nunca cessam de lamentar seu fado e muitas delas são loucas e brigam entre si, além de repreender severamente e insultar umas às outras como sua única recreação. O fedor da criatura é forte e isso também o guiará. Os ratos nos túneis fornecem uma alimentação adequada, mas seu sangue é excepcionalmente espesso e salgado, de forma que é sensato carregar odres de água se você pretende permanecer lá por mais de uma única noite.

O tempo para questionar as cabeças não é longo. Durante as horas do dia, a besta dorme ou descansa em torpor e as cabeças são indiferentes e não respondem às perguntas. Talvez elas sonhem? Quem pode saber? Mas é certo que não têm nenhum uso nesse estado para a coleta de conhecimento. A besta se moverá para o estado de vigília caso se aproxime dela, de modo a se defender, mas uma vez que ela perceba que não há ameaças, voltará a seu sono. Uma vez que a escuridão completa tenha caído, ela não permanece nos túneis, mas se apressa para longe e emerge pelo poço no portão leste, o qual é a mais ampla entrada para os esgotos, e estica suas asas e voa no topo em busca de alimento. Na aurora, ela retorna e dorme imediatamente, tenha se alimentado ou não. Somente na hora do crepúsculo está completamente acordada e consciente e, nesse momento, ela pode ser questionada a respeito de qualquer tópico e fornecerá respostas tais como as cabeças que são projetadas se importarem em fornecer.

As cabeças não podem ser forçadas a responder por nenhum meio físico, visto serem indestrutíveis. Se atingidas com a grande raiva da besta, elas meramente crescem de novo de seus ombros em algum momento posteriormente. No entanto, é possível para o viajante sábio utilizar seu conhecimento para compelir as cabeças a falarem de diversos modos, brincando com a fraqueza e a vaidade das almas que elas expressam ou jogando uma cabeça contra as outras. Cada uma das mais potentes cabeças, as quais emergem da carne do monstro com mais frequência, acredita ser ela a mais sábia e deleita-se em contradizer ou corrigir as respostas das outras. Dessa forma, o conhecimento pode ser ganho, se o viajante for paciente.

A mais sábia das cabeças é de um feiticeiro de nome Belaka, o qual morava há muito tempo nas montanhas do leste. Seu crânio é careca e a pele de suas têmporas, assim como seus dentes, são amarelos como pergaminho velho, mas seus olhos negros mantêm sagaz ciência e brilham com deleite, como se saboreassem alguma pervertida pilhéria. Ele é o mais velho entre as cabeças que permanecem sãs, e o que emerge com mais frequência da besta. Ele fala prontamente com aqueles que visitam os esgotos e compartilhará seus segredos arcanos, entretanto, por diversão, às vezes prescreve coisas em línguas esquecidas para provocar seu ouvinte. Uma tocha em brasa atirada em sua face na mão esquerda, enquanto o Sinal antigo é feito com a mão direita para manter a besta controlada, lembrará a ele deste local e fará com que retorne a nossa linguagem comum, a qual ele aprendeu pelo murmúrio de outras cabeças.

    Ele gosta de relatar a sua morte, como em uma noite, enquanto caminhava em uma trilha na montanha, depois de realizar o sacrifício de uma cabra sob as estrelas, ele foi surpreendido pelo suave bater de asas. Antes que ele pudesse levantar sua cabeça, as sombras envolveram seu corpo, e as garras da besta perfuraram suas costas entre os ombros e dilaceraram sua espinha, tornando-o incapaz de mover seus braços ou pernas. Blasfemando imprecações contra o monstro que o detinha cativo, ele sentiu a si mesmo ser levado para o ar e carregado até a saliência de um rochedo de uma montanha ao alto, onde suportou a ignomínia de observar seu corpo sendo dilacerado de forma indolor, com a risada e as zombarias das sete cabeças do monstro, pois, tendo suportado essa indignidade, elas deleitam-se em ver outros sofrerem um horror igual.

Raiz de U'mal e a Maneira de Colhê-la

Ao cair do crepúsculo, depois de o Sol se pôr e quando as estrelas começam a aparecer, a besta emerge dos esgotos para a caçada. O viajante audaz, que segue seu progresso através dos túneis e deixa o poço silenciosamente, pode escolher esse momento para montar em suas costas entre suas asas estendidas, com as quais agita o ar para fortalecê-las depois de tê-las segurado rigidamente às suas costas. Um homem que usa uma gravura de cobre do antigo Selo próximo de seu pescoço como um talismã pode ousar realizar este feito, pois a tal homem a fera se submete. Caso não tenha nenhum talismã ao redor do pescoço, ele deve formar e reter o antigo Sinal o tempo todo em que estiver montado na besta ou esta se virará e o despedaçará. Seu peso não é nada para a criatura, a qual o carrega para cima, acima das mais altas montanhas em sua busca de comida.

É o hábito da besta caçar nas estradas e nas rotas das caravanas, e circular nas cercanias de vilas e cidades. Às vezes, seu objetivo de voo leva-a além do rio Eufrates, onde até mesmo os pilotos de barcos de carga não estão seguros de seu ataque. Quando espia sua presa, dobra suas asas e curva-se como um falcão. Próximo ao solo, de repente, estira suas asas e estica para baixo suas pernas dianteiras providas de garras. O viajante deve tomar um grande cuidado em prender-se a suas costas com tenacidade ou ele certamente será atirado longe. O infeliz e desavisado homem abaixo é roubado para os ares tão facilmente como uma mãe ergue um bebê de seu berço e, antes que ele possa gritar, as garras do monstro apertam e furam seu tórax, matando-o.

Logo, enquanto a carne ainda estiver fresca e pingando sangue, a besta busca uma rocha plana e segura ou uma duna de areia na qual realiza o festim. Seu bico dilacera a carne do cadáver em longas faixas, deixando somente ossos nus e a pele que recobre as mãos, pés e cabeça, visto que não há alimento suficiente nessas partes do corpo que sejam de seu interesse. No crânio, ela abre uma rachadura com seu bico, de modo que possa devorar o cérebro. Como a alma do morto que entra na besta não fica evidente, no entanto, ela pode ser consumida juntamente com o sangue, visto ser o sangue o alicerce da alma no corpo.

Depois de realizar o festim, a fera faz uma estranha peregrinação de propósito misterioso, pois voa até uma montanha solitária no deserto, plana em seu pico e lá pousa diante de uma pedra que se destaca na horizontal. A pedra é tão grande quanto aquelas encontradas no templo de Albion, entretanto são negras em vez de azuis. Do tempo em que ela chega até um pouco antes do nascer do Sol, ela circula a pedra e faz homenagens perante esta, curvando seu corpo e fazendo reverências, curvando suas muitas cabeças como se fora em adoração, além de que as vozes das cabeças ficam silenciosas. Nenhuma marca está entalhada na pedra e não há qualquer sinal a ser encontrado no pico que mostrem a presença de mãos humanas lá. As almas devoradas pela fera são ignorantes dos propósitos noturnos desta, porém, o mais sábio de todos eles, o feiticeiro Balaka, especula ser o local de origem da criatura (ou de sua criação) e que, ao chegar à montanha, ela retorne a seu primeiro lar.

A terra plana do topo da montanha é infrutífera, exceto pelos pequenos tufos de gramíneas de cor quase chegando ao tom de marrom que crescem entre as rochas e uma espécie de planta, denominada u'mal por Balaka, que não é encontrada em nenhum outro lugar do mundo. U'mal é consistente e seca, e cresce próximo às rochas em meio às gramíneas. Ela tem uma pequena flor branca que lembra uma estrela. Quando arrancada da terra, sua raiz espessa é exposta e nela reside sua virtude. A raiz seca, mascada juntamente com sangue humano, cura todas as doenças, até mesmo aquelas invariavelmente fatais. A raiz somente é insuficiente, e o sangue deve ser removido do corpo de um ser humano vivo que não seja o do homem em busca do remédio, pois seu próprio sangue não terá serventia para conceder potência à raiz. O sumo da raiz, quando entra em contato com a boca, torna-se abrasador e faz seu curso através dos membros, direcionando a doença antes de expeli-la do corpo, de forma tal que o trabalho de cura é apenas uma questão de minutos.

U'mal não poderia crescer no pico sem as visitas noturnas da besta. Em seu girar ao redor da pedra perpendicular, ela derruba seus excrementos sobre as rochas e a areia levada pelo vento e torna-as férteis para esta rara planta. Nem pode ser colhida, exceto por um homem que realize um "passeio" com a besta, pois o pico onde ela cresce é desconhecido e uma inspeção de seus declives revela ser impossível de escalar até mesmo se fosse sua localização de alguma forma determinada. Pode ser que o cume se encontre além dos limites da esfera terrestre, pois o ar no local tem uma curiosa qualidade vital não encontrada em nenhum outro lugar, além de se saber que alguns dos filhos de Shub-Niggurath têm o poder de formar uma ponte nos espaços entre os mundos.

Um tanto da raiz de u'mal como possa ser convenientemente carregado deve ser coletado enquanto a besta circula a pedra em sua adoração. Até mesmo quando seca e mantida guardada durante meses ou anos, ela não perde sua eficácia. Aqueles cientes disso estão dispostos a pagar vastas somas para possuir o mais simples fragmento, e um homem que mantenha um bom suprimento para seu próprio uso é imortal, visto que a raiz não cura somente qualquer doença da carne, como combate os efeitos da idade avançada uma vez a cada ciclo da Lua. A raiz não pode fazer um homem parecer mais jovem em seu semblante, nem curar cicatrizes causadoras de desfiguração, mas o torna enérgico em seus membros, de forma que possa realizar o trabalho de um jovem homem, além de torná-lo jovem em seu membro viril de maneira que realize feitos de atos sexuais, que lhes eram possíveis somente em juventude, a menos que, por alguma obra do azar, ele tenha sofrido a indignidade da castração.

    Quando a fera cessar a adoração da pedra e se aproximar da borda do cume para espalhar largamente suas asas, é chegado o momento de montar uma vez mais em suas costas, pois é este o sinal de seu preparo para alçar voo. No reluzir pálido do céu, ela voa em direção ao leste, pois o horizonte é mais brilhante à frente do que atrás desta. No entanto, tão cedo é que nada pode ser distinguido nas terras que passam abaixo dela, exceto pelas vagas sombras de agudos cumes que se erguem como as lâminas de espadas e de adagas. Acelerando no final dessa jornada, ela rasteja para dentro do poço próximo do portão leste da Babilônia, logo que o primeiro raio do Sol estiver abrindo espaço nas pedras de Pilares caídos. Tal é o ciclo monótono de sua vida, embora, na verdade, não seja ela mais insípida do que as vidas de muitos homens, os quais labutam desde a chegada da aurora até o crepúsculo para seus mestres e recebem parcas recompensas por ter entregado os frutos de seu trabalho e as preciosas e insubstituíveis batidas de seus corações.

O Vale do Éden

Das ruínas da Babilônia, aquele em busca de mistérios fará bem em virar seu rosto a leste através das terras rochosas para o rio Tigre, onde moram os remanescentes da casta real dos magos. Nenhum homem com maior sabedoria habita esse mundo, pois eles reuniram os segredos tanto do leste como do oeste e combinaram-nos em um único ensinamento. O caminho é árduo a pé, mas menos desanimador sobre um dos camelos que pode ser obtido no vilarejo de Hilla ao sul das ruínas.

Na primavera, por ocasião do equinócio, sente-se sobre seu camelo no portão leste da Babilônia e fixe seus olhos no Sol nascente pela manhã. Viaje diretamente em direção ao local de sua escalada no horizonte até o crepúsculo, sem parar para comer ou descansar até que a escuridão tenha caído. Faça isso a cada dia durante três dias e você chegará, ao pôr do sol do terceiro dia, sobre a abertura de uma passagem estreita em um percurso de colinas rochosas. Não pode ser vista tal abertura, exceto nos raios oblíquos do Sol poente, a qual revela a sombra de sua fenda. O calor que se ergue das rochas faz o ar dançar, de forma que a abertura da passagem pareça abrir e fechar, como se estivesse falando.

A descoberta da passagem não é uma questão fácil, até mesmo para alguém que sabe sua localização. Ela é guardada por um feitiço poderoso e antigo que desvia a mente quando o olhar recai sobre ela, de forma que vista ainda permaneça não vista. Apenas um homem versado nas artes da magia pode sentir esse encantamento e resistir obstinadamente, ainda que poucos entre os maiores feiticeiros com potência em suas artes sejam capazes de sobrepujar sua dissimulação sedutora, tão sutil, ainda que insistente seja seu raio nos olhos.

Adentre o espaço entre as paredes de rocha da passagem, o qual é tão apertado que apenas um único camelo pode entrar por vez e levará a um desfiladeiro muito estreito que, por fim, se abre em um amplo e agradável vale de terras férteis. Altos penhascos emergem por todo seu redor, tornando o acesso impossível, exceto a partir da passagem para o oeste. A partir de uma proeminência na parte oeste do vale, borbulha uma fonte de águas claras que se divide em quatro fluxos seguindo em quatro direções. Essas águas servem ao rico e escuro solo antes de se juntarem na extremidade leste do vale para seguir um fluxo em um curso único para dentro de uma caverna, onde elas desaparecem sob a terra, pois o chão do vale tem leves declives para baixo do oeste ao leste.

O vale oculto é denso com floresta e cheio de muitos pássaros e animais estranhos que não são encontrados em nenhum outro lugar, embora nenhum deles seja nocivo ao homem. Tão mansas são essas criaturas, que elas se aproximam sem medo até estarem próximas o suficiente para serem pegas entre as mãos e estranguladas, oferecendo ao viajante um pronto suprimento de carne fresca. Além disso, o vale tem muitas figueiras e nogueiras, de forma que alimentos de várias espécies existem em abundância. O ar parado é brando e carregado com o aroma de especiarias. De fato, não há terra mais agradável no mundo.

Na floresta, mora uma tribo gentil que foge da chegada dos viajantes e se esconde entre as árvores até que tenham partido. Esses bárbaros têm baixa estatura e pele escurecida pelo Sol, pois é seu costume andarem nus, exceto por alguns colares e pulseiras de contas de âmbar e de cristal em seus pescoços e em seus braços, além de flores brilhantemente coloridas trançadas em seu cabelo longo. Quando interrogados por meio de sinais feitos com as mãos, eles declaram em sua língua musical que o vale é sua terra, a qual elas chamam de Edena. Só pode ser o Éden descrito no livro sagrado hebraico Bereshit.*

São uma raça primitiva sem nenhum conhecimento de Necromancia e temem a violência, de forma tal que podem ser seguramente ignorados, visto ser improvável que ofereçam qualquer ameaça a um visitante de fora em sua terra, especialmente se ele se preocupar em demonstrar na garganta de algum entre seus maiores homens o uso de uma faca. A despeito de sua nudez, eles têm uma estranha graça em seu modo de caminhar e um orgulho incongruente em sua própria importância imaginada que os tornam divertidos de serem observados. Suas choupanas desocupadas contêm farturas de frutas e de nozes, poupando o viajante do trabalho de fazer incursões por comida na floresta. Sobre o fogo eles nada sabem, e suas ferramentas são de pedra. Nem possuem nenhuma forma de escrita ou de expressão pictórica. Ao cair do crepúsculo, cantam uns para os outros e pode ser que façam uso dessas canções para educar seus filhos. Sua maior habilidade reside em fazer cestas, em que eles se distinguem a ponto de o trançado delas ser como tecido fino.

No fundo do abrigo da mais alta e mais antiga das árvores da floresta, encontra-se uma pequena clareira de terra desfolhada que tem, em seu centro, um obelisco negro da altura de um homem, erguendo-se a partir do centro de um disco de pedra que parece uma grande pedra de moinho. O disco é de pedra comum do vale, no entanto o obelisco é estranho àquela região. Seus quatro lados são manchados com sangue seco cor de ferrugem e essa mesma mancha colore a roda de pedra que é seu suporte, pois os primitivos adoram a pedra negra como seu deus e oferecem-lhe um sacrifício de sangue diariamente. Eles não se alimentarão de porcos selvagens que vicejam em tal abundância na floresta a menos que tivesse sua garganta cortada com uma faca de pedra contra o pilar negro diante da multidão da tribo. Seu deus deve alimentar-se antes que o povo o faça e esta é sua maneira de prestar-lhe homenagem. Não tendo meios de cozinhar a carne, consomem-na crua em finas tiras, mas piladas com ervas secas de modo a amaciar sua textura.

É estranho testemunhar um sacrifício de sangue feito por uma raça tão tímida e passiva, mas eles o fazem para afastar a imaginada ira de seu deus, a quem dão o nome de Yad em seu próprio idioma, embora se este é um nome próprio ou meramente um título de respeito não seja facilmente determinado. Quando eles pronunciam o nome, curvam suas cabeças e apontam para o céu como se temessem olhar para cima. Fazem isso tanto à noite como durante o dia, de forma que fica evidente que seu deus não é nem o Sol nem a Lua, mas o próprio céu, ou algo que mora nos céus.

Próximo aos desfiladeiros na extremidade leste do vale, ergue-se um terreno cercado no meio de uma pequena planície de altas gramíneas. Tal terreno possui quatro paredes, tão altas como a mais alta palmeira, com 500 passos de extensão. As muralhas não têm emendas e são formadas a partir de uma espécie de vidro negro, suave e frio ao toque, que não transmite a luz do Sol. Um dos afluentes da fonte que abastece com água o chão do vale flui sob o canto da parede oeste desse recinto fechado. Também disposto em sua parede a oeste está um portão feito de madeira negra com a dureza do ferro, preso com faixas de ferro e dobradiças, o qual é eternamente selado por dentro.

Se um dos homens bárbaros for capturado e compelido por uso de força a caminhar em direção ao portão, ele começa a tremer e a gritar, repetidamente, as palavras *poamala yaida raas* e *oxiayal teloc*, com sua aflição aumentando até que, por fim, ele caia sobre seu rosto no chão e não possa, por meio algum de persuasão, ser feito com que chegue mais perto. Evitar o portão é a maior motivação de toda essa raça, a qual eles adquirem na mais tenra idade. Até mesmo animais de baixa inteligência aprendem a evitar o que lhes causa dor, pois o cão se esquiva de uma pedra nas mãos de alguém e o lobo não se aproximará de um fogo aberto. O homem de sabedoria pode obter conhecimentos a partir dos animais do campo, observando seus modos, e deveria notar que, na base do portão, as flores crescem atingindo maior altura. Ele faz bem em evitar qualquer abordagem próxima do portão negro e de modo algum o tocará com sua mão desprotegida.

Uma porta não é a única passagem para o lado interno de uma casa trancada. Embora haja uma abertura apertada entre as águas do córrego e a base da parede onde as águas adentram o recinto fechado, segurando a respiração nos pulmões e empurrando com as mãos as pedras ásperas no leito do córrego, é possível passar sob a fundação da parede e emergir do outro lado sem danos. Assim passa o peixe do vale para o recinto fechado e deste para o vale, e assim também pode um homem passar, caso simule os modos de um peixe.

O Trono da Sabedoria

A **densa floresta dentro do terreno** cercado é muito similar àquela do restante do vale, exceto que é marcada por caminhos de pedra tortuosos para a caminhada sob as árvores. As pedras que pavimentam os caminhos são maiores do que a altura de um homem, mas muito fortemente unidas, nada além de uma folha de grama cresce entre elas. Encontram-se cercadas pelas árvores em ambos os lados, de modo que estejam em sombra perpétua. Do interior da floresta, podem ser ouvidas as canções de estranhos pássaros e gritos de animais; no entanto, o viajante deve resistir ao anseio de explorar as sombrias árvores, pois eis algo fácil, perder-se sob sua cobertura e perambular em círculos.

Os caminhos que se entrelaçam serpenteiam em seus trajetos até o centro do cerco, onde há uma grande clareira com duas colinas baixas cobertas com gramíneas. Entre estas flui o rio abaixo da parede ao oeste. Cada uma das colinas tem em seu topo uma grande árvore. A árvore na colina ao norte é verde com folhas e novos cultivos, além de ter abundantes globos vermelhos de fruta suculenta. Na colina ao sul, ergue-se somente um tronco exposto e sem cobertura, galhos retorcidos desolados e privados de folhas e de casca. A cor de sua madeira é de osso descolorido. Durante incontáveis eras, nada crescera na árvore, mas alguma extraordinária propriedade de sua madeira a preserva da decadência.

As frutas nos galhos inferiores da árvore que cresce na colina ao norte curvam-se até a proximidade do chão e parecem fáceis de serem colhidas, mas quando se aproxima dela, descobre-se que ela abriga inúmeras serpentes venenosas que fazem seus ninhos e criam seus filhotes entre suas folhas. Em termos de comprimento, as serpentes adultas são menores do que o antebraço de um homem e seus corpos negros são matizados com brilhantes manchas irregulares de cor, dentre as quais o amarelo e o laranja predominam, de forma tal que suas peles quase lembram asas de borboletas. As mães dessas víboras são ferozes na defesa de sua prole e não permitirão que um homem toque na árvore em nenhuma de suas partes. Além do mais, seu veneno constantemente cai, gota a gota, de suas bocas abertas e sibilantes sobre o fruto da árvore, tornando-o inadequado para ser ingerido mesmo se fosse possível colhê-lo sem ser atacado pelas serpentes.

Quando seco ao Sol, o veneno dessas serpentes se torna de um azul cristal que pode ser batido com uma pedra até virar fino pó. Este não perde sua potência com o passar do tempo, e, depois da passagem de anos, pode ser regenerado por intermédio da mistura do pó em vinho fervido. Se a lâmina de uma faca ou de uma espada for mergulhada durante um dia no líquido resultante, o mero arranhão na pele traz morte imediata. Um homem atingido por um golpe com tal arma envenenada sente falta de ar; em seguida, cai no chão em convulsões que não duram mais de um minuto antes que a vida se desvaneça de seu corpo. O cadáver de alguém morto desta maneira está sujeito à putrefação acelerada e se dissolverá em uma massa de substância deteriorada dentro do espaço de três noites. Sustenta-se a idéia de que a maior potência deste veneno pode se estender a um grau espantoso por meio da mistura de seus cristais com poderosos sais, ainda que sua força não diminua nem altere a forma ou o prazo da morte.

Diretamente entre as colinas uma ponte de pedra pequena atravessa o córrego, permitindo a passagem de um lado ao outro. Esta é incomumente larga para uma ponte de sua extensão, pois, no meio de sua parte oeste, foi construída uma elevada plataforma sobre a qual se ergue um trono em pedra entalhada de grande sutileza e beleza. O alto espaldar do trono tem a forma de asas dobradas e, entre elas, está entalhada uma cabeça de aspecto e proporções inumanos. Em sua testa, reluz um único olho aberto, formado por um grande rubi de sobrepujante claridade, fixo em uma incrustação de ouro. Os braços do trono são entalhados na forma de garras similares às do falcão.

Poucos são os viajantes que penetraram no vale oculto de Éden e menos ainda são aqueles audazes o bastante para adentrar o recôndito jardim de gramíneas negras e dar uma olhada no alicerce da sabedoria. Assim é chamado nos textos dissimulados de Ibn Schacabao, ainda que o sábio nunca tenha descrito sua forma, nem se supõe que ele o tenha visto com os próprios olhos. O trono é voltado ao leste, onde o fluxo do córrego que segue seu curso entre as colinas tem passagem sob a parede leste do local fechado. É direcionado de tal forma que, na aurora, seu ocupante observa o nascer do Sol entre as estreitas colinas que circundam a extremidade leste do vale. Os raios do Sol, atingindo o domo arredondado do rubi na parte traseira do trono acima da cabeça do ocupante de seu assento, ativa o poder do trono. Dessas verdades referentes ao trono da sabedoria, Ibn Schacabao, chamado de Alardeador por seus detratores, nada sabia, pois certamente não poderia ele haver resistido à tentação de dar dicas com relação a sua existência, caso disso tivesse conhecimento.

Sentar no trono da sabedoria ao nascer do Sol é vivenciar a onisciência de um deus, tão potente é sua influência sobre a mente, pois qualquer pergunta ou enigma que poderia ser considerado, não importando quão complexo, torna-se imediatamente uma brincadeira de criança. Os verdadeiros números e proporções do próprio espaço podem ser calculados e manipulados e ganha-se a passagem em um instante para quaisquer dos mais distantes mundos. Esta não é uma função do assento, no entanto, uma capacidade inerente da mente é acordada e possibilitada por este. Fosse um homem paciente o bastante para permanecer dentro do local fechado e, a cada dia da semana, colocar suas perguntas sentado no trono da sabedoria, no espaço de um ano saberia ele de todas as coisas e possuiria a capacidade dos Antigos.

Infelizmente, é a natureza de nossa raça tornar-se impaciente e cobiçar. Quando se tenta extrair o rubi posicionado na parte de trás do trono de seu local de incrustação com a ponta de uma faca, a guardiã do alicerce sente essa profanação e vem dos limites das estrelas trilhando o espaço com seus cabelos longos e bradando com tamanha fúria que o próprio ar treme e cai em lâminas congeladas. Ela vem do céu, com suas centenas de membros translúcidos flutuando aos ventos como serpentes e, no solitário olho no domo da testa, jaz a escuridão entre as estrelas. Com suas inumeráveis mãos, ela faz chover fogo abaixo no chão, escurecendo e chamuscando as gramíneas.

Caso o tolo viajante que tiver jogado fora sua chance de obter a sabedoria de eras em razão da sua entrega à luxúria por causa de uma única joia mova-se sem hesitação conforme ela se aproxima, ele pode ter tempo de voar para a parede leste do local cerrado e arremessar-se nas profundezas do córrego em fluxo sob este local enquanto o fogo se aproxima como chuva a seu redor e sua pele se cobre de bolhas.

A passagem abaixo da parede leste não é mais longa do que aquela abaixo do lado oeste, pois a parede se pressiona contra a base das colinas e o córrego não emerge uma vez mais, porém continua seu fluxo sob as rochas por algum pequeno caminho através de uma caverna.

Logo que a parede tenha sido ultrapassada, descobre-se ar respirável nesse canal sem luz e, por fim, a rápida inundação do córrego leva o viajante para o Sol novamente, além dos limites do vale do Éden. É uma questão fácil continuar andando a pé no percurso desse afluente, o qual conduz, depois da jornada de um dia e uma noite, aos bancos do rio Tigre e aos monastérios dos magos.

O Monastério dos Magos

O **monastério dos magos fica em uma** colina baixa contemplando o local de encontro de dois afluentes do rio Tigre, circundada por um bosque de palmeiras antigas e árvores frutíferas. É um complexo grande com muralhas, construído a partir de blocos de argila, com muitas camadas de tetos nivelados e quatro torres quadradas que se erguem em seus cantos e agem tanto como fortificações defensivas quanto como plataformas sobre as quais se observa os céus. Seu portão solitário abre-se para o leste e contempla uma ampla praça além da qual se encontra a conjunção do rio, onde há docas bem construídas para a ancoragem dos barcos. Campos de grãos estendem-se atrás da edificação para o oeste, zelados por um pequeno vilarejo de fazendeiros que moram completamente do lado de fora das muralhas do monastério em suas próprias cabanas simples, mas servem às necessidades dos monges e daqueles que fazem comércio com eles, e, desta forma, prosperam.

Em tempos de guerra, ou quando a terra é devastada por tribos de bandidos, os aldeões coletam seus grãos e criações e movem-se para dentro do portão do monastério, onde eles são protegidos. O monastério nunca caiu sob o ataque de exércitos hostis, pois suas muralhas são formidáveis e os monges defendem-na com vigor, sendo especialistas tanto no uso do arco como da espada. Poços profundos e grandes cisternas sob a edificação, juntamente com grandes armazéns de grãos, permitem que resista a um cerco prolongado de um inimigo determinado.

Aqueles que viajam no rio dependem do monastério tanto como um centro de comércio quanto como um porto seguro onde podem depositar suas mercadorias em confiança de que permanecerão sem ser molestadas. É um centro de aprendizado arcano, o maior em todo o mundo, atraindo eruditos de terras distantes que pagam grandes somas pelo privilégio de viver com os monges e estudar seus ensinamentos. A esses estudantes, os monges confiam sua sabedoria externa, mas reservam seu conhecimento interno aos membros de sua própria ordem. Os mercadores e eruditos estrangeiros moram em edificações que se encontram fora das paredes do monastério, pois os monges não admitem ninguém dentro de seu portão, exceto na terrível necessidade de guerra, quando seu senso de caridade os compele a oferecer o santuário aos desamparados.

Eles se autodenominam os Filhos de Sírio* e adoram como a expressão manifesta de seu deus a estrela *Ai Shi'ra*, a Estrela Cão dos egípcios, que arde tão fria e azul no firmamento. Cada monge faz um voto de castidade mediante a admissão na ordem, além de oferecer suas possessões mundanas para a ordem como seu voto. Se ele for um pobre trabalhador com somente um manto ou um rico mercante com dezenas de navios e muitas casas, ele oferece tudo, pois a riqueza do monastério é compartilhada em comum e nenhum monge desfruta do luxo que não está disponível para a menor parcela e os mais recentes dentre os membros.

As crenças religiosas desses monges são estranhas de serem determinadas com base em pouco conhecimento, pois resistem em falar deles diante pessoas de fora e conhecem-nas tão bem entre eles mesmos que não têm necessidade de discuti-las. Eles creem que

---

* N.T.: Sírio (Sírio) – A estrela mais brilhante na constelação Canis Major, o Grande Cão. Segundo a lenda, Órion estava acompanhado de dois cães de caça, representado pelas constelações do Cão Maior e do Cão Menor (Sírio A e Sírio B). A estrela mais brilhante do Cão Maior, Sírio, é também a estrela mais brilhante do céu, e é facilmente identificável a sudeste das Três Marias. Procyon é a estrela mais brilhante do Cão Menor, e aparece a leste das Três Marias. Betelgeuse, Sírio e Procyon formam um grande triângulo, como pode ser visto em: *http://astro.if.ufrgs.br/orionmap.gif*

eles mesmos são descendentes da casta sacerdotal dos magos que serviram na corte de Darius, o Grande, da Pérsia. Como chegaram a esse local remoto e se construíram seu monastério com suas próprias mãos ou o encontraram já aqui e aprimoraram-no para seus próprios propósitos não é alvo de conversas entre eles, e pode ser que os próprios monges não saibam a respeito desses acontecimentos, os quais ocorreram há muitas gerações. Não seguem nem os ensinamentos de Jesus nem os de Maomé, embora honrem ambos os profetas como inspirados pela luz divina. Nenhum ídolo nem imagens recebem sua adoração, nem têm eles altares como nós os conhecemos, nem fazem sacrifícios, mas adoram as estrelas por si mesmas e os mais altos princípios que nelas vivem.

Seu treinamento é austero e bélico. A cada dia, os monges, desde o mais esbelto jovem até o velho respeitável de idade mais avançada entre eles, colocam uma armadura e exercitam-se sobre os solos no interior das muralhas do monastério, onde praticam o uso da espada e do escudo e a precisão com o arco. Também fortalecem seus corpos levantando pesos de pedra e correndo ao redor do perímetro dos gramados do monastério. Sua comida é simples e em pouca quantidade. Eles sobrevivem principalmente à base de cevada fervida, carne de aves, frutas, manteiga, leite, peixe e ovos, pois evitam o consumo de carne vermelha. Dormem não mais de cinco horas por dia depois da meia-noite, pois as horas da escuridão antes da meia-noite eles passam estudando e adorando os céus de seus altos lugares, que existem em número abundante nos telhados das edificações do monastério.

Em um aspecto de seus ensinamentos, lembram aqueles do filósofo grego Pitágoras, pois mantêm a ideia de que qualquer forma de excesso deve ser evitada e que a moderação é a principal virtude da humanidade. Demonstram pelo uso de exemplos históricos que todas as privações e desastres de nossa raça foram o resultado de paixões imoderadas ou ações cometidas com precipitação negligente, além de afirmarem que, durante o tempo em que a mente governar o coração, a ordem continua, mas tão logo o coração devaste a mente, o resultado é caos. Raramente riem entre eles nem erguem as vozes com raiva, além de nunca serem vistos correndo, a menos que seja durante os exercícios ou quando algum perigo terrível torne a pressa inevitável.

O líder da ordem na atual geração é um homem de nome Rumius, por nascimento um homem nobre da Pérsia que viera a este local de encontro do rio Tigre quando garoto, tendo sido aqui enviado por sua família em reconhecimento de seu intelecto precoce, pois ele podia ler grego aos 5 anos de idade e hebraico aos 8 anos. Sua idade atual é difícil de ser determinada, pois suas costas não são curvadas e seu corpo é tão forte quanto o de um atleta, mas seu cabelo abundante e sua longa barba têm a brancura do leite. Ele é de estatura incomum, de forma que a cabeça da maioria dos homens chegam somente até seus ombros, ainda que seja de membros delgados. Seus olhos azuis e nariz reto parecem mais gregos do que persas, de modo que se pode suspeitar que seu parentesco não seja de sangue puro, mas misto. De fato, tão grandes são sua sagacidade e sua beleza que se poderia pensar que ele carrega o sangue dos filhos de Deus.

Jardins Interiores dos Filhos de Sírio

Um viajante ao monastério dos magos está livre para comprar ensinamentos, tais como os monges dispensam fora do portão àqueles que se juntam todos os dias na praça pavimentada. Nenhum aluno é recusado, contanto que se comporte de uma maneira decorosa e assista às aulas em silêncio. É permitido até mesmo às mulheres que se sentem aos pés dos monges, os quais ensinam, por meio de conferências, seja ficando em pé e declamando perante seus eruditos, ou andando para cima e para baixo conforme falam. Os monges mais jovens sozinhos realizam a tarefa dos professores, como se isso fosse uma questão de importância muito pequena para ocupar o tempo dos mais velhos. Eles ensinam Lógica, Retórica, Poética, Geometria, História, escrita e Aritmética. Faltando àquelas conferências estão as referências à mágica ou às artes arcanas, Astronomia, Geomancia ou Teologia. Com relação à natureza das esferas cósmicas e as estrelas dos céus, as quais compõem seu próprio estudo principal, eles nada dizem.

É logo aparente ao viajante bem versado em Necromancia e na sabedoria secreta deste mundo que nada de importante deve ser ganho sentando aos pés dos professores do lado de fora do portão. Até mesmo como as joias de um monarca não são deixadas espalhadas e largadas sobre pedras de pavimentação, mas são mantidas seguras em um cofre firme, a verdadeira sabedoria dos Filhos de Sírio é preservada dentro das muralhas do próprio monastério e nunca colocada em exposição para os olhos dos vulgares. Ainda assim, os monges estão acostumados a não admitir ninguém dentro do portão, exceto aqueles de sua ordem, e obter admissão à ordem é um trabalho de muitos meses.

Esse enigma não afastará o viajante de seu objetivo, se ele refletir que as ações dos monges são invariavelmente governadas pela compaixão. Um rico mercador ou um trabalhador completo em corpo e mente jamais seria por eles admitido, mas um pobre mendigo desfigurado em sua face e mutilado em seu corpo, cuja fraqueza de mente o tornou inadequado para permitir que ele garantisse os requisitos de alimentos e abrigo para sua sobrevivência, eles deixarão passar pelo portão para que ele possa ser protegido dos males e lhe fornecerão um local para dormir e comer, além de lhe dar determinadas tarefas que não requerem muito de seu intelecto enfraquecido, tais como varrer o chão da biblioteca e da sala do copista no monastério, além de coletar as tigelas vazias depois da refeição matinal no refeitório, onde é de costume por parte dos monges superiores apresentar palestras sobre assuntos arcanos enquanto seus irmãos se alimentam.

As áreas no interior das paredes do monastério são espaçosas e verdes, pois são diariamente protegidas do calor do Sol e muitas árvores que projetam sombras crescem entre as trilhas que cruzam esses relvados entre as três primeiras estruturas do composto.

O princípio destes é a grande biblioteca, a qual se estende para fora desde a parede ao norte em duas projeções que ficam de frente uma para a outra, formando um pátio profundo entre o que é decorado por uma estátua da deusa Ishtar sobre um pedestal. A estátua não é adorada pelos monges, mas serve para exemplificar em forma humana a excelência da deusa celestial. Aqui os monges estudam, ensinam o que aprenderam e realizam a administração da ordem. É em sua edificação que o frade da Ordem, Rumius, mantém seus escritórios e suas câmaras privadas, os quais são circundados pelas câmaras de seus conselheiros. Uma parte de cada dia é devotada por parte de cada um dos monges para copiar os manuscritos, a menos que a debilidade de seus olhos ou mãos os impeça de realizar este nobre trabalho.

A segunda edificação é o dormitório próximo à parede a oeste, onde os monges têm seus aposentos, além de confinar também os corredores onde eles comem e as salas onde se encontram para fazer suas preces e meditação. Anexos a estes estão as cozinhas e os currais para a criação, tais como galinhas para obtenção de ovos e vacas para o leite, coleta que é feita pelos próprios monges. Eles também produzem uma cerveja de excelente qualidade em seus tonéis. Na parte de trás do dormitório, próximo às cozinhas, estão os banheiros públicos, cujas águas são aquecidas pelos fogos da cozinha por uma série de bombas projetadas de modo inteligente, as quais são manipuladas pelos monges, o que força a água quente a passar pelas tubulações de chumbo.

    A estrutura final é menor e disposta na parte sul dos relvados e confina as oficinas dos monges e seus armários. É aqui que eles produzem seus móveis e suas roupas, pois é sua prática comprar o mínimo de artigos quanto for possível e fazê-los com suas próprias mãos, tantos quanto forem capazes. Desse modo, eles buscam reduzir sua dependência dos homens que vivem além das paredes do monastério. Em seus armários, fabricam os arcos únicos que usam para defender suas muralhas de ataques, mais longos do que o arco de guerra comum e mais espessos no centro, com extremidades fortemente afiladas que são curvadas para trás sobre si mesmas. Tão grande é sua força que as setas negras enviadas por suas cordas têm o poder de penetrar em qualquer armadura e em qualquer escudo. A abundância dessas setas em seus armazéns é notável, pois os monges se vangloriam de que poderiam soltá-las sobre um inimigo durante três dias e três noites seguidos sem parar e ainda assim não acabaria com seus números.

    O viajante, tendo ganho por meio de subterfúgio os espaços interiores, irá se preocupar em primeiro lugar com a biblioteca, onde o conhecimento é tão plenamente exibido pela diligência dos escribas. Contanto que ele simule ser um idiota com relação à arte, nenhum pergaminho será escondido de seu olhar atento e nenhum tópico será sussurrado com sua abordagem. Desse modo, a sabedoria dos descendentes dos magos deve ser adquirida a nenhum outro custo que não seja o do trabalho manual e, enquanto o viajante fizer de si mesmo útil aos monges, eles não o expelirão de seu portão.

    Um viajante recente tão bem encenara essa fraude que lhe foi dado livre acesso à sala do escriba o tempo todo, até mesmo quando nenhum dos monges estivesse presente. Desse modo, ele não somente era capaz de ler os preciosos pergaminhos e livros em processo de transcrição, mas também as mais recentes correspondências entre os agentes da ordem nos cantos distantes do mundo e Rumius, o qual, pessoalmente, dirige suas ações, visto ser o costume ter os espalhados e mal redigidos relatórios dos agentes reunidos e transcritos pela mão mais elegante de um escriba antes que o frade da ordem os leia. Esses agentes são comprometidos em uma batalha incessante contra as forças do mal e amplamente apoiados pela riqueza e sabedoria dos magos.

    O viajante, certa vez, teve o capricho de adicionar uma coda à transcrição de uma mensagem de um assassino com moradia na terra do Iêmen, referente à suposta adoção da adoração dos Antigos pelo monarca daquela terra, algo muitíssimo falso e pérfido, pois este rei era um verdadeiro crente das palavras do Profeta. De fato, o rei não tinha nenhuma falha, exceto pela tendência de punir com injustificada severidade a violação de sua confiança por parte daqueles que ele favorecia. Como um exemplo dessa severidade, conta-se a história de um jovem favorecido pelo rei e recebido em seu palácio como seu filho adotado, o qual violara a confiança do rei seduzindo sua única filha e deixando-a grávida. Por essa transgressão, o rei fez com que os genitais do jovem fossem removidos com uma faca, e sua face mutilada pela amputação de seu nariz e de suas orelhas, antes de lançá-lo no Espaço Vazio para morrer.

Depois que a adição foi feita ao relatório do assassino de Iêmen, dentro de dois ciclos de Lua, palavras chegaram ao monastério da morte repentina desse rei, aparentemente pela queda de uma pedra de uma parede enquanto o rei passava sob esta durante sua caminhada diária nos soalhos de seu palácio. Talvez não tenha sido mais do que um infortúnio, ou pode ser que tenha sido um ato de retribuição divina, pois os modos do céu são impenetráveis, e qual homem pode predizer a maneira como o destino será revelado?

O Objetivo Secreto dos Magos

Os monges sentam-se dentro da sala do copista em um mosteiro em longos bancos com mesas em ângulo, bem providas de penas e tinta. Eles dispendem poucos esforços em ornamentação ou iluminação, mas buscam reproduzir com grande precisão os mais antigos textos que copiam, muitos dos quais estão em estado de ruína graças aos efeitos da descoloração causada por fungos e vermes. A maioria é escrita em seu próprio idioma, mas muitos deles são obras em latim e grego e um número menor é em hebraico ou na antiga escrita pictórica dos egípcios, os quais tão poucos estudiosos de nossos dias conseguem ler.

Há outros livros não deste mundo, compostos de estranhas substâncias e de diversas formas, alguns no formato de um cubo que se abre para fora em muitas folhas sobrepostas, simulando as pétalas de uma grande flor, outros compostos de tubos aninhados com letras inscritas ao redor de suas superfícies externas em anéis paralelos. Alguns desses livros estranhos são de ouro, entretanto outros são feitos de metais não conhecidos de nossos alquimistas e uns poucos são cortados em finas chapas de pedra que lembram mármore polido. Essas estranhas obras são adquiridas por meio de comércio, pois todos os mercadores e pilotos sabem que os monges pagarão bem em moedas de prata por livros não usuais e enviam homens contratados para explorar tumbas antigas ou adquirirem quais textos possam por meios mais tortuosos ainda. Até aqueles nos idiomas que os monges não conseguem ler, eles os copiam em pergaminho de modo a garantir sua preservação e torná-los mais fáceis de estudar.

Todo o propósito de seu trabalho é o de aprender a história e a natureza dos Antigos. Embora valorizem o conhecimento por si, analisam cuidadosamente a obra de eras pelo menor vestígio de informação referente aos sete senhores, suas crias, suas relações inferiores e seus cultos. Qualquer símbolo, ou imagem, conectado a essa raça de viajantes que veio até nosso mundo há tanto tempo é preservado com cuidado e examinado com relação à qual instrução possa prover sobre as intenções dos Antigos em relação a nosso mundo e humanidade e, mais particularmente, suas forças e fraquezas, seus portais, além de seus locais de repouso.

Os Filhos de Sírio têm uma razão para a existência que é mais importante para eles do que qualquer outro motivo, ou seja, a expulsão dos Antigos e de suas crias e abomináveis criações de nosso mundo, a destruição de seus ídolos e templos e o extermínio de seus adoradores onde quer que possam habitar, seja próximo ou nas terras mais distantes. Todos os monges da ordem fazem um juramento solene em sua entrada na ordem, o de buscar este curso com intenção única até sua realização final ou até que morram, tentando.

O viajante que tiver se insinuado para dentro dos corredores e das câmaras da ordem por meio de subterfúgio, versado nas habilidades de Necromancia e tendo, talvez, dado oferendas e preces a Cthulhu e a Yog-Sothoth em estranhos altares, convém ocultar bem suas ligações com os Antigos dos monges, que estão sempre vigilantes, pois a mera sugestão de suas associações resultaria em sua prisão imediata. Ele, sem dúvida, seria torturado de modo a determinar a extensão de seu conhecimento e propósito, sendo em seguida executado. Não há fanatismo tão potente como aquele da fé, e é a fé dos descendentes dos antigos magos em serem os escolhidos e ungidos guerreiros da humanidade contra os deuses sombrios que ameaça nosso reino desde além do firmamento.

Na verdade, eles são tolos, pois o poderoso Cthulhu poderia esmagar seu monastério sob seus pés armados com garras com um único passo, nem poderiam todos seus guerreiros armados erguer-se contra suas crias das estrelas por momento algum, ainda que deva ser reconhecido que os monges são dedicados em coração e sem temor em sua devoção a sua causa. Cultuam Ishtar, a deusa, não em sua forma terrestre de uma estátua, mas em seu aspecto celestial, além de se autodenominarem seus divinos guerreiros que purificarão as esferas da mancha dos Antigos e limparão as máculas de suas obras não naturais. Eles associam Ishtar à região do espaço que reside além da estrela Sírio, considerada por eles como o lar da deusa. No entanto, é claro que, quando falam da deusa, não a adoram como os pagãos de tempos antigos, mas em um aspecto menos tangível, mais próximo a um ideal ou princípio, de forma tal que seu nome não é mais do que um símbolo para o ser que eles veneram. A sobrepujante qualidade que a ela atribuem é a compaixão.

Essa mãe celestial, compadecida de todas as criaturas vivas, está em guerra constante com os senhores dos Antigos, os quais não têm nenhuma caridade nem piedade. Os magos lutavam pela deusa, pois ela não pode se defender. Eles dizem estar ela em todas as criaturas vivas deste mundo, exceto naquelas criaturas feitas pelas artes dos próprios Antigos e, até mesmo nestes, ela reside dormindo, mas é como um sono profundo do qual ela não pode ser facilmente acordada. Os monges são seus filhos e seus amantes e seus heróis. Esta é a teologia deles, oculta com o supremo cuidado dos vulgares, de modo que nenhuma palavra a respeito é jamais pronunciada além do portão do monastério.

O lema dos filósofos gregos era *Conheça a ti mesmo*, mas o grito de guerra dos monges era *Conheça teu inimigo*. Eles enviam agentes em vestimentas comuns para caçarem aqueles que traficam com os Antigos ou seus servos e matá-los, além de roubarem, por meio de logro ou da espada, objetos de poder que possam ser utilizados em seus trabalhos de magia, constantemente realizados por eles contra seus inimigos. Os anciões da ordem são grandes magistas, possuidores de capacidades de inclinar as mentes dos homens à sua vontade, para comandar demônios e outras criaturas dos reinos das sombras, além de lançarem abaixo relâmpagos e fogo sobre aqueles por eles marcados para a morte quando residem além do alcance de seus assassinos; entretanto, eles usam seu poder com discrição, pois não desejam alertar os sete senhores com relação a seu progresso para que os Antigos não encontrem nenhuma forma de destruí-los antes que eles estejam preparados para o confronto final.

Esta é a interpretação do livro cristão de São João, o Divino, que eles dizem ser velado de forma tal que os homens comuns não possam sondar seu verdadeiro significado. O Grande Dragão e seus servos demoníacos descritos naquele livro são por eles identificados como Cthulhu e suas crias, e o poço ou abismo em que caíra, clamam ser o abismo do oceano onde se encontra a submersa R'lyeh, tanto o lar como a prisão para o Cthulhu adormecido. Os guerreiros da luz escolhidos naquele livro, que eles acreditam ser os monges de sua própria ordem, limparão o mundo da praga dos Antigos no confronto final entre o poderoso Cthulhu e nossa raça. Sua deusa estrela Ishtar, eles identificam como a rainha dos Céus descrita naquele livro, com a Lua sob os pés e uma coroa de doze estrelas sobre sua cabeça.

Basta de suas fantasias pueris, nada têm a ver com a majestade e o poder dos grandes Antigos, os quais esmagarão esses monges-guerreiros, tal como um elefante prensa uma formiga, quando as estrelas estiverem corretas e R'lyeh se erguer. Em seguida, aqueles dentre nós que, com providência e prudência, tiverem adorado os senhores, serão recompensados e obterão domínio sobre os tolos derrotados de nossa raça, os quais servirão a eles como escravos. Os Antigos eram, os Antigos são e os Antigos serão novamente. Assim está escrito no padrão das estrelas, e nem toda a fé de um homem poderá alterar isso.

Por que as Estrelas não Estão Certas

Os magos do rio Tigre* mantinham secreto o ensinamento de que não é o padrão das estrelas que prende Cthulhu em sua tumba d'água, tal como amplamente acreditado pelos sábios que se aventuraram a comentar a respeito desse assunto. Ao contrário, é a cor das estrelas nas complexas interações de seus raios que envenena o elemento aéreo de nosso mundo, que é a zona entre o firmamento cor-de-fogo e o abismo aquático. Aqui está por que os Antigos podem se mover facilmente acima do ar e sob as ondas ou a superfície da terra, mas não através do ar,

---

* N.T.: O rio Tigre (em árabe دجلة, Dijla; em turco: Dicle; na Bíblia, Hiddekil) é o mais oriental dos dois grandes rios que delineiam a Mesopotâmia, junto com o Eufrates, correndo desde as montanhas de Anatólia pelo Iraque. De fato, o nome "Mesopotâmia" significa terra entre os rios. O rio Tigre tem 1.800 quilômetros de extensão, nascendo nos Montes Tauros da Turquia Oriental e seguindo seu fluxo, geralmente, a sudeste, até se unir ao rio Eufrates, próximo a Al Qurna no sul do Iraque. Os dois rios formam o canal de Shatt al-Arab, o qual desemboca no Golfo Pérsico. Na Antiguidade, muitas das grandes cidades da Mesopotâmia se situavam junto a algum desses dois rios, ou pelo menos próximas a eles, aproveitando suas águas para irrigar a civilização suméria.

exceto Nyarlathotep, o qual é em parte imune às cores nocivas que vêm do espaço.*

Cada estrela tem sua própria cor que é distinta das cores de todas as outras estrelas, embora essas cores possam ser sutis ao discernimento. Elas não permanecem fixas e sem mudanças, mas ficam mais pálidas ou mais intensas com a passagem dos anos. Qualquer homem que fitar o céu noturno sabe que Marte é vermelho, entretanto não é sempre o mesmo vermelho, pois às vezes parece como o de um rubi e, em outras vezes, fica pálido e torna-se quase da cor do leite. Assim é com todas as estrelas, tanto aquelas fixas como as estrelas errantes, que vão de um lugar para outro, até mesmo quando as mudanças nas cores não são tão facilmente notáveis como aquelas que ocorrem como as de Marte.

Nenhum astrólogo pode dizer o que causa essas inconstâncias de cores entre as estrelas, mas os magos acreditam que a grande mudança nos céus que levaram Cthulhu a buscar a segurança em sua casa em R'lyeh foi o resultado de uma nuvem de névoa ou de poeira bem acima da região ígnea. As cores dos raios das estrelas que passam através desta cortina de poeira foram tingidas como a luz do Sol é colorida com vermelho, ou azul, ou verde quando passa por uma joia, e os portões entre as estrelas foram obstruídos. Os Antigos não residem em nosso mundo em seus corpos naturais, mas sim em corpos formados como um complexo e um composto pela vontade de suas almas, as quais foram atiradas através do golfo entre as estrelas pela força de suas vontades. Os portais no espaço pelo qual suas mentes viajaram foram abertos pelas cores das estrelas que atingem a terra com seus raios, além de os magos acreditarem que, quando o véu de poeira cobriu os céus e as cores tornaram-se impuras, aqueles portais mentais foram parcialmente fechados, de forma tal que o pleno poder dos sete senhores e seus irmãos e irmãs inferiores não puderam despertar e mover-se sobre a Terra.

Para manter as conexões entre suas mentes longínquas e os corpos de matéria que formaram para si mesmos em nossa esfera,

---

* **N.T.:** No original, referência é feita às "noxious colors out of space". O clássico conto "The Colour Out of Space" (1927) foi a história mais traduzida de Lovecraft para o português, assim como considerada a melhor pelo próprio autor, aparecendo em cinco edições diferentes e com três nomes distintos: "A Cor Que Cai do Céu" e "A Cor Que Caiu do Espaço" e "A Cor do Espaço Exterior". Um trecho do conto segue: "Nada... nada... a cor queima... fria e molhada, mas queima... vivia no poço... Eu vi... uma espécie de fumaça... como as flores da última primavera... o poço brilhava à noite... Thad e Merwin e Zenas... tudo quanto vivia... sugando a vida de tudo... naquela pedra... deve ter vindo naquela pedra... envenenou tudo..."

eles descobriram ser necessário proteger aqueles corpos das cores das estrelas até que a poeira tenha passado e as estrelas refletissem sua luz com raios limpos uma vez mais. Os raios das estrelas penetram atravessando o ar tanto à noite como de dia, mas não conseguem penetrar nas espirais da terra ou sob as águas dos oceanos. Nos lugares profundos, os Antigos ocultaram seus corpos enfraquecidos ou retiravam-se por meio de portais no espaço completamente deste mundo, para esperar a passagem da poeira. Todos, exceto Nyarlathotep, que desafia o veneno das estrelas e caminha entre nós sob a Lua. Ainda assim, até mesmo o Caos Rastejante não pode suportar por muito tempo as repulsivas cores vindas do espaço, mas deve retirar-se para um local de proteção.

Os portais entre as estrelas podem ainda ser abertos, entretanto somente em parte, para a transmissão de pequenas criaturas e pequenos seres e é com suprema dificuldade que os Antigos fazem uso deles, e só então em determinados momentos quando as cores não são tão perniciosas a suas naturezas, pois o veneno das cores das estrelas não é constante, mas aumenta e diminui, além de que, em raros intervalos de anos, diminui tão grandemente a ponto de ser quase ausente, e os Antigos sentem a força fluir para o interior dos corpos que compuseram para suas almas neste mundo. Infelizmente, as estrelas não permanecem limpas durante muito tempo, mas invariavelmente retornam a seu estado poluído, impelindo os Antigos a esconderem-se. Prevê-se um tempo em que a poeira deverá ter partido dos alcances superiores de nosso mundo, e a proteção oferecida à nossa raça pela corrupção das cores dos céus será suspensa; então, os Antigos uma vez mais governarão nossa esfera como eles regem todas as outras esferas. Porém, quando esse momento chegará, não se sabe, a menos pelos próprios Antigos.

Os magos fazem grandes experimentos em suas oficinas com joias polidas de diferentes cores, na esperança de descobrir uma arma de luz que terá o poder de imitar o veneno dos raios estelares, com a intenção de empregá-la contra Cthulhu e suas crias, caso se erga de sua tumba em R'lyeh, pois eles sabem muito bem que, quando as cores protetoras das estrelas não mais existirem, Cthulhu será seu maior inimigo. Tão vigorosamente ele amava o domínio mantido sobre nosso mundo e suas criaturas, e com tanto ciúme lutara contra a expulsão causada pelos raios vindos dos céus, que está certo de ser o primeiro a juntar suas forças para conquistar de novo as terras em que há eras ele governava.

A Criatura sob a Biblioteca

Para testar os raios coloridos de luz com relação a sua eficácia contra os Antigos, os magos mantiveram aprisionada em uma câmara abaixo de sua biblioteca uma criatura que fora capturada nas mais baixas profundezas das cavernas que alcançam o centro de nossa esfera. Ela é feita da mesma substância das quais nasce a estrela, mesma substância de que os sete senhores são compostos. Há séculos, quando as paredes do monastério foram erguidas sobre as fundações de uma ruína ancestral, os construtores descobriram essa criatura sob a colina, aprisionaram-na por intermédio de selos de magia potentes dentro de uma estranha cela de ferro. Como foi compelida a entrar e quem ou o que a aprisionara permanecem desconhecidos. Em vez de buscar destruí-la, os monges preservam-na para seus estudos. Ou eles são mais corajosos do que as classes de outros homens ou mais temerários, pois é certo que detinham um dragão enrolado em um ninho de fios de teia de aranha flutuando no ar e o que importará se eles forem bravos ou tolos quando o dragão abrir sua boca para cuspir fogo?

Na cela mais profunda da biblioteca, está ajustada uma pequena e insípida porta de tábuas de madeira comum, com a verga suficientemente baixa de forma a demandar que um homem de altura moderada se curve quando passar por sua estrutura. Ela é mantida trancafiada com uma trava de ferro de desenho simples, muito fácil de ser forçada com o uso da fina lâmina de uma adaga para um homem acostumado a fazer tal trabalho. Estradas de pedra levam de forma íngreme imediatamente para baixo além da porta para o interior da escuridão, então, deve-se tomar cuidado de forma a não pisar em falso. Na parte inferior da escada, encontra-se um corredor abobadado de blocos de pedra revestidos de forma rudimentar, iluminado em intervalos infrequentes por lamparinas a óleo penduradas por meio de correntes dispostas dentro das paredes. Essas lâmpadas são mantidas perpetuamente carregadas e estão sempre queimando.

Nenhum sentinela é colocado nesses níveis inferiores, pois os magos não creem que ninguém, exceto eles mesmos, possa atravessar o corredor e eles têm completa confiança em todos os membros de sua ordem. Nem suspeitariam eles do perigo de um escravo de mente fraca e mutilado que tomaram para cuidar por compaixão. Durante o dia, a chance da descoberta é grande, pois há homens frequentemente andando ao redor, mas, nas horas após a meia-noite, os baixos níveis da biblioteca são abandonados e o risco é pequeno.

Ao final do corredor encontra-se uma câmara circular grande com um teto abobadado que parece ter um *design* romano, além de poder ser séculos mais velho do que o monastério construído sobre ele. Uma jaula de ferro na forma de uma esfera composta de faixas interligadas, rebitadas em suas interseções, está pendurada acima do chão em três correntes massivas, cujas conexões são tão grandes que a mão do homem poderia facilmente passar por suas aberturas, se fosse possível alcançá-las. A jaula está suspensa acima do chão de pedra mais alta do que um homem pode alcançar, entretanto, ao pular para cima, é possível tocá-la, caso alguém fosse tão tolo a ponto de tentar, pois a criatura dentro dela certamente se estiraria para baixo entre as faixas de ferro e colocaria fim à vida daquele que se aventurasse a chegar tão perto.

As faixas de ferro da esfera são maciças o suficiente para reter o esporão de um motor de esforço persistente, mas sozinhas é duvidoso que poderiam reter a criatura que se curva em suas ancas dentro de seus limites, enchendo sua circunferência com sua casca translúcida. Na superfície interna do domo, no chão abaixo da esfera e nas paredes que a circundam são pintados pentáculos de temível significado, dispostos de forma tal que seus aspectos se unem no centro da câmara e são esses raios de força sutil e invisível sua verdadeira prisão.

A criatura na jaula observa a aproximação daqueles que entram no domo, imóvel e quieta, parada, quase parecendo ser uma grande escultura de obscuros cristais de rocha atirados ao redor com nuvens de diversas cores apagadas, pois tal é a aparência de seu corpo de outro mundo, que não é composto de carne similar àquela de criaturas comuns viventes. Ela observa e espera, mas o terrível poder de sua vontade pode ser sentido tal como um toque na pele, como as pernas rastejantes de incontáveis insetos e mais agudamente na testa entre as sobrancelhas. Com sua mente, busca compelir aqueles que a fitam a caminhar pelos arredores, até que estejam sob a esfera e ela seja capaz de estirar-se para baixo com sua mão provida de garras tal como com a surpreendente cabeça de uma serpente e lhes privar de suas vidas, arrebatando-as.

Uma mente forte pode resistir a sua vontade, pois os pentáculos nas paredes enfraquecem-na e a contêm. Entretanto, o viajante é aconselhado a não permitir que sua atenção se disperse até mesmo por uma questão de minutos, ou ele se encontrará parado em pé sob a esfera e pode não ter a rapidez de seus membros para salvar a si mesmo. Seus seis pequenos olhos exercem uma força arrasadora e, por meio deles, a criatura pode optar por comunicar seus pensamentos, os quais alcançam a mente humana como uma forma de intenção articulada ou imaginação, e também na forma de imagens mentais. Aquela é uma das crias do grande Cthulhu, não pode haver sombra de dúvida a respeito disso, pois sua forma é muito similar àquelas imagens entalhadas e pintadas de seu criador, embora haja diferenças menores em forma, de pequena importância ou interesse, visto que não podem ser transformadas em nenhum motivo útil. Grandes asas parecendo de couro encontram-se dobradas sobre suas costas, seus pés comportando garras como aquelas do falcão, e sua face é uma massa de protuberâncias em distorção, lembrando os corpos de serpentes sem cabeças.

Caso o viajante caia de joelhos em frente à esfera e faça os gestos reconhecidos de reverência e adoração diante a criatura, colocando suas mãos sobre sua face e curvando sua cabeça para que toque no chão de pedra, sua indiferença será rapidamente transformada em um intenso interesse, pois ela perceberá que o viajante não é meramente outro dos magos a vir até ela para realizar maiores torturas com seus raios coloridos de luz e outras armas, mas sim um servo do Cthulhu que está sonhando. Duas emoções surgirão em seu interior e serão sentidas pela mente do viajante como rajadas de vento palpáveis: a primeira é a esperança e a segunda é uma raiva e um desejo cegos de vingança, tão potentes que são, quase opressivos, e ocasionam o ímpeto de gritar ou correr câmara afora.

Caso o viajante possa ser mestre de suas emoções, a criatura na jaula rapidamente perceberá que ela não consegue controlar sua mente com força e será acessível para a barganha de sua liberdade. A única moeda que ela pode oferecer em seu estado cativo é o conhecimento, entretanto seu conhecimento é vasto, embora muito deste vá além da compreensão da mente humana, de tão alienígena que é sua natureza. A oferta de liberdade não é difícil de ser justificada, pois seria somente necessário que os pentáculos encontrados nas paredes da câmara fossem cobertos com outro pigmento, ou de outra forma obliterados, e aqueles que permanecem no domo e no chão seriam incapazes de conter a criatura, a qual então romperia suas ataduras de ferro com facilidade. Assim, a própria criatura proverá instrução na forma de imagens enviadas à mente que se parecem na imaginação com as imagens em movimento dos sonhos.

Dentre as mais úteis de suas instruções, está a maneira de compelir outros homens ou mulheres a realizarem qualquer ação desejada. Isso não é como o encantamento de *glamour*,* que engana os sentidos para que vejam ou ouçam aquilo que não está presente para ser visto nem ouvido, mas uma forma de projetar a vontade nas mentes dos outros de modo que sejam levados a se moverem ou falarem de forma contrária a sua própria inclinação. A compulsão não é absoluta, pois quando é percebida por uma pessoa de vontade forte, pode-se a ela resistir. É mais eficaz quando utilizada de maneira que aquele escravizado por seu poder não perceba que suas ações são dirigidas de um ponto além de sua própria mente. É natural para nós assumirmos que, quando fazemos algo, temos uma razão para tal e, contanto que a ação não seja tão exorbitante, raramente questionamos sua fonte.

---

* N.T.: Há diversos encantamentos conhecidos de *glamour* – grande parte destes é feita com um espelho, velas e um talismã.

A criatura na esfera de ferro tem o poder de ouvir no interior de sua mente os pensamentos que a ela são enviados, tornando possível fazer perguntas, embora seja necessário articular os pensamentos com a clareza do discurso falado. Ela não consegue discernir pensamentos que sejam expressos de forma menos clara, e o viajante tomará grande cuidado para ocultar suas verdadeiras intenções até que tenha atingido seus fins, pois se a criatura perceber sua traição, ela resistirá à revelação de seus segredos. Depois que o viajante tiver investigado com a criatura e tiver recebido dela os ensinamentos que mais deseja, é melhor que ele se retire da câmara rapidamente, antes que a criatura perceba que ele não tem a intenção de soltá-la, pois sua ira será grande e pode ainda encontrar uma forma de fazer uso do poder de seus pensamentos para induzir o viajante a cometer algum erro descuidado que o trará para a área de alcance de suas garras.

Talvez seja desnecessário adicionar o fato de que seria tolice em extremo grau realmente completar a barganha e liberar a criatura de sua prisão de ferro, pois sem perguntas ela imediatamente tira a vida de tudo que estiver dentro dos limites das paredes do monastério, incluindo o próprio viajante. Ele não precisa temer que a criatura traia sua lealdade para com os magos, por dois motivos: em primeiro lugar, que a criatura odeia os monges tão profundamente para nunca lhes dar benefício algum e, em segundo, que ela se apegará à esperança de que o viajante pode, em algum momento no futuro, ser induzido a auxiliar seus propósitos. Desse modo, suas incursões na câmara inferior da biblioteca passarão sem serem notadas, a menos que ele seja vítima de má fortuna, pois qual homem pode controlar as excentricidades do destino?

Por que os Antigos não Morrem

O filho de Cthulhu mantido cativo sob o monastério dos magos afirma que os senhores dos Antigos não podem morrer, pelo simples motivo de que eles não vivem de verdade como os outros animais. Seus corpos não são criados e crescidos na Terra, contudo são como um padrão vindo de espaços lá fora que se encontram além das zonas dos quatro elementos e esse padrão ou forma ideal é então feito intangível pela adição da matéria, a qual é organizada e mantida junto somente pela vontade do senhor cujo corpo se tornar. Por meio da reunião dos humores úmidos do ar e das finas partículas de areia que flutuam ao vento, os Antigos fazem de si mesmos uma presença física por meio da qual projetam seus desejos; contudo esses corpos são pouco mais do que formas de vestimentas que eles podem colocar ou lançar fora a seu bel-prazer. Somente Cthulhu, tendo formado sua grande estrutura em uma forma de seu gosto, era avesso a colocá-la de lado e assim buscou preservar essa estrutura a salvo, em sua casa em R'lyeh, do veneno das cores das estrelas.

Os corpos de substância tangível adotados pelos Antigos não podem ser denominados suas verdadeiras formas, que são tão monstruosas, estranhas e desagradáveis que a mente do homem não suportaria sem loucura, ainda que em suas formas eles expressem em matéria e em um nível que possa ser sondado pelos pensamentos ligados a suas naturezas essenciais, as quais transcendem tanto a carne como a forma em si conforme estendermos estas criaturas. Quando seus corpos são rasgados em pedaços, eles imediatamente se reformam, pois a vontade que projeta o padrão que eles têm como base é capaz de juntar os pedaços e as emanações da matéria até mesmo se estiverem dispersos, de forma que uma ferida se fecha de uma vez e fica com aparência lisa, assim como um membro arrancado por uma espada cresce novamente.

Nessa peculiaridade, os Antigos diferem das Criaturas Antigas, as quais são de fato feitas de carne, embora seus corpos sejam diferentes de qualquer coisa que tenha surgido do barro de nosso mundo. De forma similar, a *meegoh** dos Yuggoth é a carne, por mais estranho que isso possa parecer aos olhos humanos. Contrastando com isso, os corpos dos Antigos são muito mais pensamento do que carne, pois, embora eles andem vestidos de seus aspectos, são suas mentes que sustentam suas formas; não são seus moldes os sustentáculos de suas mentes, como é verdade com relação a toda forma de vida terrestre. E isso é comprovado pelo processo de morte, visto que, quando o corpo de uma criatura viva é destruído, sua mente fica obscurecida e perde o poder de afetar o mundo; ainda, quando o corpo de um dos Antigos ou de suas crias, que se encontra uno com sua natureza, é partido, sua mente permanece e exerce sua vontade para reformar seu molde.

A mente de um homem habita em uma casa de carne de acordo com as maneiras de um dono da casa, e este lar a protege da rispidez e crueldade das tormentas e do frio e permite que crie seus filhos, os quais são os pensamentos do corpo; ainda assim, as mentes ou os Antigos são como os mercadores que permanecem em sua própria terra e mandam barcos em expedições através do oceano para a realização de seus propósitos, por intermédio de cartas despachadas, sem a necessidade de lá irem por si mesmos. Se um homem perder sua casa, que é sua única proteção, certa-

---

* N.T.: Mi-go é o nome de um monstro em *Whisperer in the Darkness* (traduzido como "Um Sussurro nas Trevas"). Lovecraft criou o panteão dos Antigos, que podem somente ser vistos ou alcançados levando a si mesmos para dentro de um mundo de sonhos psíquico. Mi-go não são Antigos, mas fazem parte do ciclo dos sonhos. Ainda, "Migou" é o equivalente ao Ieti, um ser humanoide semimítico que vive nas altas montanhas do Tibete. Embora o Mi-go de Lovecraft seja completamente diferente do migo das histórias tibetanas, Lovecraft pode ter se deparado com a palavra em suas leituras – aqui, pelo contexto, meegoh refere-se à essência dos Yuggoth.

mente perecerá, mas, se um mercador perder um barco em razão de algum infortúnio no oceano, ele tem outros para substituírem o perdido e realizam seus planos sem obstruções.

Por isso é que os Antigos nunca podem ser mortos, pois eles não vivem, tal é sua temerosa majestade, ante a qual toda a grandeza de nosso mundo não passa de um brinquedo de uma criança. Que recurso tem qualquer homem são senão adorá-los? Os Filhos de Sírio conhecem essa verdade, ainda que em sua arrogância pensem encontrar uma forma de dispersar os corpos dos Antigos que impedirá sua reformação. Eles são tolos, pois, se um artista desenha um retrato em uma folha de pergaminho e o vento rouba-a de suas mãos e retalha-a em pedaços, não irá ele simplesmente desenhar outra imagem para substituir a primeira, e ainda outra se aquela for perdida, e sempre em frente até o fim do próprio tempo?

É graças a essa propriedade de reformação que o corpo de Cthulhu pode estar morto, ainda que esteja meramente dormindo. Com a mente do senhor removida, sua carne jaz inerte e fria, sendo comparável à carne endurecida de um cadáver. No entanto, com o retorno de sua mente, sua carne apressa-se em seus processos e torna-se aquecida e macia e uma vez mais animada com a aparência de vida. Porque os Antigos nunca realmente vivem em nosso mundo, eles não temem a morte e, na verdade, nenhuma compreensão de seus mistérios e terrores têm eles. O corpo é um receptáculo de conveniência a ser preenchido ou esvaziado, conforme servir a seus propósitos. Nosso medo da morte diverte-os, eles deleitam-se em observar-nos morrer, de modo que podem encontrar entretenimento variado em nossos esforços para evitar nosso fado, assim como os terrores com os quais confrontamos nossa mortalidade.

Com Relação aos Shoggoths

As únicas criaturas temidas pelas crias de Cthulhu são os *shoggoths*. Visto que as crias não podem ser mortas na forma comum da morte, é interessante considerar o motivo pelo qual temeriam algo neste mundo. É sua crença que *o shoggoth* tem o poder de causar não meramente a dissolução de seus corpos complexos, mas de sua essência também, pois eles acreditam que o *shoggoth* consome o calor e a vitalidade, assim como a carne, tornando-os uma parte de sua própria substância. Nas palavras de nossa própria raça, um *shoggoth* é um predador de almas. As crias estelares de Cthulhu afirmam que, uma vez consumidas por um *shoggoth*, são incapazes de moldar novamente suas formas e ficam para sempre perdidas no esquecimento.

Supõe-se que esses terríveis monstros, os quais nunca foram vistos por nenhum homem nem outra criatura inteligente neste mundo, tenham sido criados pelas Criaturas Antigas como seus operários durante sua história primitiva na Terra, quando construíram suas grandes cidades. Posteriormente, serviram como os guerreiros que defendiam as cidades contra a chegada dos Antigos, e não fosse pelos vastos números das crias de Cthulhu e das outras criaturas criadas pelos Antigos para o único propósito de fazer guerra, eles certamente teriam prevalecido com sua força ilimitada e impenetrabilidade a ferimentos. Fábulas reportam serem eles imortais e autorrenovadores, de forma que não importa por quantos éons tenha vivido um *shoggoth*, este é tão forte e feroz como era quando foi criado; nem jamais esquecem, mas sim armazenam todos os eventos de suas vidas eternas em sua substância. A cria sob a biblioteca diz que um *shoggoth* nunca comete o mesmo erro duas vezes.

Como é possível descrever uma criatura que não tem uma forma própria, mas que assume qualquer forma ou textura ou cor necessária para seus propósitos do momento? A cria diz que eles são como um balão límpido cheio de água na qual flutuam partículas faiscantes que se assemelham a estrelas em turbilhão e outros corpos que são mais ondeados e indistintos. A criatura movimenta-se deslizando para a frente sobre sua barriga tal como uma lesma, pois não tem membros permanentes. Contudo, se desejar, em uma questão de momentos, faz crescer pernas e braços e pode até mesmo caminhar de forma ereta como um homem quando isso é adequado a seus caprichos. Para esconder-se, pode transformar sua pele aquosa na escuridão bruta de pedra e amalgamar-se com os seixos rolados ou penhascos rochosos que a circundam.

Para ver seu caminho conforme segue em frente sobre sua barriga, ela faz com que olhos se estendam de sua massa corpórea; para ouvir a aproximação de seus inimigos, cria ouvidos por si só. Os *shoggoths* não precisam ter bocas, visto que consomem seus alimentos circundando-os com seus corpos maleáveis e absorvendo-os, depois de secretar um suco acidífero que dissolve sua presa e torna-a fluida dentro de sua própria pele. No entanto, às vezes, projetam bocas com o objetivo de comunicar-se e, quando falam, é nos tons sibilados das Criaturas Antigas, o que soa como as notas de uma flauta. Nos primórdios dos tempos, a Raça dos Anciões criou os *shoggoths* sem mentes, mas, com o decorrer dos éons, eles tornaram-se mais e mais inteligentes, até que adquiriram a habilidade de expressar em palavras seus pensamentos no idioma dos Anciões. Isso fez com que a Raça dos Anciões ficasse temerosa quanto a seus escravos e os banisse de suas cidades remanescentes. Eles não conseguiam mais controlar os seres que criaram, pois somente a dor não é uma ferramenta eficaz de subjugação contra criaturas imortais com mentes que podem pensar e planejar.

O *shoggoth* tem a reputação de ser a criatura mais forte que já existiu na face da Terra. Fazendo com que seu corpo maleável e sem forma flutuasse sobre grandes blocos de pedra, foi capaz de erguê-los e colocá-los com precisão nas paredes das cidades das Criaturas Antigas. O que precisaria de milhares de homens para ser movido pôde ser erguido por um único *shoggoth* em alguns momentos. Eles nunca se cansam nem precisam de descanso de suas tarefas, mas exaurem-se com trabalho árduo tanto sob a Lua como sob o Sol até que sua tarefa seja completada. Eles nada temem, mas o fogo lhes causa desconforto de modo que eles retiram sua carne maleável das chamas. Se o fogo pode matá-los, a cria de Cthulhu sob o monastério dos magos não sabia, visto que nenhum *shoggoth* jamais foi visto morrendo em chamas. A Raça dos Anciões controlava-os com o poder de suas mentes até que criaram mente própria. Eles utilizavam ferrolhos para puni-los, embora como estes eram gerados, a cria estelar não revelou.

A criatura declara que, quando os Antigos passaram através dos portais e moldaram corpos para eles mesmos a partir da substância de nosso mundo, os *shoggoths* eram poucos em número e espalharam-se pela Terra. Isso permitiu que os exércitos de Cthulhu triunfassem sobre eles, pois ao cercar cada *shoggoth* e dominá-lo completamente, era possível destruí-lo de uma forma que não permitia que restaurasse seu corpo. Isso foi feito por meio da redução destes a pequenos fragmentos e espalhando os pedaços até longe através das terras, tornando-os incapazes de ficar unos em razão das distâncias de separação e dos obstáculos que intervêm. A cria não sabe se os *shoggoths* destruídos dessa maneira foram por fim capazes de reconstituir seus corpos, mas somente que os manteve longe de se reformarem por tempo suficiente para que os Antigos triunfassem em sua guerra contra a Raça dos Anciões.

Qualquer um que ouvir essa história e duvidar dela pode ser perdoado com relação a suas suspeitas, pois como pode tal criatura já ter existido? Sua natureza está em monstruosa discórdia com todas as leis do céu e em desafio aos quatro elementos e seu modo de se mesclar. Certamente essa deve ser somente uma fábula dos Antigos e de sua cria, passada adiante desde os tempos primais antes de nossa raça ter se erguido a partir do barro, como o homem comum passa adiante os mitos de deuses e heróis, que um erudito sabe que não são verdadeiros. E somente por um motivo é com certeza falso: se tal criatura como o shoggoth caminhasse na terra e nadasse nos oceanos em eras passadas, seria em tempos presentes o senhor e regente de todas as outras criaturas, pois qual criatura viva poderia se erguer em oposição a ele?

É verdade que os viajantes falaram durante suas reuniões em que bebiam vinho a respeito de terem vislumbrado essa estranha criatura em cavernas profundas sob as montanhas, ou nas ruínas de vastas cidades, mas é aparente ao ouvinte sensato dessas narrativas que não sejam nada além de visões do cachimbo de haxixe ou do alcatrão negro da papoula, cuja fumaça faz com que os sonhos apareçam para um homem desperto. O *shoggoth* sempre é visto por um único homem e sempre nas sombras e movendo-se para se afastar da vista até mesmo quando olhado com respeito. Tais visões não são mais reais do que as faces que chegam perante nós à beira do sono, quando primeiramente os olhos são fechados.

É inegável que grandes maravilhas possam ser encontradas no mundo além da imaginação de estúpidos mercadores e fazendeiros, mas que tal abominação como os *shoggoths* pudesse morar nas sombras ainda que não revelasse abertamente seu poder ilimitado é um insulto à razão que não pode ser suportado. O próprio pensamento disso faz com que o suor escorra devagar pela espinha dorsal e o coração bata com temor, pois se tal criatura existisse, nada poderia se opor a sua malignidade, exceto o poderoso Cthulhu em si, e ele jaz sonhando seus estranhos sonhos em R'lyeh.

A Fórmula de Yug

A criatura aprisionada dentro da esfera de ferro sob a biblioteca tem um artifício para o qual o viajante deve estar atento, especialmente se for um homem fraco cuja mente está acostumada a fitar em seu interior lembranças e cenas da imaginação. Nessa condição de sonho acordado, se até mesmo a concentração se aparta da criatura, ele ficará preso tal como uma mosca em uma teia de aranha, incapaz de escapar. A cria de Cthulhu não tem uma centésima parte do poder da mente do deus que sonha e que é seu mestre, ainda assim, possui habilidades em todas as formas de mágica de pensamento. Conhece uma fórmula por meio da qual se pode transferir a essência de sua consciência para o corpo de outro ser vivo, enquanto a mente da criatura é mantida presa em sua própria casca translúcida suspensa.

Dessa forma, ela estuda em segredo as defesas de seus inimigos ao entrar no corpo de um monge de vontade fraca que foi enviado para cuidar dela; em seguida, caminha ao redor do complexo do monastério, tira amostras dos livros contidos na biblioteca, examina as armas criadas para a guerra contra os Antigos e busca fraquezas nas defesas dos magos. Ela tentou realizar o mesmo artifício com um viajante que vinha em segredo a sua prisão para questioná-la, mas este era um necromante e sua vontade não era fraca. O viajante reconhecera a intrusão da mente alienígena e repeliu-a com o Sinal Antigo e a invocação das palavras de poder que estruturaram um escudo diante de sua mente que as crias não poderiam trespassar.

A solidez do escudo surpreendeu a criatura e fez com que baixasse sua guarda sobre seus pensamentos. O viajante viu as lembranças da possessão do monge, um jovem grego de nome Adrian, o qual não reteve nenhuma ciência de sua expulsão de seu próprio corpo, mas meramente parecia estar adormecido o tempo todo enquanto a cria caminhava em sua cápsula. Ele viu os propósitos da cria, seu profundo logro e sua infinita paciência. Sem temor, em sua imortalidade ela observa, espera e planeja a ruína dos Filhos de Sírio. Tudo isso ele percebera no momento na mente totalmente aberta do monstro, antes de fechar estrondosamente, travando, o portal de imagens.

Com o envio de seus pensamentos para a esfera de ferro, ele ameaçou revelar a Rumius, o líder da ordem, a possessão do jovem monge pela cria de Cthulhu, a menos que esta lhe ensinasse a técnica de trocar mentes com corpos. Sua relutância fora tão grande que podia ser sentida como uma coceira sob a pele, mas por fim concordou com isso, não percebendo nenhum outro modo de manter sua liberdade de caminhar pelo complexo do monastério no corpo do monge.

Antes de buscar a magia em si, o viajante perguntara o porquê, se a cria poderia controlar o corpo do monge, de ela não haver feito uso de tal vantagem para apagar os pentáculos que a mantinham presa em sua jaula de ferro. A resposta veio de uma só vez em forma de imagens. Os monges enviados para zelar por suas infrequentes necessidades sempre vinham em grupos de três, nunca sozinhos. Em todos os outros momentos, a porta para a câmara inferior estivera trancada, e nem a cria nem Adrian tinham a habilidade de abri-la sem violência, o que certamente seria detectado antes que a porta sólida viesse abaixo. A chave fora mantida inacessível ao roubo. Além disso, a fria paciência da criatura na esfera era maior do que a paciência de um homem e ela sabia que qualquer tentativa de escapar, se falhasse, não poderia ser tentada uma segunda vez. Estava ela contente em continuar a coletar informações e esperar por sua oportunidade.

A magia foi um segredo do deus Yug, um morador das cavernas inferiores sob as câmaras mortuárias de Zin, o qual se conservava a distância dos assuntos do mundo da superfície, ainda que mantivesse comunhão com Cthulhu em seus sonhos. O que era conhecido por Cthulhu também o era por sua cria, à medida que suas mentes mais limitadas eram capazes de compreendê-lo. A fórmula da troca de mentes era uma técnica simples, dentro da capacidade das crias ou até mesmo de um ser humano. Dependia de um conhecimento do nome da criatura com a qual a contratroca de mentes era feita.

Subitamente, conforme esses pensamentos eram levados até sua mente, o viajante percebeu que a cria havia sondado suas lembranças buscando seu nome e foi somente graças ao fato de a criatura não ter sido bem-sucedida que a tentativa de roubar seu corpo falhou. Os monges chamavam-se uns aos outros pelo nome, mas nenhum deles sabia o verdadeiro nome do viajante. Um nome falso não serviria aos propósitos da fórmula, somente o verdadeiro nome dado.

É necessário apenas que o homem que esteja buscando projetar sua mente no corpo de outrem retenha a imagem daquela pessoa claramente em seus pensamentos enquanto expressa vocalmente, seja em voz alta ou silenciosamente em sua imaginação, esta fórmula de Yug na língua dos Antigos: *"Yug! N'gha k'yun bth'gth _____ gllur ph'nglui _____ yzkaa!"*. No espaço inicial, que havia sido deixado na fórmula, o verdadeiro nome da pessoa é inserido; no espaço final, aquele que pronunciar a fórmula emite o som de seu próprio nome. De repente, a consciência da pessoa que proferir a fórmula se encontra dentro da carne da pessoa nomeada, e a mente daquele homem ou daquela criatura é colocada no corpo da pessoa que proferiu as palavras, mas não ciente disso, como se estivesse em profundo torpor. No início, a contratroca de mentes não pode ser sustentada durante mais de uma quinta parte de uma hora, mas com cada repetição da magia, ela se torna mais fácil de ser mantida, até que, por fim, um nível de perfeição é alcançado no qual é possível transferir-se permanente.

Desse modo, essa fórmula pode ser utilizada para obter uma espécie de imortalidade, conforme a mente se move de corpo para corpo, substituindo a carne que está envelhecida ou com doenças pela carne jovem e robusta. Isso não vem sem um preço, pois nem todo o poder de um homem está contido em sua mente. Alguns aspectos de poder também residem na carne em si e, quando a carne é descartada, sua potência é perdida. Deve-se tomar cuidado para nunca transferir permanentemente a mente para um corpo de um hospedeiro que seja fraco de intelecto ou frágil de vontade, visto que isso pode tornar futuras transferências com outros receptáculos impossíveis. Marque isso bem: o mais forte pode entrar no mais fraco, mas o mais fraco não consegue entrar no mais forte. Uma mente que vacila e é frágil não consegue trabalhar com a fórmula de modo algum, até mesmo contra uma mente mais fraca, visto que isso requer certo grau de poder.

Aqueles de vontade forte podem utilizar essa fórmula de Yug com maior facilidade do que homens de concentração normal. Aqueles entre os fracos são mais suscetíveis a sua influência do que os homens de mente potente. Esse é um encantamento de dominação e nunca deve ser empregado para escravizar os fortes com relação aos fracos. A transferência pode somente ser feita entre duas mentes racionais — ele não colocará a mente de um homem no corpo de uma besta, mesmo que por um breve período no tempo, pois o animal não tem raciocínio, e sua carne não é um receptáculo adequado para um intelecto humano. No entanto, dois seres que raciocinam, mesmo que sejam dissimilares em tipo ou aparência, podem trocar suas mentes por intermédio da fórmula, contanto que aquele que a proferir seja o de vontade mais forte. Se a diferença entre as duas mentes não for muito grande, a mente mais fraca pode resistir à fórmula, entretanto, se a diferença for grande, nenhuma resistência é possível.

Em dias ulteriores, foi divertido para o viajante que recebera a fórmula de Yug da cria ver o monstro fitando-o pelos olhos do monge Adrian quando passavam um pelo outro na biblioteca, ou sobre os trajetos do composto do monastério. Nenhum dos dois mostrou reconhecer a presença do outro, mas o viajante imaginava que podia discernir um tênue vislumbre de jovialidade inumana nas profundezas dos olhos do monge, como de alguém que compartilha uma questão extraordinária com outrem, a qual permanece fora de suspeita por parte da multidão no mercado.

O Poço da Vida

Na biblioteca dos magos, encontra-se um pergaminho em papiro que os monges colocaram de lado como algo de valor, de modo que este ocupa um nicho escuro na parede de livros mais baixa localizada na extremidade oeste da biblioteca. É escrito em aramaico, mas as letras são em hebraico e é possível que nenhum dos escribas que o examinaram tivesse o conhecimento para traduzir seu conteúdo. O texto em si é de interesse limitado, consistindo em uma descrição de diversas fontes sagradas e outros locais sagrados dos infiéis, a maioria dos quais tão completamente decadentes que cessou de existir e não mais pode ser localizada. Não é esse texto primário que provê ao pergaminho a parte de interesse ao necromante.

Próximo ao fim do pergaminho, foi adicionada uma tradução interlinear em escrita de letra tão fina que pode somente com dificuldade ser lida sob a luz de uma lamparina a óleo. Essa tradução interlinear fala de um poço de renovação que restaura os corpos daqueles que sofreram mutilações, de forma que um homem que houvesse sofrido a perda de um braço por causa do ataque de uma espada, ou uma mulher que houvesse perdido uma perna sob a roda de uma carroça de bois, ao simplesmente beber a água desse poço, tem seus membros completos. Até mesmo um homem que tenha tido seu membro viril removido pela faca do torturador será restaurado por essa água maravilhosa, assim como o escriba sem nome que escrevera esta nota afirma.

Essa é uma questão de interesse àqueles que sustentavam que, com a desfiguração ou o corte e a remoção de qualquer parte da carne, embora muitos elixires restaurem a vitalidade, não há nenhum outro que faça retornar o corpo a seu estado original, quando fora desfigurado por meio de violência. A virtude não reside na água do poço em si, mas sim em um precioso objeto que foi oculto há muitos séculos, durante o cativeiro dos hebreus na Babilônia. O que é esse objeto, o escriba não revela, e é provável que ele mesmo fosse ignorante da natureza da maravilha, a qual, de alguma forma, transmite sua força curadora para as águas que a cercam, além de permeá-la.

Somente isso está escrito; que os padres de Jerusalém dividiram a coisa em duas partes e esconderam-nas durante sua remoção forçada de sua própria cidade, tornando-a una uma vez mais após sua chegada com segurança na terra dos babilônios. Para garantir a segurança de sua posse, saíram da cidade à noite com esta coisa atada às costas de um camelo e jogaram-na em um profundo poço no deserto, longe de qualquer vilarejo ou estrada de caravana. O poço era de conhecimento de apenas uns poucos homens das colinas e nunca fora usado, visto ser sua água inadequada para beber. Uma vez que a coisa estava disposta no fundo do poço, narra o escriba, a água começara a emitir um brilho de luz dourada.

Em grande maravilha, os padres enviaram um recipiente vazio em uma corda e retiraram uma parte da água para examiná-la. O brilho persistia e era bastante reluzente para iluminar a noite nos arredores de forma que poderiam ver seus próprios rostos conforme olhavam uns para os outros. Um padre de mais idade, com um braço aleijado, o qual quebrara em uma queda de cavalo durante a jornada à Babilônia, e havia se recusado a curar, invocou a audácia de coração para experimentar a água e relatou aos outros que era pura e doce. Mais maravilhoso ainda, seu corpo e rosto começaram a brilhar e, dentro de alguns minutos, seu braço quebrado readquirira seu sentido e vigor naturais, visto que os ossos arqueados se tornaram retos sob a pele. Todos, então, experimentaram a água e suas cicatrizes foram apagadas de seus corpos. Um que havia ficado surdo de seu ouvido esquerdo era capaz de ouvir novamente. O mais jovem dentre eles, que perdera um dedo quando ainda uma criança, observava-o crescer novamente.

Tendo pouco tempo e temendo que a luz brilhante que saía para cima do poço causasse a descoberta do local secreto, fizeram grandes pedras rolar sobre a abertura do poço, além de encherem suas fendas com seixos e areia, de forma que não mais do que um monte de pedras permanecesse lá e a luz fosse velada. Conforme o Sol se erguia acima das colinas em direção ao leste, deixaram o local para trás, com os pensamentos submissos e seus lábios murmurando preces a seu deus.

Os padres foram atacados por bandidos na estrada que levava de volta à cidade da Babilônia e todos, exceto o jovem, foram mortos. Ele, sozinho, passara adiante o conhecimento a respeito do local secreto, que pode ser localizado por um pilar desgastado pelas intempéries que se destaca em posição vertical próximo ao poço que tem uma rachadura em seu centro e a lança de luz cai pelo monte de pedras que esconde o poço, e por nenhum outro modo seria o poço descoberto, pois o vale baixo em que reside está coberto de pedras e baixos montes de areia. A localização desse vale é relatada pelo escriba como estando a três dias ao sul e leste da Babilônia, no local de encontro de duas colinas conhecidas como os Seios da Deusa. Aqui termina o texto dessa tradução interlinear, a qual os copistas e bibliotecários dos magos deixaram passar.

O viajante que tiver, com sucesso, se insinuado dentro das muralhas do monastério dos Filhos de Sírio e, por seu lazer, arrancado o segredo dos monges como um fazendeiro depena suas galinhas, cedo ou tarde, ficará cansado de simular um idiota e escravo e optará por partir. Essa não será uma questão difícil, pois nem prisioneiro ele é, mas um servidor, com liberdade de ir e vir pelo portão do monastério para comprar mercadorias no mercado para seus mestres. Embora eles lhe fornecessem, liberalmente, moedas de prata para este propósito, é prudente marcar a localização da caixa-forte em que o dinheiro é mantido, de forma que ele possa aumentar seus recursos logo antes de partir, cruzando o portal pela última vez.

É, de forma semelhante, sua vantagem a de coletar os textos mais raros da biblioteca, que contêm ensinamentos que podem, com a experiência futura e testes, provar sua utilidade. Os livros maiores são atados com bronze ou ferro e muito grandes para que sejam facilmente transportados, mas os pergaminhos menores podem ser reunidos em um pacote e jogados sobre os ombros para removê-los. Livros que não são consultados com frequência pelos monges podem ser tirados da biblioteca e carregados para além das muralhas do monastério durante diversos dias antes que se note sua ausência.

Embora a perda de umas poucas moedas não seja de importância para os monges, que possuem grande riqueza e não têm tendências miseráveis em suas naturezas, a perda de seus livros mais raros, os quais são insubstituíveis, quando descoberta, os enfurecerá, além de fazer com que realizem uma busca de ambos os lados das margens do rio por semanas em seus esforços para reavê-los. O viajante é aconselhado a mover-se rapidamente, como se fosse uma salamandra* nas horas seguintes à sua partida do monastério, além de dissimular suas pistas cruzando a terra sobre a rocha sem vegetação e evitando a lama e o solo arenoso. Uma vez que sejam postos em movimento, os magos não podem ser aplacados e nunca se cansarão em seus esforços nem darão as costas à sua determinação até que seu propósito tenha sido concretizado.

---

*. N.T.: O termo da versão em inglês, *swiftly*, advém de swift, que se refere a quaisquer dos diversos lagartos e salamandras (especialmente do gênero *Sceloporus*) que correm de forma muito veloz. É interessante ainda observar o significado mítico da Salamandra: **1)** um animal mítico com poder de suportar o fogo sem se ferir; **2)** um ser elemental na teoria de Paracelso, habitante do fogo.

A Relíquia dos Hebreus

Uma vez que o pilar fendido tenha sido localizado no vale de pedras, é uma tarefa de pequena dificuldade encontrar os montes que escondem o poço. As pedras no topo de sua abertura são largas e planas, de um peso que pode ser erguido com esforço por um único homem, caso tenha costas fortes, e postas de lado. Elas sobrepõem-se como as escamas de um peixe e, desta forma, cobrem a abertura. Embora o brilho da água não seja perceptível na luz do dia acima do poço, curvando-se sobre seu canal com os olhos abrigados da luz com as mãos e perscrutando abaixo, este pode ser discernido nas profundezas, e é visto como sendo de uma cor dourada similar à do cobre polido.

O poço é notavelmente fundo, tanto que o viajante que tiver chegado sem uma longa corda encontrará dificuldades em puxar para cima as águas brilhantes de suas profundidades. Um exame próximo das laterais internas do poço revela uma série de ranhuras em espiral cortadas nas pedras de modo a agirem como uma escada, presumivelmente de modo a permitir que os escravos acessem suas profundezas para a limpeza periódica de lodo, limo, sedimentos finos carregados pela água e dejetos. Ao descer de ranhura a ranhura, o progresso das voltas pode ser feito a partir do topo até a superfície da água. O viajante achará necessário abaixar seu corpo para dentro da água, visto que não há lugar para ficar em pé e a posição das escadas torna impossível liberar uma das mãos e curvar-se para coletar a água na palma para bebê-la.

A profundidade da água é muita para alguém ficar em pé no fundo. Flutuando até o pescoço e prendendo-se às pedras em estado bruto na lateral do poço, a água sobre a pele parece extremamente morna e causa uma sensação de formigamento, como se a pele fosse pungida sobre sua superfície por uma centena de agulhas. É então apenas uma questão de mergulhar a cabeça e engolir um pouco da água. Que tristeza! A história reportada pelo escriba anônimo não é mais do que uma fábula, ao menos no que se refere aos poderes curativos do poço, pois o viajante, ao sentir com seus dedos aquelas partes de seu corpo desfiguradas, mutiladas ou com cicatrizes, não encontrará mudança alguma. A água tem um gosto amargo na língua e torna-se mais azeda e turva quanto mais tempo permanecer no estômago, de forma que, por fim, o viajante será forçado a vomitá-la, para que seu corpo não sofra com a permanência dela em seu interior.

O arrependimento de alguém que tenha viajado tal distância em busca desse poço, na esperança de utilizar suas águas para apagar de seu corpo as mutilações da faca do torturador, mal pode ser imaginado por aqueles que têm todos os membros e nenhuma desfiguração. Ter a esperança de cura posta no coração pela cruel ficção do escriba desconhecido e então descobri-la dilacerada do peito pela amarga realidade das águas envenenadas é quase tão doloroso quanto ter tido inicialmente a carne cortada fora. O viajante pode quase ser perdoado por gritar como uma fera selvagem em sua frustração e por amaldiçoar a fé de Jerusalém.

Tendo se aventurado até aqui, seria tolice não investigar a relíquia dos hebreus com relação a algo de valor que pudesse conter. Uma vez mais, o viajante sofrerá desapontamento, pois quando ele respirar e descer até o fundo do poço, descobrirá que a irradiação brilhante emana de uma caixa trancada que é grande demais para um único homem erguer e feita tão forte para que seja quebrada e aberta. Ela é toda revestida em ouro fino, com dourados dispostos em suas laterais. Por esses anéis é possível erguer a caixa com uma corda comprida e forte e com a ajuda de um jumento ou de um camelo, mas o viajante logo ficará ciente de que ele não está sozinho no poço, visto que suas agitações acordarão a criatura que reside em suas profundezas.

O que é esta criatura nenhum homem consegue definir, pois sua similaridade não é encontrada em parte alguma na Terra. Em parte composta de matéria e parcialmente feita de luz, lembra uma grande enguia com o rosto de um homem, ou um anjo, ainda que sua longa cauda seja em forma de chama encurvando-se. Em rápidos giros e arremessos, ela busca ascender de debaixo da caixa quando sua estabilidade é perturbada e seus olhos queimam com terrível propósito. Talvez seja uma criatura do lodo e do frio que morava no poço dos tempos primórdios e pode ser que tenha sido transformada pela irradiação da relíquia, até mesmo quando as águas venenosas foram transformadas e foi feito com que brilhassem. A lâmina de uma faca atravessa seu corpo sem danos aparentes e, quando agarrada com as mãos, a extensão de seu corpo encurvando-se desliza pelos dedos, mas há uma força fatal em suas laterais brilhantes e o viajante é prudente em deixar o poço o mais rápido possível, quando for capaz de livrar a si mesmo desse estranho guardião.

Uma vez fora da água, ele estará seguro, pois a criatura não emerge acima da superfície. Pode ainda ser vista circulando com impaciente raiva. Depois que escalar o poço, o viajante pode desejar divertir-se pegando grandes pedras e deixando-as cair em suas profundezas. É improvável que vá causar algum dano à criatura, visto que seu corpo é protegido pela água, mas suas investidas sobre a superfície certamente a perturbarão. Essa diversão é cansativa demais e não satisfatória para se persistir durante muito tempo nela. Todavia, é algum consolo para a amarga decepção com o fato de a água dourada não curar as desfigurações do corpo.

Por que esse único detalhe da descrição é falso, quando todas as outras coisas apresentadas na interpretação dele são verdadeiras, sem questionamento algum, deve permanecer um mistério. Há um impulso natural naqueles que escrevem a respeito de assuntos maravilhosos a aumentar sua estranheza e maravilhas, o que pode ser responsável pela fábula das propriedades de cura da relíquia. Qualquer leitor que tiver sido levado ao poço, no passado, sem dúvida sofrera a mesma decepção, a menos que, por uma qualidade peculiar da relíquia, sua virtude de cura se revele somente no corpo de um homem hebreu de fé, ou talvez apenas no corpo de um homem de devoção religiosa e espírito puro. Certo é que a água não tem auxílio de cura para o corpo de um necromante e adorador de Yog-Sothoth.

As Divagações na Estrada para Damasco

Coisas estranhas devem ser encontradas na longa e quente jornada a Damasco, a maior de todas as cidades, que é aclamada pelos sábios como o centro do mundo. Suas estradas são de peregrinação e destino. É afirmado nos textos dos cristãos que o apóstolo Paulo viu o brilho de Deus enquanto fazia sua caminhada em direção à cidade de Jerusalém. Os perigos na estrada desolada do leste eram grandes, e as luzes lá vistas são inclinadas a ter uma significância diabólica, pois à noite, em suas amplitudes remotas, ela é assombrada por bandidos, lobos e jinns de fogo infernal que flutuam no ar e desaparecem com uma risada zombeteira. A despeito dessas ameaças, a vida nunca cessa de fluir ao longo da estrada, como o sangue flui nas veias de uma criatura viva, pois Damasco é o coração que bombeia tal sangue.

Um viajante de nossa raça que fazia sua caminhada sobre essa estrada vindo da terra dos persas uma vez cruzou o caminho da amante de sua juventude, conduzida ao longo de uma rota mais ao norte em uma caravana de numerosos serventes e guardiões armados. Indo ao encontro de tal caravana, ele ficou maravilhado com seus ricos veículos puxados por cavalos e finamente equipados cavaleiros montados, cuja armadura cerimonial retiniam e ressoavam com a música dos sinos. Ele descobriu que a caravana era o séquito nupcial de sua antiga amante, pois a mulher estava em seu caminho para desposar um príncipe em Constantinopla. Seu pai, o rei de Iêmen, havia recentemente falecido, em razão de um curioso acidente envolvendo a queda de uma pedra, e seu irmão, recentemente levado ao trono e ainda incerto de seu poder, havia buscado forjar uma aliança oferecendo a mão dela a um regente mais velho, que ela nunca vira em sua vida.

Ela não reconheceu o viajante como o amante de sua infância, pois sua face estava horrorosamente desfigurada e, embora ele pudesse ter utilizado um simples feitiço para apresentar a ela uma aparência falsa, ele optou por encontrá-la com visão não alterada e descobriu, para seu deslumbre, que seu coração estava intocado pelo altivo relance de sua carruagem acortinada conforme ela passava, tão completamente havia o fogo do amor que uma vez ardia em seu coração se tornado nada além de cinzas. Na verdade, foi falado que todas as feridas são curadas com o passar do tempo, ainda que não sem cicatrizes.

Ele observou a caravana passar diante de seus olhos e além da possibilidade de ouvi-la e, em seguida, continuou em sua trilha até escurecer; quando o acampamento estava dormindo, ele entrou na tenda da princesa que dormia e tirou de sua caixa de joias particular um pingente que ele havia lhe dado como prova de seu amor tantos anos antes. Não era algo de valor, mas reclamar isso de volta o divertira. Em seu lugar colocara um escorpião vivo e, então, suavemente, fechou a tampa da caixa. Seu poder de mágica tornou uma tarefa fácil entrar e sair do acampamento armado sem ser descoberto. Não esperando para saber o resultado de sua troca, ele retornou a sua estrada e continuou em seu caminho até Damasco.

Nessa estrada devem ser encontrados, em intervalos, veículos amarelos brilhantes puxados por cavalos, fechados por pálios de madeira que servem como os locais de moradia de um povo arrogante e errante que se acredita erroneamente serem originários do Egito, embora eles não tenham aparência dos egípcios de puro sangue atualmente encontrados em Mênfis ou em Alexandria, nem se assemelhem aos bandos errantes de latoeiros que derivam seu nome dentre as pessoas comuns da terra do Nilo. Esse grupo degenerado se autodenomina thugianos, o que em sua língua significa a raça astuciosa, e vagam por todo o mundo com impunidade. Eles podem ser conhecidos pela imagem de um olho vermelho, inclinado na ponta e voltado para cima, que eles pintam nas partes frontais de seus veículos puxados por cavalos.

Onde quer que vão, fazem por merecer a reputação de ladrões e vagabundos. Não têm casas fixas, nem possuem profissões dedicadas, mas ganham a vida, os homens, cortando madeira ou modelando potes ou afiando facas e as mulheres, ajudando em nascimentos e adivinhação com as linhas da palma da mão. Em qualquer classe, essas são suas ocupações pretendidas, pois é bem sabido que os homens ganham a maioria de sua riqueza por meio do roubo e as mulheres, prostituindo-se e induzindo a abortos, juntamente com a venda de poções mágicas de amor.

Uns poucos entre nossos eruditos especularam que eles são os descendentes de Caim, o amaldiçoado, o qual, quando marcado por Deus depois do assassínio de seu irmão, foi evitado por todas as criaturas. Outros acreditam que eles sejam a tribo perdida de Israel, condenada a vagar pelo mundo ainda que nunca encontre um lar. Parece uma conjetura mais provável que eles vieram do leste distante, destituídos de seu local de moradia pelo conquistador grego Alexandre, o Grande*, o qual liderara seus exércitos para a Índia e despojara muitos reinos incultos e pagãos antes de sucumbir a uma doença. Com relação a suas origens primitivas, o entendimento pode ser encontrado no sétimo livro de Heródoto,** no qual o historiador descreve uma tribo persa denominada sagarcianos, os quais lutaram nos postos do grande exército de Xerxes.

Eles são odiados e evitados em todas as terras, de forma que até mesmo os bandos sem nome de andarilhos buscam matá-los sempre que encontram suas carroças cor de mijo, pois eles dizem que os thugianos fingem ser eles, e envenenam as mentes do povo da cidade contra todos os viandantes. Para evitar a ira de seus inimigos, os thugianos nunca armam acampamento por mais de

---

* N.T.: Heródoto de Halicarnasso foi um historiador grego, continuador de Hecateu de Mileto, nascido no século V a.C. (485 a.C.? – 420 a.C.) em Halicarnasso (hoje Bodrum, na Turquia). Foi o autor da história da invasão persa da Grécia nos princípios do século V a.C., conhecida simplesmente como *As Histórias de Heródoto*. Essa obra foi reconhecida como uma nova forma de literatura pouco depois de ser publicada. Antes de Heródoto, tinham existido crônicas e épicos, e também estes haviam preservado o conhecimento do passado. Mas Heródoto foi o primeiro não só a gravar o passado, mas também a considerá-lo um problema filosófico ou um projeto de pesquisa que podia revelar conhecimento do comportamento humano. A sua criação deu-lhe o título de "Pai da História" e a palavra que utilizou para o conseguir, que previamente tinha significado simplesmente "pesquisa", tomou a conotação atual de "história".
** N.E.: Sugerimos a leitura de *O Gênio de Alexandre, o Grande*, de N.G.L. Hammond, Madras Editora.

algumas noites em um único lugar. A estrada em si mesma é seu lar e eles não obedecem a nenhuma lei que não seja aquelas que eles estabeleceram.

Os homens são resolutos e audazes, com belas faces e corpos fortes, ao passo que as mulheres possuem uma beleza sombria. Em cada bando viajante, um entre eles é conhecido como seu senhor e para ele devem relutante obediência, embora, na verdade, todos eles se portem com a arrogância de sangue nobre, além de não oferecer mais do que um conhecimento protegido àqueles que não são de sua própria raça. Seus filhos não têm brincadeiras. Até mesmo com cinco anos de idade eles imitam os olhares distantes e aprovadores de seus pais e seguem caminhando em vez de correr, e silenciosos em vez de brincalhões.

É fácil para um necromante versado nas artes arcanas ganhar condescendência como uma companhia de viagem, pois as mulheres são sempre mais ávidas para aprender novos métodos de magia, embora compartilhem pouco de seu próprio conhecimento em troca. Seus interesses são de uma espécie trivial, pois elas valorizam somente os encantamentos que podem ser usados para obtenção de lucro ou usados para prejudicar seus inimigos sem medo de serem detidas. Embora tanto as mulheres como os homens sejam destemidos em batalha, eles não têm escrúpulos em utilizar fraudes e enganos quando for adequado a seus propósitos.

Em suas almas reside uma alegria dissonante pela vida, mas nenhuma gentileza nem bondade, seja com as bestas ou com os homens.

Quando os monges cristãos ou seguidores do profeta na estrada em peregrinação perguntam sobre sua fé, eles fingem que adoram o Sol e a Lua, mas, se forem pressionados com relação aos detalhes de suas crenças, eles param de falar e dão as costas com expressões taciturnas. Isso é meramente uma pretensão, pois nenhuma raça neste mundo é tão habilidosa em mentiras. Um viajante que com eles passeia e acampa ao longo da estrada, e que observa seus modos com atenção sutil, será capaz de discernir a questão que desejam ocultar. Em todo veículo familiar puxado por cavalos, eles mantêm um relicário feito de sândalo entalhado, com portas fechadas que ocultam seu conteúdo. A cada noite, o pai realiza a adoração ante seu relicário e o ídolo que ele guarda, liderando sua família em cantos e na oração. Isso é feito dentro do veículo, depois que sua entrada tiver sido selada contra a noite, à luz de uma lamparina a óleo; e seus escravos, se ele for suficientemente rico para ter escravos, permanecem fora do vagão.

O viajante que tiver sido bem-sucedido em ganhar uma parte da confiança dessa estranha raça, pois nenhum estrangeiro pode jamais ganhar completa confiança, será capaz de comprar por ouro um breve relance do interior de um desses relicários. Ele descobrirá que a deusa desses andarilhos é uma forma obscena de Shub-Niggurath, a cabra de mil jovens. Os thugianos mantêm numerosas cabras, as quais lhes servem como alimento, provisão de leite e tecido, além de que eles valorizam a fertilidade em suas mulheres acima de todas as outras virtudes ou belezas. Eles acreditam que Shub-Niggurath os abençoa com abundância tanto de sua criação como no número de seus filhos. Eles veneram o ventre e as coisas que saem deste e, por este motivo, os bebês do sexo feminino são tão valorizados quanto os de sexo masculino. É sua fé que eles têm um pacto único com Shub-Niggurath, estabelecido nos tempos mais antigos, antes que o registro de histórias, e que, durante muito tempo, a deusa os favoreceu com a fertilidade.

A imagem de Shub-Niggurath mantida em seus relicários de família não é vista em nenhum outro lugar no mundo conhecido, embora talvez seja comum na terra não descoberta de sua origem. Consiste em um ídolo de pedra pequeno na forma de uma mulher dançando, com seus seios e sua vulva expostos. Seu cabelo é escabroso, seus olhos ardem com fúria e a língua fica suspensa de sua boca aberta, a qual é distorcida por um olhar de soslaio, com malícia de luxúria. Ao redor do pescoço dela está pendurado um longo colar feito de caveiras humanas. Sua barriga inchada mostra que ela está grávida. Homens e mulheres tocam a barriga dessa imagem quando buscam conceber filhos e antes da cópula, entoam em forma de canto as palavras *A'ai y'gatu l'il ro'kanah Shub-Niggurath*, que pode ser traduzido em nossa língua a partir do idioma dos Antigos, *Cumpra com tua parte em teu pacto com a raça astuciosa, Shub-Niggurath*. Eles entoam as palavras, mas esqueceram seu significado, visto que nenhum thugiano compreende a língua do ser que eles servem.

O Rito da Companhia

Os **homens jovens dos thugianos não** portam nem espada nem lança, pois é um decreto do pacto estabelecido com sua obscena deusa dançarina que nenhum homem da tribo jamais possa derramar sequer uma gota do sangue de um inimigo. Em vez disso, eles vestem um lenço branco e amarelo em volta de suas cabeças ou às vezes em seus pescoços, com nó de forma habilidosa, de modo a prover firmes apoios para as mãos, e equipado com laçada que possa ser utilizada para fazer um expansível laço. Todos os assassinatos de homens são feitos por meio de estrangulamento. Eles são treinados neste método para matar desde a juventude e até mesmo o a menor deles possui extraordinária furtividade e habilidade.

O modo dessa arte é o seguinte: eles aproximam-se por detrás, jogam o lenço ao redor do pescoço de sua presa e prendem-no firmemente até que esta pare de lutar. Em seguida, eles passam a extremidade através do laço para fazer uma laçada deslizante e puxá-la fortemente enquanto ficam em pé sobre seu inimigo caído com seu pé contra seu pescoço. Essa postura é por eles mantida até que a morte seja certa. As mulheres não matam, pois lhes é proibido por Shub-Niggurath. As mulheres da tribo não sofrem nenhuma restrição similar e usam longas facas, que são por elas empregadas à mínima provocação contra aqueles que a elas causam danos.

Em explicação dessa curiosa proibição contra o derramamento de sangue, as mulheres dos veículos puxados a cavalo contam uma lenda do início do mundo. Crianças humanas nascidas no sempre fértil útero da deusa estavam sendo consumidas tão rapidamente quanto elas de lá saíam por um demônio monstruoso, impedindo que a Mãe Negra criasse a raça do homem. Tão grande era a estatura do demônio que, quando ficava em pé no meio do mais profundo oceano, as águas não se erguiam acima de sua cintura. A Mãe ficou furiosa com as mortes de seus filhos e utilizou uma grande espada para travar batalha como o demônio no mar, mas cada vez que ela cortava seu corpo, as gotas de seu sangue formavam demônios similares a este, embora de estatura menor. Eles lutaram tão furiosamente com ela que ela perdera a esperança de algum dia derrotá-los.

Limpando o suor de sua fronte, ela fez dele dois homens, os primeiros da raça astuciosa. Ela rasgou faixas da bainha de sua vestimenta e deu uma a cada homem, comandando-os a estrangularem cada pequeno demônio conforme este saísse do sangue do pai. Essa tarefa foi por eles realizada com tal velocidade e habilidade que ela foi capaz de ser bem-sucedida com relação ao monstro com sua espada e enviá-lo para debaixo das ondas. Em gratidão pela ajuda dos dois estranguladores, a deusa forjou um pacto com sua tribo, ordenando-os que matassem todos aqueles que não fossem de seu sangue em nome dela, ainda que nunca pela espada, somente pela laçada. Em retorno, ela prometera enviar a eles boa fortuna e fertilidade perpétuas.

Tão diligentemente realizara a raça astuciosa sua parte no pacto, que eles continuam a ser uma fonte de terror até mesmo em nossa era do Profeta. Pois eles têm a habilidade infernal de disfarçar-se como pessoas comuns das terras pelas quais passam, ganhando a confiança de estranhos e planejando a morte com impunidade. Nem matam com paixão nem aqueles que odeiam ou temem, mas friamente e sem sentimento assassinam qualquer um que caia sob seus lenços com nós, tornando isso uma espécie de esporte e competindo uns com os outros para obtenção do maior número de mortes ou os assassinatos mais ardilosos, todos pela honra de sua fé religiosa.

A parte mais importante do pacto é conhecida como o rito da companhia. No terceiro dia após o nascimento de uma criança, um ritual é realizado pelos thugianos em que a criança é prometida aos serviços de Shub-Niggurath pelo restante de seus dias de vida. Pelo padrão desse rito, uma criatura espiritual que é uma cria incorpórea da cabra prolífica é invocada e induzida a entrar na carne do bebê. A alma da criança e a alma da criatura tornam-se unidas. É isso que mais indistintamente separa esta raça de outros homens, pois nos últimos anos este servo de Shub-Niggurath está sempre com eles e obedece a sua vontade na autoridade de um demônio familiar. A seu comando, ele deixa a carne e voa para realizar suas missões.

O viajante afortunado o bastante para ter ganhado a confiança parcial dessa mais reservada raça e capaz de comprar um assento no rito da companhia encontrará a si mesmo em um anel com muitos outros em volta de uma grande fogueira em chamas sob as estrelas. Todos seus ritos públicos e costumes sociais, que não sejam a adoração particular noturna da família dentro do veículo puxado a cavalo, são realizados sob o céu aberto. Toma-se cuidado ao escolher um local que seja longe o suficiente das habitações para impedir a descoberta. Caso o terreno permita, um vale protegido entre as baixas colinas é preferido, visto que fornece uma máscara para o brilho do fogo.

O pai da criança, seja esta menino ou menina, carrega o bebê nu em suas mãos desde seu veículo puxado a cavalo. Os Anciões da raça que estiverem passando pela região onde o rito é conduzido, e que tiverem se juntado para assistir a sua realização, aproximam-se do fogo e os quatro mais velhos dentre eles aproximam-se das chamas até que estejam parados em pé próximos o bastante para tocá-las e, embora pareça que eles devam ser levemente queimados pelo calor do fogo, não são feridos nem molestados pela brasa.

O pai aproxima-se da fogueira com seu filho e fica em pé próximo a seu corpo, quando, junto com os quatro mais velhos do rito, forma uma das cinco pontas de um pentagrama ao redor do fogo. No anel externo, as mulheres começam a cantar uma canção sem palavras composta de todos os sons de vogais que são entoadas em som contínuo na respiração no nariz e na parte posterior da garganta, e os jovens homens tocam música nas flautas e nos tambores planos com bastões curvos e têm guizos em suas laterais. Com a canção e a música, eles erguem suas emoções a uma fúria tal e oscilam seus corpos ritmicamente para a frente e para trás.

O mais velho dos quatro que circundam a fogueira junto com o pai começa a fazer a invocação a Shub-Niggurath em sua própria língua, a qual é desconhecida fora de sua raça, mas que não lembra o antigo idioma do Egito nem o idioma dos hebreus, como alguns eruditos escreveram com base nas afirmações espúrias daqueles que clamavam conhecer essa raça. Pode também ser escrito com certeza que esta invocação não é na língua dos Antigos, exceto apenas pela única frase *a'ai y'gatu l'il ro'kanah Shub-Nigguratb*, a qual é muitas vezes repetida e serve como uma espécie de canto de poder para pontuar as diversas partes da invocação.

Conforme a música e a canção sem palavras aumentam em força, o pai passa o bebê desnudo através da fumaça e das chamas para as mãos de um dos quatro mais velhos e, conforme a troca é feita, um grande grito ergue-se a partir de todos reunidos. Cinco vezes a criança atravessa o fogo, mas isso é feito rapidamente, de modo que nenhum dano chega a ela das chamas, embora a irritação da fumaça nos olhos do bebê e em seus pulmões faça com que chore vigorosamente. Um segredo pode ser revelado, não escrito em nenhum outro lugar, e talvez desconhecido fora dos acampamentos dos próprios peregrinos, pois nem mesmo Ibn Schacabao faz referência a isso em seus textos volumosos: o bebê é passado de homem para homem de forma tal que seu progresso ao redor da fogueira imita os raios que se entrelaçam do pentagrama desenhado com uma contínua linha de caneta em direção inversa ao curso do sol, pois é bem conhecido aos estudantes de artes necromânticas que o pentagrama é inscrito como um sinal de poder somente quando traçado com uma linha contínua que une sua extremidade com seu início.

No quinto grande grito, quando o pentagrama tiver sido completado em volta da fogueira, uma jovem cabra branca e sem manchas é conduzida para dentro do círculo pela mãe da criança. O animal caminha calmamente, sem resistência, como se estivesse ciente de alguma forma obscura de seu propósito maior e submisso à vontade da deusa. Duas meninas na primeira estação de suas flores seguram-no com cordas atadas a suas pernas dianteiras para impedir que escape, caso tente voar para dentro do fogo, mas é dito que isso é raramente necessário. A mãe da criança puxa para trás a cabeça da cabra com uma das mãos e com a outra corta sua garganta, enquanto o pai empurra o bebê choroso sob a fonte de sangue que sai da ferida. O bebê é banhado completamente em sangue antes que a cabra cambaleie e caia morta, enquanto em frenesi os observadores do rito fazem um enorme estrondo, gritando, batendo palmas e os pés e dando pancadas em potes de metal e escudos com galhos e pedras.

Os Anciões pegam a carcaça da cabra e lançam-na no fogo. Conforme a fumaça de seu manto em chamas ergue-se para o céu, o mais velho entre eles toma a criança das mãos manchadas de sangue do pai e eleva-a diretamente acima do fogo, o mais alto que ele for capaz de colocar a criança em seus braços de modo a impedir que a criança seja queimada. O que acontece a seguir é um mistério dessa raça, que todos os observadores do rito são comprometidos em sua vida a nunca revelar, e ninguém nunca o fez, pois é crença universal que falar dos mistérios de quaisquer povos traz má sorte e que tal irreverência pelos assuntos sagrados chama sobre suas cabeças a ira dos deuses. Contudo, pode ser escrito que uma presença na forma de névoa ou fumaça desce das estrelas contra o curso da fumaça que se ergue da fogueira, e esta envolve o corpo do bebê e é puxada para dentro de sua carne.

No exato momento em que a presença entra na criança, esta cessa de lamuriar e se torna silenciosa e alerta. Aqueles que fitam em seus olhos detectam uma ciência não natural que é o sinal certeiro da moradia de seu demônio familiar. Embora a mente do bebê seja pouco desenvolvida, a mente do demônio é completa e madura. Está anos à frente da criança e a consciência de seu espírito familiar torna-se imersa em harmonia.

O rito é concluído com muita celebração e fornicação, o que ocorre logo além do anel de carroças e a iluminação do fogo. Caso uma das duas garotas que conduziram a cabra sagrada seja uma virgem, ela é ritualisticamente deflorada naquela noite como uma oferenda a Shub-Niggurath, e isso é considerado como acréscimo à sorte da criança. Uma tentativa é sempre feita de encontrar pelo menos uma virgem e, onde nenhuma estiver disponível, o rito prossegue para o desconforto dos pais, os quais veem a falta de defloração como um mau presságio. As pessoas dançam, bebem vinho e festejam, porém não tomam parte na carne tostada da cabra, a qual se permite ser totalmente consumida no fogo. Para garantir esse resultado, madeira é constantemente adicionada às chamas para o restante da noite. O rito não é concluído até a primeira luz da aurora, quando os farristas se retiram para seus veículos puxados a cavalo para dormir.

Termos do Pacto com Shub-Niggurath

A cabra com mil jovens provê à raça itinerante que a adora abundância e fertilidade, além de uma medida de boa fortuna em questões de sorte que estão acima das ações dos homens comuns. A sorte do thugiano permite que ele cometa invasões a casas ou roubos sem ser descoberto e, caso seja encontrado e preso, escapa de seu cativeiro com facilidade, de forma que nenhum bando de ladrões mais audazes caminha nesta terra. Ela também ajuda no mais sinistro ato de assassinato, o qual é por eles cometido contra estranhos não somente pela glória maior de sua deusa, como também para obter lucros. Quando matam abertamente à vista dos homens, isso é feito no calor da paixão; mas, quando matam por dinheiro, isso é feito de forma fria e em segredo.

Nenhuma raça é mais adepta ao assassinato. Em primeiro lugar, eles acalmam a vítima em um estado de falsa camaradagem e compartilham sua comida e bebida. Em seguida, quando estiverem certos de estar com ele sozinhos, um entre eles agarra o homem firmemente circundando-o com seus braços, ao passo que o outro, que fica de pé atrás dele, joga um lenço em volta de seu pescoço e faz com que fique tão apertado que este não possa gritar. Como esses assassinatos ocorrem na estrada e, geralmente, com mercadores em trânsito de uma cidade a outra e os assassinos enterram imediatamente os corpos de forma que nenhum rastro de seu crime permaneça, facilmente passam sem serem detectados e, quando o homem assassinado é dado como desaparecido por sua família, aqueles que puseram fim a sua vida estão há centenas de quilômetros do local onde o crime ocorrera.

É uma parte de seu pacto com Shub-Niggurath que cada homem deva matar pelo menos uma vez no decorrer de um ano como um sacrifício a ela, de forma que suas generosidades continuarão a recair sobre suas cabeças. Alguns entre eles são habilidosos nas artes de assassinato e matam com mais frequência para seu próprio ganho, mas até mesmo o que tem menos sede por sangue entre eles atende a esta obrigação para com sua deusa, e os idosos ou muito jovens, ou os enfermos, são ajudados por outros mais ágeis e de maior força. A obrigação tem início no sexto ano, com continuidade até a morte. É uma questão sobre a qual eles não falam, até mesmo entre si, pois temem que algum detalhe de um assassinato específico possa ser ouvido por acaso e lembrado. Entretanto, aqueles que estiveram presentes na recitação do pacto com a deusa, o qual nunca é escrito nem mesmo em sua língua, não podem duvidar do fato de que cumprirão com diligência este requisito do pacto.

Eles matam indiscriminadamente os ricos e os pobres, mas preferem os ricos pela abundância de suas posses que caem em suas mãos. Homens de família não são mortos por ele, até mesmo quando seria algo de facilidade insuperável. A morte de um homem local levantaria rapidamente um clamor no vilarejo ou na cidade antes que a caravana pudesse se mover para um lugar suficientemente distante de modo a ficar livre de suspeitas. Os homens dos vilarejos podem comer junto com eles, deitarem-se com suas mulheres que optarem por se prostituir e até mesmo insultá-los e neles bater, sem temer a morte em suas mãos, de tão perfeito que é seu controle sobre suas paixões desta forma essencial para sua união com a deusa. Isso a despeito de seu sangue quente, o qual, em todos os outros aspectos, é ingovernável.

Outra parte do pacto declara que cada homem antes da idade de 29 anos deve oferecer seu primeiro filho à cabra prolífica. Não o fazer abre convite para a fúria de Shub-Niggurath, a qual vem abaixo na forma de profunda má fortuna que logo tem consequências fatais. Tão temerosos são os homens desta privação que aqueles que são por suas naturezas inapropriados para terem filhos, o que às vezes acontece, em razão da doença que prejudica os genitais, buscam roubar as crianças das cidades pelas quais eles passam, de forma que possam formalmente adotar os bebês como se fossem seus, e assim os apresentam no rito da companhia da alma em seu terceiro dia de vida. Somente os bebês nos seus primeiros três dias após o nascimento encontram-se em risco desta abdução. Eles são roubados de seus berços, até mesmo sob as respirações brandas de suas mães dormentes, e, em seu lugar, o ladrão deixa uma pedra. Isso tem feito surgir em algumas terras a fábula de que espíritos dos campos e das árvores roubam as crianças, uma ficção que a raça astuciosa, sempre pronta a contar as histórias dos viajantes por dinheiro, vai longe para encorajar.

Caso um homem tenha um filho que seja inadequado em mente ou corpo, ele pode buscar a troca desta criança com o filho de um homem de família em vez de matá-lo com suas próprias mãos. Bebês que são gravemente deformados ou surdos ou cegos são mortos logo após o nascimento, somente se a mãe for de coração terno e implorar a seu marido que poupe a vida do bebê, ele substituirá a criança imperfeita por uma que seja sã em termos de membros e com posse de todos os sentidos. Nesses casos, quando uma criança é roubada de uma cidade, no lugar de uma pedra, a criança malformada é deixada no berço. Isso fazem raramente, pois é um convite ao clamor contra eles, e aqueles que favorecem esse capricho são severamente punidos pelos Anciões.

As virgens concedem sua virtude ao serviço da deusa dentro de um ano a partir do início da menstruação, enquanto auxiliam no rito da companhia e, em retorno, de acordo com os termos do pacto, elas recebem o dom por parte de Shub-Niggurath do poder da segunda visão, sem a necessidade de consumirem as aranhas brancas nas cavernas de fungos do Espaço Vazio. Todas as mulheres desta raça podem ver a presença dos mortos que caminham tão claramente como seus gatos, além de estarem cientes quando demônios se movem ao redor delas. Elas têm grande habilidade em adivinhação do futuro. Seu método predileto é por meio das linhas na mão, mas também fazem uso de uma técnica de divinação que não existe em nenhum outro lugar, a qual elas clamam lhe ter sido ensinada pela própria deusa.

É uma divinação por meio das estrelas e da terra. Sete cascalhos lisos com sinais que expressam os sete senhores dos Antigos e suas afinidades com os sete corpos errantes dos céus. O sinal de Cthulhu mostra duas cabeças de machados opostas. Aquele de Shub-Niggurath se assemelha a uma árvore; o sinal de Yog-Sothoth é o de três anéis que se entrelaçam; o sinal de Yig apresenta duas fileiras de dentes triangulares; aquele de Nyarlathotep é um par de serpentes entrecruzadas; o sinal de Dagon assemelha-se a crescentes entrelaçados da Lua; o de Azathoth representa um olho sem pálpebras.

Estas são lançadas dentro de um círculo desenhado na poeira do chão que tem uma cruz em seu centro, de forma que é dividido em quatro quadrantes. As mulheres thugianas entendem que esse círculo representa as 12 casas das estrelas e, embora tenha quatro divisões, assume-se que cada quadrante seja ainda subdividido em três cunhas a partir de sua ponta, que correspondem às três casas naquele quadrante do Zodíaco.

Por meio da observação de onde esses cascalhos caem sobre o círculo e de seu relacionamento uns com os outros, as mulheres que conduzem esta arte leem a resposta à pergunta feita. O quadrante do círculo na parte inferior esquerda é dado às casas do Carneiro, do Touro e dos Gêmeos; aquele inferior direito, às casas do Caranguejo, do Leão e da Virgem; aquele no lado superior direito, às casas das Balanças, do Escorpião e do Arqueiro; aquele do quadrante superior esquerdo, às casas da Cabra do Mar, do Aquário e dos Peixes.

Como um exemplo desta prática, se, ao lançar as pedras, o cascalho que portar o sinal do planeta Marte, o qual é ligado à natureza de Cthulhu, caísse sobre a casa de Escorpião, sua ação seria considerada forte, pois esta é a casa nativa de Marte. E, assim, por meio das forças e fraquezas que os astrólogos atribuem aos céus, é feita esta predição de eventos sobre o coração da terra.

Eles chamam os nomes dos sete senhores do nome secreto dos planetas, acreditando que estes nomes sejam lembrados somente por sua raça e esquecidos pelo restante da humanidade. Eles preservaram sonoridades corruptas de tais nomes em suas histórias orais, embora somente o nome de Shub-Niggurath seja expresso de maneira precisa. Das naturezas e das aparências dos sete senhores, eles pouco sabem. Confundem os Antigos com os corpos errantes dos céus e não fazem nenhuma distinção entre os planetas e os deuses quando falam a respeito deles. Para a sua filosofia, Shub-Niggurath e a Estrela da Manhã são uma só.

Termos do Pacto com Shub-Niggurath 283

Sinais dos sete senhores dos Antigos.

Esses cascalhos são usados por eles de outra forma, para trabalhos de magia maléfica. Quando as mulheres que os fazem nutrem ódio em direção a qualquer pessoa que não seja de sua raça, elas esperam a pessoa passar, escondendo-se por trás de uma parede ou cerca com uma dessas pedras em sua mão. Conforme o inimigo prossegue em sua caminhada, elas cospem na pedra e arremessam-na de forma que atinja a pessoa. Em seguida, retiram-se de maneira furtiva e silenciosa, pois acreditam que, se forem descobertas realizando esse ato, o feitiço não resulta em nada. Elas creem que a pedra invoca má fortuna sobre a cabeça de quem quer que atinja e, por vezes, jogarão tais pedras sobre o gado, ou cavalos, ou ainda em celeiros e outras construções. Moradores locais atingidos por essas pedras acreditam que elas são arremessadas por um jinn ou outros espíritos das colinas, e sentem aversão a estes como sendo coisas não naturais.

O tipo de infortúnio depende da pedra escolhida para o feitiço. A pedra de Cthulhu provoca disputas, litígios e ferimentos violentos; aquela de Shub-Niggurath traz a impotência ou infelicidade em casos amorosos; a de Yog-Sothoth faz nascer discórdias em famílias; a de Yig provoca a enfermidade do corpo; a de Nyarlathotep causa perda de riqueza; aquela de Dagon, loucura; a de Azathot, a falha em um empreendimento.

Receptáculos de Almas

Haveria pouco propósito para um viajante bem versado nas artes da Necromancia manter a companhia com o povo escolhido de Shub-Niggurath, a menos que eles possuíssem algum ensinamento de valor que não pudesse ser obtido em nenhum outro lugar, pois eles são uma raça traiçoeira e ocultam bem sua malignidade até o momento de sua execução. Nem pode nenhum homem verdadeiramente afirmar que ele é seu amigo, a menos que seja de seu sangue. A magia das mulheres é uma arte de trivial aquisição, exceto por uma única habilidade conhecida somente por esse culto bárbaro, a criação de receptáculos de almas.

Em retorno por sua fé, sua deusa obscena ensinou-lhes uma magia na qual as almas dos mortos podem ser invocadas e capturadas dentro de garrafas de vidro, como os magos de nossa raça contêm o jinn em anéis e em recipientes de bronze. Uma alma aprisionada por meio dessa habilidade é escravizada para servir ao dono da garrafa e toda a sabedoria que possuiu durante a vida, assim como seu conhecimento de vida após a morte, tudo isso se torna disponível mediante investigação. A alma capturada não oferece prontamente seus segredos, mas quando a garrafa é aquecida sobre uma fogueira, a alma sofre os tormentos de inferno e fica logo disposta a atender aos desejos de seu mestre.

As almas falam por intermédio de um pequeno peso de chumbo afixado dentro da garrafa na extremidade de uma extensão de fio de seda, de modo que o peso fique suspenso próximo à lateral da garrafa. Quando uma pergunta é feita, o chumbo se move e atinge a lateral do vidro, fazendo com que surja um som similar a um sino de cristal. Ao escutar o tilintar do vidro com uma mente aberta e devoluta, a voz da alma é ouvida pronunciando a resposta à pergunta. Somente o proprietário da garrafa pode discernir a voz da alma; para os outros, parece meramente um tilintar sem sentido. O ato de fazer esta garrafa ata seu criador e a alma capturada dentro dela de forma que eles tenham um entendimento compartilhado e cada um seja capaz de compreender as palavras do outro.

Na aparência, essas garrafas não são mais do que metade de um cúbito em altura e um palmo de largura, com laterais retas e um tampão de couro vedado com cera verde. O vidro é incolor e transparente e, dentro do receptáculo, há um vapor que se arrasta em torvelinho, assemelhando-se a uma fumaça que nunca cessa de se espiralar e cair. A porção inferior da garrafa é cheia com a urina de seu criador, pois é a crença das mulheres dos thugianos que a urina fornece um corpo tangível para a alma capturada e, sem ela, a alma seria muito insubstancial para ser mantida em qualquer receptáculo material. Dentro da urina eles colocam pedaços de cabelo, pele, unhas ou osso do cadáver da pessoa que desejam escravizar, além de algumas gotas de seu próprio sangue, derramadas durante o ritual por meio do qual a alma é atraída.

O ritual é invariavelmente realizado durante a Lua nova, que é a noite mais escura do mês, quando as forças de Shub-Niggurath estão em seu momento mais potente e são capazes de mover-se livremente através da superfície de nosso mundo. A feiticeira inscreve com tinta preta na palma de sua mão esquerda o verdadeiro nome da alma que ela busca capturar e, na palma de sua mão direita, seu próprio nome verdadeiro, que é o nome dado a um homem ou mulher pelos pais que os trouxeram à luz ou, no caso de um escravo, pelo mestre que é seu dono. Ela se dirige até um local alto e aberto sob as estrelas. Coloca os pedaços roubados do cadáver na garrafa aberta, onde ela urina, de forma que sua urina esteja quente durante o ritual, pois, se perder tepidez antes que o ritual seja realizado, a mágica não terá nenhuma força para compelir a presença da alma. Ela faz isso à luz de uma vela ou lamparina e, posteriormente, usa a chama para derreter a cera verde que veda o tampão uma vez que a alma estiver dentro de sua prisão.

Tendo preparado a garrafa aberta com sua urina e as relíquias do morto, ela faz um pequeno corte sobre sua mão esquerda e deixa caírem sete gotas de seu sangue na urina. Sete é o número de Shub-Niggurath, e em si é uma invocação à deusa. Ela espalha o sangue ao longo da palma de sua mão direita dobrando uma mão contra a outra, juntas, e, em seguida, agarra a garrafa com bastante força, pressionando os nomes inscritos em suas palmas contra as laterais da garrafa, de forma que sinta a tepidez da urina em seus dedos. Ela curva sua face sobre a boca da garrafa e respira soltando seu calor para dentro desta, enquanto fala o verdadeiro nome do morto. Isso o faz sete vezes, e prende em sua mente uma imagem da pessoa cuja alma ela deseja. Então, pronuncia este encantamento:

"Eu sou _____, sou mestre da garrafa, sou a urina da garrafa, sou o sangue da garrafa. Entre aqui, _____, por seu nome verdadeiro o invoco, pelo calor desta urina convoco você, pelo fogo neste sangue instigo. Chamo-o dos recantos baixos entre as estrelas, chamo-o dos mais altos céus, chamo-o dos mais baixos infernos. Você deve obedecer. Sou a filha de Shub-Niggurath, pelo poder de minha mãe, você deve obedecer. Por estas palavras tornadas carne, você deve obedecer."

A feiticeira então cospe na garrafa enquanto pensa no nome do morto e eleva a garrafa em direção ao céu noturno. A alma forma-se em uma nuvem de névoa prateada acima de sua boca aberta e, lentamente, como se não estivesse disposta mas fosse incapaz de resistir, ela faz movimentos espiralados para dentro da garrafa. De uma vez, o criador do encantamento faz com que o peso de chumbo fique suspenso para baixo na parte interna do receptáculo, de modo que esteja logo acima da superfície da urina; então, enquanto segura seu fio de seda na posição contra a borda da garrafa, coloca o tampão sobre sua boca e prende-o no lugar com sua palma esquerda de forma que seu sangue fique impresso em sua superfície. Ela derrete um bastão de cera para gotejar sobre o tampão a fim de que sua superfície fique completamente coberta pela cera.

Quando a garrafa é formada devidamente, seu peso de chumbo começará a tilintar contra a lateral do vidro de imediato e uma nuvem branca ficará visível dentro do receptáculo, mas a alma não adquirirá o poder de falar por diversas noites. O choque da captura torna-a insana e ela não é até que reganhe uma medida de ciência referente a sua condição que adquira a habilidade de compreender uma pergunta que possa ser feita. Esta mágica pode ser trabalhada por homem ou mulher, mas entre os andarilhos, as mulheres fazem mais comumente uso dela, pois os homens têm pouco a ver com as artes arcanas, à parte dos ritos realizados em honra de sua deusa.

As utilidades da garrafa da alma são diversas. Em primeiro lugar, ela cria um servo que empresta o poder de sua essência ao criador do encanto, de forma que este fique fortalecido, tanto fisicamente em seu próprio corpo quanto na força de sua vontade. Com cada alma adicional capturada, o poder é ampliado. Um mago com cinco ou seis garrafas de alma tem a força de dois homens e é facilmente capaz de compelir com a força de sua mente a obediência de criaturas espirituais da espécie inferior. Em segundo lugar, a posse de uma garrafa de alma permite o acesso aos segredos dos mortos. O que quer que a alma capturada soubesse durante sua vida, além de o que quer que seja que aprendeu após a morte, está disponível ao seu mestre, o qual somente precisa questioná-la.

A maior virtude dessa garrafa da alma não são esses dons, embora possam ser preciosos, mas sim o sofrimento que inflige à alma aprisionada dentro de suas profundezas. O tormento da garrafa é maior do que o tormento do inferno, até mesmo quando a garrafa não é aquecida sobre uma chama para aumentar a intensidade da dor. Um necromante pode usar a garrafa da alma como uma forma de punição sobre seus inimigos. Aqueles que ele não pôde derrubar em vida, ele tem a capacidade de torturar depois da morte. Por quanto tempo a garrafa permanecer intacta, a agonia da alma permanece incessante. As mulheres entre os thugianos utilizam esse encantamento não para capturar as almas de seus amigos, mas para aprisionar as almas de seus inimigos e trazer-lhes o sofrimento.

A Travessa dos Eruditos

Damasco jaz como uma joia reluzente no ventre da noite quando aproximada nas primeiras horas da manhã no final de uma longa jornada. Suas 10 mil lâmpadas iluminam os tetos de suas edificações e domos de suas torres de mesquitas e ofuscam as próprias estrelas nos céus. O latir de seus cachorros, o suave murmúrio de vozes vindas daqueles sentados em conversas nos limiares de suas casas e a risada emergindo de suas tavernas e cabanas combinam-se para fazer com que uma música de companhia seja bem-vinda aos ouvidos de um homem cansado de viajar. Certamente, não há cidade mais agradável para se morar no mundo para aqueles que possuem riqueza e a disposição de dispensá-la liberalmente em consideração por seus serviços.

Uma classe de homens, conhecida como alcoviteiros, floresce nessa cidade, pois há constantes idas e vindas de caravanas e as ruas são eternamente repletas daqueles recém-chegados e que não têm nenhum conhecimento de onde dormir nem de como obter sua refeição da noite. Eles são tão desamparados quanto os bebês, mas por uma pequena taxa quaisquer das centenas de homens que adotam esse tipo de comércio os guiarão até qualquer que seja o local que requerem e tornam suas vidas agradáveis. Nada é impossível de ser obtido em Damasco; aqueles que anseiam por vinho são saciados; aqueles que fogem do tédio são entretidos; aqueles que têm luxúria com relação às mulheres são saciados. Até mesmo os mais obscuros desejos, os quais poderiam levantar repulsa em outras cidades, são facilmente acomodados neste mais belo modelo de perfeição de hospitalidade comercial.

Um recém-chegado buscando a compra de uma casa tem muitas habitações esplêndidas dentre as quais escolher, visto que as constantes chegadas e partidas da cidade garantem a disponibilidade contínua de propriedade. No quadrante setentrional, há uma quieta rua denominada Travessa dos Eruditos. Ambos os lados dessa passagem pavimentada e sinuosa, a qual é ampla o suficiente para permitir o progresso de uma única carruagem de boi, são alinhados com as casas com muralhas, notáveis pela falta de pretensão de suas entradas, pois não são mais do que portas rústicas sem janelas nem outros adornos dispostos nas paredes não quebradas que ligam a rua.

Os habitantes da Travessa dos Eruditos raramente são vistos, e o povo de Damasco busca ter o mínimo de contato possível com eles, visto que têm a reputação de serem feiticeiros absortos por trás de seus portais travados em busca de estudos arcanos. Seus servos, que nunca falam dos afazeres de seus mestres, são vistos adentrando despretensiosamente as portas pela manhã, carregando alimentos e outras mercadorias nas cestas do mercado; mais raramente são eles observados na noite, partindo com estranhos embrulhos e voltando de mãos vazias.

Com a ajuda de um astuto alcoviteiro, ao viajante recém-chegado na cidade, que deseja permanecer por um período de anos e seguir o caminho das artes necromânticas, será oferecida a compra de qualquer uma das diversas habitações que estiverem disponíveis no momento. A disposição das casas, à parte de menores variações em aparência, são bem similares. Cada uma delas possui seu próprio jardim nos fundos com árvores frutíferas e passagens sombreadas. Suas janelas são colocadas em local alto, de modo a pegar a brisa do pôr do sol, as quais fluem por seus corredores de mármore abaixo e refrescam até mesmo a mais baixa câmara, e suas altas paredes calam os ruídos e a infâmia da cidade. As casas têm três níveis e sob eles estão os porões, adequados para o armazenamento ou as atividades que necessitam de privacidade.

Em tal casa, um homem com habilidade nas artes secretas e, consequentemente, sem dificuldade em obter quantas peças de ouro desejar, pode morar em paz e com luxo, além de poder se dedicar a seus estudos sem ser observado pelos ignorantes. Tudo pode ser obtido por um preço em Damasco, até mesmo os soldados que patrulham as ruas à noite, os quais podem ser facilmente induzidos a ficar surdos aos gritos de dor ou de terror emanados de tempos em tempos das grandes casas pelas quais passam em suas rondas.

O alcoviteiro disponibilizará escravos e servos acostumados a realizarem as necessidades de um praticante dos mais altos mistérios. É sábio ter suas línguas removidas, caso não tenham ainda sido cortadas por outros mestres anteriores, de modo a garantir que qualquer coisa observada no interior das muralhas da casa não possa se tornar uma matéria de fofoca ociosa. Os melhores escravos vêm das tribos na costa ao norte da África, próximo aos Pilares de Hércules. Eles não têm nenhum escrúpulo em lidar com cadáveres ou abrirem túmulos, e são de uma disposição estável e não imaginativa. Quando tratados com generosidade, são leais na realização de seus deveres.

Um viajante recém-chegado a Damasco que era versado nas artes necromânticas comprou uma das casas na Travessa dos Eruditos por uma quantia razoável através da agência de um alcoviteiro e começou a seguir seus estudos em segurança e em paz. Tendo a necessidade de dispor de uma carcaça, ele determinou-se a enterrá-la em um canto do porão, um curso de ação que requer o mínimo de esforço e provavelmente atraindo menor atenção. Imagine seu assombro quando o chão do porão foi aberto, somente para revelar tal densidade de ossos empilhados sobre ossos que nenhum espaço existia no qual inserir o cadáver. Com relutância, ele teve o chão fechado novamente por seus servos além de fazer com que a carcaça fosse carregada até um poço de enterro comum além do portão ao norte da cidade.

Os homens sagrados e os nobres de Damasco sabem a respeito das práticas conduzidas na Travessa dos Eruditos e, de modo geral, desaprovam-nas, ainda que nenhum seja audaz o suficiente para acusar os residentes desta travessa quieta de ilegalidade sem evidência clara e material, visto que eles são temerosos das consequências de agirem sozinhos, sem a audácia e o apoio da multidão no mercado. Os inimigos de feiticeiros e necromantes têm uma reputação que diz que não vivem muito, nem têm vidas felizes. Visto que todos aqueles que moram na Travessa dos Eruditos são ricos e capazes de comprar favores onde for preciso para continuarem seus estudos sem serem molestados, nenhuma ação é realizada contra eles, a menos que seja cometido um crime tão audaz e manifesto que aqueles encarregados de defender a lei não possam fechar seus olhos, até mesmo quando preferissem fazê-lo.

Nessas raras ocasiões, torna-se prudente para o residente da rua que tiver vindo sob acusação fechar sua casa e deixá-la por um período de meses até que a questão possa ser trabalhada em silêncio com o pagamento de subornos aos líderes da cidade e, caso esses subornos provem ser insuficientes, por meio da contratação de assassinos para removerem aqueles que buscam trazer a execução.

Um desentendimento dessa espécie é bastante raro, e, em geral, aqueles que vivem na Travessa dos Eruditos são livres para diligenciar quaisquer estudos que escolherem. Os porões são profundos o bastante para silenciarem o som de cantos e até mesmo o mais alto dos gritos. Cada homem zela por seu próprio trabalho e não investiga o trabalho de seu vizinho. Caso incidentes desagradáveis ocorram no interior das paredes de uma casa, os limpadores podem ser contratados por intermédio dos alcoviteiros que são discretos e eficientes na remoção de todos os traços do evento. Pode ser verdadeiramente escrito que lugar mais satisfatório ou seguro não existe em todo o mundo para o necromante se dedicar à profissão escolhida.

O Segredo do Aço de Damasco

Os **segredos da cidade de Damasco** são muitos, pois esta é uma das cidades mais antigas neste mundo que é obra das mãos de homens. Nada é mais cobiçado por outras terras do que a fabricação do aço de Damasco, o qual é tanto mais forte como mais flexível do que o aço de qualquer outra cidade. Espadas forjadas deste aço não serão quebradas em combate, mas cortarão através das lâminas de aços inferiores como se estes fossem de bronze, e ceifará através dos escudos e da armadura do inimigo. Essas lâminas são tão desejadas pelos guerreiros que elas valem um alto preço nas casas dos maiores fabricantes de espadas e, até mesmo para os ricos, são difíceis de serem obtidas por causa da sua demanda, pois logo que uma lâmina é forjada, já está vendida, às vezes, até mesmo antes de ter tido tempo de resfriar do fogo.

Os fabricantes de armas de Damasco guardam bem seus segredos, sabendo que todas as outras cidades no mundo se regozijariam em ser a fonte de tal fino aço, mas o segredo que eles mantêm é um em que poucos acreditariam, e é este: que o aço de Damasco não é criado em Damasco. É importado do Líbano pelos fabricantes de espadas da cidade e somente obtido de um pequeno vilarejo na costa do oceano que é o lar para um clã de comerciantes audazes. Nem eles fazem o aço, mas obtêm este na forma de lingotes do tamanho e da forma da mão estendida, os quais são batidos em forma de lâminas pelos ferreiros de Damasco. Na verdade, não há fogo quente o suficiente para derreter o aço de Damasco na cidade inteira, nem mesmo na maior das ferrarias; o máximo que pode ser feito é aquecer os lingotes até que fiquem incandescentes e se tornem maleáveis e, em seguida, batê-los e dobrar o aço com martelos, sobrepondo-os sobre si mesmos, várias vezes, e continuando a martelar até que suas camadas sejam tão finas como uma folha de ouro unida sob a influência do fogo.

As espadas de Damasco são feitas em Damasco, mas o aço vem de uma fonte não conjeturada por aqueles que as empunham em batalha. Caso o viajante a esta cidade ataque um conhecido com uma arma forjada e ganhe sua confiança, consequentemente verá o ferreiro com um par de estrangeiros que vêm do Líbano em uma carruagem puxada por bois, pesadamente carregada com lingotes de aço. Eles não aceitam nenhum esforço para proteger sua carga, por mais preciosa que seja, visto que não seria de uso algum para qualquer outra cidade, pois tanto quanto é verdade que nenhum fogo dos homens possa derreter o aço de Damasco, é igualmente verdade que somente as ferrarias desta cidade são quentes o suficiente para amaciá-lo de forma a ser moldado pelo martelo. Seria sem valor nenhum aos ferreiros de qualquer outra terra, exceto, talvez, aqueles da distante terra de Catai, os quais são ditos em fábulas como sendo habilidosos na fabricação do aço.

Esses mercadores do Líbano são esquisitos e desagradáveis em aparência, assim como vulgares de fala, mas amantes do vinho, embora sejam relutantes a pagar por ele de seus próprios bolsos. Permitem que qualquer homem na taverna compre para eles e nunca compram para os outros em retorno a sua cortesia, de forma que não são populares junto aos homens da cidade. Talvez isso se deva ao seu estranho aspecto, com cabeças largas e bocas amplas não naturais, que se assemelham às bocas de sapos, além de olhos salientes que se projetam de seus crânios aplanados. Suas mãos são úmidas ao toque e suas maçãs do rosto e pescoço estão sempre molhados com o suor que sai de seus corpos; ainda que, não obstante este contínuo aparecimento de umidade, sua pele seja fresca. Eles devem beber prodigiosamente para substituir o que perdem durante o dia e à noite e, por este motivo, assombram as tavernas depois de as suas transações de negócios terem sido realizadas.

É difícil, embora não seja impossível, intoxicar esses estranhos mercadores, caso o vinho comprado para eles seja fortificado e o mais forte que possa ser obtido em Damasco e, em seguida, eles começarão a falar de seu lar com anseios de a ele retornar e expressam seu desconforto em estar tão longe do oceano, o qual amam como se fosse sua mãe. A história do aço não pode ser extraída deles em uma noite e nunca é apresentada em todos seus detalhes, mas um homem paciente que tenha conhecimento de questões arcanas é capaz, depois de diversas noites de excesso nas tavernas, de juntar os pedaços da narrativa, que não é longa de se escrever.

O vilarejo dos mercadores é conhecido como Shaalon e é habitado por algumas dezenas de famílias cujos membros são todos relacionados por sangue. Eles tiravam seu sustento do mar, visto que, desde antes da memória da história, e ninguém sabe quando seu vilarejo fora fundado, mas desde antes das lembranças dos homens mais velhos, eles eram comerciantes e pescadores. Ambos os comércios florescem a um grau estonteante que se torna de inveja para outros vilarejos na costa e aqueles não nativos de Shaalon colocaram isso como sendo boa sorte, mas a causa real é a associação dos habitantes do vilarejo com os Profundos, os filhos de Dagon, os quais moram no oceano, não muito longe da costa.

Os habitantes de Shaalon comercializam não somente com os homens, mas também com os Profundos, os quais formaram laços de casamento e de sangue com os habitantes dos vilarejos. Isso não é estranho quando se sabe que os Profundos admiram a beleza de nossas mulheres mais do que a beleza de sua própria espécie. Desta forma, o sangue dos Profundos e o sangue dos moradores do vilarejo mesclaram-se durante uns mil anos ou mais. Os Profundos comercializam com eles as riquezas do oceano e conduzem os peixes até suas redes de modo a garantir-lhe boa pescaria e, em retorno por isso, os moradores do vilarejo comercializam com eles todos os objetos e as substâncias das terras secas que os Profundos desejam, tais como sedas finas e brilhantemente coloridas; pois eles amam adornos e decoram seus corpos com joias e tais tecidos, visto serem capazes de resistir aos efeitos da água do oceano.

É a partir dos Profundos que os moradores do vilarejo obtêm os lingotes de aço que são moldados em Damasco e ganham formas de armas de guerra. Eles revelaram aos homens de Shaalon a maneira de se fazer isso, não mantendo nenhum daqueles na terra que consideram como suas relações de sangue e, na bebedeira, os comerciantes podem ser induzidos a contar a forma de fazê-lo. Os Profundos dizem que para o interior do mar caem muitas pedras vindas das estrelas, as quais têm corações de metal, algumas tão pequenas quanto uma azeitona e outras tão grandes como um veículo puxado a cavalo. Sobre o solo do oceano vivem eles. Os Profundos reúnem-nas, tendo a habilidade de reconhecê-las por uma espécie de som que emitem; assim relatam os comerciantes, embora possa ser raramente ouvido um som pelos ouvidos. Tendo colocado estas juntas, eles as levam até aberturas na parte inferior do oceano onde o fogo da terra é mais quente do que a mais quente forja e, nessas aberturas, derretem-nas, transformando-as em lingotes.

Assim dizem os Profundos aos homens de Shaalon e é de conhecimento dos eruditos que eles são mais excelentes do que todos os outros neste mundo na criação de finas artes em metais; pois as mulheres dos Profundos se adornam com joias em anéis habilidosamente elaborados e delicadas escamas de ouro, dispostos com numerosas pedras preciosas que elas usam sobre as cabeças e, às vezes, nos pulsos. Essa vaidade é sentida de forma similar tanto por aquelas mulheres totalmente de sangue puro dos Profundos como por aquelas de sangue misto. Em retorno pelos lingotes de aço, os moradores do vilarejo comercializam pedras coloridas a serem dispostas em seus adornos, os quais também são aprimorados pela presença de muitas pérolas finas de insuperável esplendor.

Tal é o segredo do aço de Damasco, mantido cerrado pelos que faziam espadas daquela cidade tanto por vergonha, como por ignorância ou por cobiça, pois não podem suportar a admissão de que o derretimento do aço esteja além de seus talentos e nunca questionam os mercadores de Shaalon de perto, por temer que possam perder o acesso a seu veículo carregado de lingotes. Portanto, os homens que moldam esse aço de nada sabem a respeito de sua formação sob as ondas ou de sua origem entre as estrelas. Caso o único veículo que o traz do Líbano não chegasse a Damasco, todo o comércio desse aço teria um fim, de tão tênue que é a base para essa afamada indústria.

Os Cemitérios em Damasco

A vida em Damasco é plena de luxo e variedades de todas as espécies imagináveis. Nenhuma diversão é muito obscura nem muito decadente, contanto que haja riqueza para compensar o alcoviteiro que a provê. Aqueles que buscam um entretenimento mais refinado descobrirão que este se encontra na universidade, onde o estímulo da conversa deve ser feito diariamente a respeito de qualquer questão de Filosofia, ou de Matemática, ou de História. Servos atraentes e mobílias finas são facilmente adquiridos, mas os primeiros lugares nas filas do mercado vencem pelo cansaço sob o peso de livros raros sobre Alquimia, Necromancia e outros tópicos arcanos, assim como conhecidos engenhosos concorrem em multidão até a mesa de banquete de um chefe de família capaz de superabundantes festins e entretenimentos de diversão.

Uma preciosa comodidade somente é difícil de obter nesta maravilha de cidade: a bênção da solidão. Trancados atrás do portão da casa à noite, sozinhos em uma câmara de contemplação, o latir dos cães, os grunhidos de camelos, as canções de homens bêbados, os gritos e gestos a clamarem por algo vindo das prostitutas, todos são levados aos ouvidos desde longe além das janelas, nascidos na frieza da brisa noturna. É impossível fechar completamente uma consciência da grande multidão de almas que fazem pressão por todos os lados como as águas de uma maré se erguendo.

Nas noites em que o ar mal se mexe e o calor sufoca a respiração, o viajante que tiver vagado pelas terras infecundas do Espaço Vazio em sua juventude pode sentir um desassossego que o compele, como em um sonho desperto, a lançar seu manto e capuz ao redor de seus membros e buscar o silêncio das trevas que somente pode ser encontrado além das muralhas da cidade. Talvez seja uma necessidade urgente e inquieta que impulsiona Nyarlathotep a caminhar para cima e para baixo sobre as areias, sob a Lua.

O melhor local para contemplação é o cemitério dos homens do povo da cidade, o qual se encontra a alguma distância além do portão do norte. As sombras dos mortos são companhias apropriadas para o necromante, e estas nunca falam, a menos que lhes seja dado o poder de expressarem-se por intermédio de derramamento de sangue fresco. Há poucas razões para um necromante invocar suas vozes, pois o que poderiam falar de valioso? Os nobres de Damasco colocaram seus mortos honrados em elaboradas e custosas tumbas difíceis de serem forçadas, mas os cidadãos trabalhadores e os vagabundos contentam-se com uma cova rasa em um campo com pedras.

Um necromante que havia assumido para si os deveres e as responsabilidades de um zelador da casa na Travessa dos Eruditos uma noite atendera ao chamado do Espaço Vazio e deixara a cidade para andar a esmo entre os mortos além do portão do norte, longe das luzes dos guardiões das torres. Conforme ele deixava os ruídos e odores de Damasco para trás, sentia a agudeza de seus sentidos despertar novamente e a furtividade do som dos passos de seu retorno. As habilidades tão caramente compradas com dor e sangue no deserto de sua juventude não foram mortas, mas estavam apenas dormentes.

Numerosos clãs de *ghouls* ou mais o cercaram conforme ele estava parado, de pé, perdido na silenciosa contemplação das estrelas. Ele lhes rendeu um pouco de atenção. Eram *ghouls* bem providos da cidade, menos perigosos do que os pobres e famintos *ghouls* do deserto. Ele parecia aos *ghouls* ser um homem da cidade, lento e fraco, e sua intenção era matá-lo por invadir seu território e interromper sua alimentação noturna retirada dos mortos. O necromante não fez nenhum sinal de que ele sabia de sua abordagem conforme se juntavam em círculos a seu redor e com as garras levantadas. O deserto havia tornado sua visão aguçada e ele viu as estrelas refletidas nos olhos de suas faces, voltados para cima, além do brilho em seus dentes.

Quando eles lhe tomaram de assalto, este matou vários sem emoção alguma, meramente para ensinar ao restante um respeito adequado. Gratificou-o saber que ainda possuía as antigas habilidades com uma faca que havia lhe servido muito bem durante anos. Há pouca necessidade para um homem rico matar com uma faca, pois ele pode contratar outros para realizarem o assassinato em seu lugar: ainda mesmo quando a necessidade se for, o prazer em tal matança não se esvai. Os *ghouls* caíram de quatro no chão e cortejaram servilmente na bainha de seu manto negro como cães, enquanto pediam desculpas em suas vozes roucas por seu erro.

Foi divertido para o viajante retirar seu manto e capuz de forma que os *ghouls* pudessem ver iluminadas pela luz das estrelas as tatuagens de poder em seus membros e em suas costas, além das cicatrizes e mutilações dos torturadores de Iêmen. Eles dançaram e uivaram ao redor de seus pés, proclamando-o seu novo senhor. A isso, nada disse ele, nem aceitando nem negando o posto, pois quem pode saber quando um clã de *ghouls* pode provar ser útil? Com sua faca, ajudou-os a cavar a terra de um túmulo recente e erguer o cadáver. O corte e a remoção da mortalha revelaram ser o corpo de uma matrona corpulenta de cerca de 50 anos de idade, morta há não mais de três dias. Os *ghouls* honraram-no com sua retirada e permitindo-lhe servir-se da primeira fatia de carne.

Como pode o sabor de carne humana ser descrito àqueles que nunca a saborearam em suas línguas? É como a cor para o cego ou a música para o surdo. Ibn Schacabao escreve que o gosto é similar ao da carne de aves domésticas criadas no curral pegado ao celeiro; no entanto, com essa absurdidade, mostra que nunca comera a carne de um homem, pois o sabor é muito mais semelhante ao da carne de porco. Somente com o primeiro pedaço suculento em sua boca, e depois que começou a mastigá-lo, o viajante que agora era um chefe de família percebera quanto ele havia sentido falta do gosto. A carne de um homem recentemente assassinado é dura, mas a carne de um cadáver que descansara na cova durante vários dias torna-se mais tenra e fácil de ser cortada com os dentes.

Em um instante de consciência, o necromante percebeu que este era seu verdadeiro lar: a cova, a noite, as terras infecundas, as estrelas, as pedras ásperas, o aroma de terra recém-revolvida, a brisa sorrindo levemente, o chilrear de insetos, os grunhidos dos *ghouls* e o som de sua pele seca e deslizante quando se alimentavam. A casa na Travessa dos Eruditos era não mais que um sonho passageiro, algo sem permanência nem importância, uma diversão na qual passar os anos de idade avançada em conforto. Quando tivesse se tornado pó, o deserto permaneceria inalterado e eterno, esperando por seu retorno. O *Roba el Kbaliyeh* é uma amante paciente que nunca trai a confiança daqueles que a adoram.

A Conclusão para a Jornada

Tendo alcançado a grande cidade de Damasco, e com tempo para perder-se nos prazeres e partilhar de suas vantagens, o viajante pode decidir fazer dela seu lar e abster-se da perambulação, como o fez o escritor deste livro muitos anos atrás. Numerosos são os caminhos que conduzem a Damasco, e poucos são os prêmios que não podem ser obtidos dentro de suas paredes ou que falham em encontrar seu caminho através de seus portões, pois ela é um centro de comércio para todas as terras do mundo. O andarilho que passou sua juventude buscando em terras distantes por sabedoria arcana e objetos raros pode concluir que seja mais sábio permitir que essas coisas achem seu caminho até ele. A riqueza é uma magnetita que atrai fortemente e o que for desejado é trazido até ela como partículas sem valor.

A estrada que tem início na nação do Iêmen e serpenteia através do Espaço Vazio sem rastros e pelas passagens da cidade sem nome sob Irem, sobre o Mar Vermelho até o Egito, de seu Delta às suas Cataratas, da Alexandria até as planícies infecundas da Babilônia e, por fim, à reluzente cidade de Damasco, é longa e opressiva, ainda que repleta de maravilhas, e qual viajante é tão vil a ponto de arrepender-se de segui-la? Nem o é o escritor deste livro, o qual eu declaro abertamente ser Abdul Alhazred, um poeta de nascimento em Iêmen, o qual caminhara por esta estrada em sua juventude e que reside agora em seu sossego em Damasco em uma casa tão grande como fora descrita em A Travessa dos Eruditos.

Com a melancolia lancinante de coração, recorda ele do *Roba el Kbaliyeh*, o qual revela seus segredos de forma tão relutante a seus amantes; no entanto, em sua crueldade ensina as lições que devem ser aprendidas caso a respiração deva ser retida no corpo. Sobre a rocha dessas cruéis, mas necessárias, lições, ergueu ele a casa de sua vida e, por meio de logro e habilidade, adquiriu a sabedoria dos portais e o conhecimento do Selo dos Antigos. Com coragem e astúcia ele pilhou os segredos proibidos das profundas localidades do mundo, assim como roubou o idioma dos Antigos e as formas de seus selos, ainda que sem a malícia de feitiçaria, sem poder de deuses ou de demônios, nenhum assassino de homens estava à altura da tarefa de fazer com que ele parasse sua busca. Que outro escriba se atreveria a revelar as questões escritas nestas páginas, pois até mesmo falar a respeito desses assuntos seria morte certa a alguém desprotegido pelas vigilâncias de magia da maior potência. Tolos podem chamá-lo de louco porque ele discorre a respeito de mistérios além de sua compreensão; ele ri em provocação aos vulgares e usa-os como gado, e nada se importa com a opinião deles, visto ser ele verdadeiramente além de toda dor.

Por meio de sua Necromancia, tornou-se imortal e, embora ele aparente ser externamente de idade avançada, seu corpo permanece eternamente jovem e forte. Se, por algum infortúnio, seu corpo fosse espalhado em pedaços e a morte a ele chegasse de forma tal que não poderia ser evitada, erguer-se-ia novamente, tal é o comando que detém sobre as artes do túmulo; pois, a partir de seus sais essenciais, ele surgiria, e os ossos que uma vez se vestiram de carne seriam de carne nova vestidos. Não teme ele os assassinos dos Filhos de Sírio, os quais sempre buscam penetrar em suas muralhas como punição pelo roubo de seus preciosos papiros, visto que suas paredes são invencíveis aos homens; nem se preocupa, ele mesmo, com os bandos errantes que adoram Shub-Niggurath, os quais o ameaçam por causa da sua revelação dos segredos de seu pacto; a malícia da cria cativa de Cthulhu, que nunca o perdoaria por sua traição sob a biblioteca do monastério dos magos, é sua diversão, pois que poder detém aquele ser aprisionado em sua jaula de ferro?

A Conclusão para a Jornada

Por tanto tempo quanto seus sais essenciais persistirem sobre o espelho deste mundo, tanto será o tempo em que o poeta perdurará e zombará em verso de seus inimigos. Não há morte que poderia apagar sua substância tão completamente que ele não pudesse se erguer renovado e renascido. É nesta garantia dual de inexpugnabilidade e imortalidade que ele oferece sua jornada de vida nestas páginas, as quais são iluminadas para o sábio, mas permanecem envoltas em sombras a partir do olhar dos tolos. Aqui se encontram segredos não descobertos em nenhum outro livro, pois são eles desconhecidos a qualquer outro homem. Sua compra está além do preço, porém é o capricho do poeta o de espalhá-los na areia e, através de anos futuros, como preciosas pérolas, sejam coletados por homens de percepção ou pisoteados sob os cascos dos porcos.

Você que ler este livro, primeiro, consagrará o nome Alhazred; Quando o ler pela segunda vez, amaldiçoará seu nome amargamente, além de lamentar com lágrimas que um dia o tenha tido em mãos; e ainda há uns poucos que o lerão uma terceira vez e o consagrarão uma vez mais, e é a estes poucos que todas as portas estarão abertas.

MADRAS® Editora

Para mais informações sobre a Madras Editora, sua história no mercado editorial e seu catálogo de títulos publicados:

Entre e cadastre-se no site:

www.madras.com.br

Para mensagens, parcerias, sugestões e dúvidas, mande-nos um e-mail:

marketing@madras.com.br

SAIBA MAIS

Saiba mais sobre nossos lançamentos, autores e eventos seguindo-nos no facebook e twitter:

@madrased

/madraseditora